U0165766

多音交響美麗島

臺灣民俗文化的入門書

林明德——著

Taiwan

Formosa

五南圖書出版公司 印行

自　序

一、

　　跨出學院走入民間，斟酌雅俗四十年
　　宛如追逐天地線的雁子，以飛行證明活著

　　一九八〇年代，我在一種偶然的機緣下接觸到民俗藝術，並且靜悄悄地跨出學院派的門限，走入民間、跡近民俗，親自領略另一種學問的趣味。

　　由於永義兄的推薦，我成為許常惠教授創辦的基金會成員之一，共同在民俗藝術園地開疆闢土。中華民俗藝術基金會成立於一九七九年，創設宗旨是：「維護民俗藝術，傳承民間藝人之精湛技藝，提高民俗文化的學術價值，充實國人精神生活。」其範疇包括：宗教、傳統建築、傳統表演藝術、傳統工藝美術，以及飲食文化。

　　在教學研究之餘，大家為基金會規劃活動、研究專案、田野調查，無不盡心盡力，而且以高級志工自許。長期以來，我由點而線而面，逐漸建構完整的民俗概念，並深深體會到民俗藝術的繁複與豐美，也繳交不少的研究與田調成果。

　　二〇一一年，我任教大學四十年，從彰化師大副校長一職退休；《人間福報》邀我加入「人間百年筆陣」，每月一篇。我決定以「文化詮釋與批判」的視角，發表有關民俗藝術的一些看法，並依其範疇五個面向擬定若干子題，有系統地筆耕，七年來已累積近百篇。「教授四十年，榮退似休止符／猶不能忘情田野，深入民俗／發掘人文資源，例證俗之美。」《詩路》詩句彷彿預告我的人生行旅，真是不可思議。

二、

民俗是文化的根源
也是一切藝術的土壤

民俗、文化兩個語彙，糾葛已久，難判分際。為使論述能有所定位，擬先加以釐清。基本上，民俗是指與國民生活有關的傳統，且涵藏特殊意義的習俗，包括歲時節慶與生命禮俗等。文化則指人文化成，《易‧賁卦‧彖辭》云：「觀乎天文，以察時變；觀乎人文，以化成天下。」其義理結構存在變易，潛運生機，然而人文實乃民俗紋理的符顯，也是民俗的集體性表現。換句話說，民俗來自斯土斯民的傳統社會生活及其倫理秩序觀，因此是文化的根源。

民俗學者早已指出，民俗範疇概括心理、行為與語言等面向。質言之，心理民俗以信仰為核心，主要為崇拜與禁忌；行為民俗是有形的傳承活動，如生命禮俗、歲時節慶、祈禳驅祟與工藝服飾等；語言民俗則以語言為主，表現人類的思想、情感與願望等，包括神話、傳說、故事、歌謠、諺語與謎語等口傳文學。由於其底蘊繁複且深具原始性，偉大藝術家往往吸收其元素，統整、轉化成為創作，因此，是一切藝術的土壤。

三、

鳥瞰全書多面向
圖文聚焦詮釋民俗藝術

新書涵蓋多個面向共有一百零六篇，即：壹、臺灣文化底蘊二十一篇；貳、民俗藝術，包括：宗教十六篇、表演藝術二十二篇、工藝美術十五篇、飲食文化十四篇；參、文學思路十八篇。

顯然地，這是根據民俗藝術的範疇，所做的分類。讀者不難發現作者七年來撰寫百篇的聚焦指向：掘挖族群人文、整合民俗藝術、再現臺灣圖

像、重塑鄉土情懷。這裡略加說明於下。

　　有關臺灣文化底蘊，首先以〈認識Formosa‧臺灣〉作為引言，從位置、歷史、族群、宗教、傳統建築、表演藝術、工藝美術、飲食文化，詮釋美麗島豐饒多元的人文底蘊，特別是多種宗教齊聚，儼然是一座神仙島。這裡是「最友善國家」，有人說：臺灣最美的風景是人。

　　接著尋找臺北、桃園、彰化的人文資源。作者現身述說十多年經營彰化學，追逐文化夢想，以及八年踏查彰化縣三十家百年老店的用意，呼籲大家共同守護珍貴的無形文化資產，以積極的作為維繫傳統文化命脈於不墜。

　　至於民俗藝術，內含宗教、傳統表演藝術、傳統工藝美術，及飲食文化。宗教部分，還包括歲時節慶、傳統建築，以〈臺灣廟宇建築藝術〉為開場，揭示一九七○年代以來，臺灣連續締造舉世矚目的經濟、政治奇蹟，之外，又出現眾神齊聚寶島、各教派在信仰場域注入人文元素，充實寺廟底蘊，建構堅實的信仰城堡，是世界宗教史上少有的，可視為一項文化奇蹟。而傳統表演藝術，包括：大戲、小戲、偶戲、陣頭、舞蹈、口鼻笛、流行歌曲，多采多姿，在在傳釋斯土斯民的心聲與夢想。其中布袋戲為綜合藝術，是舉世唯一僅有的、高難度的劇種；二○○六年曾被票選為「臺灣意象」，同年舉辦的全國學生創意戲劇比賽‧傳統偶戲，迄今十四屆，成果卓著，是一項難能可貴的文化工程。而一九八八年臺灣原住民在巴黎現身發聲，一曲《Pasibutbut》，讓觀眾、樂評為之驚豔，齊嘆「天籟」，也打開了臺灣在歐洲的能見度。

　　傳統工藝美術部分，透過〈臺灣傳統工藝美術〉陳述其範疇概括：編織、雕刻、陶瓷、金工及其他等五大類。多數工藝家莫不扎根傳統，積極創新，站在歷史的轉捩點上，開風氣之先，不僅獲頒國家藝師認證，而且成為揚名國際的大師。他們傑出的表現充分說明一件事實，那就是，本土化邁向國際化的可能性。尋找畫家梁奕焚，例證了含有原始性的民俗永遠是藝術的重要基因；叩訪佛像雕刻家詹文魁，發現他沉潛佛像藝術數十年，泥塑、石雕、銅雕一路開展，配合學佛、靜坐、觀想，形成獨特的莊

嚴佛相,而飲譽藝術界,馳名海內外。

　　飲食文化的論述,則針對道地的臺灣菜系,包括閩、客、原住民、中華八大菜系,與異國料理等口味。對於吃道的追求,包括材料的選擇、刀工的運用、五味的調和、火候的拿捏、烹飪的規劃、吃法的講究、器皿的安排、氛圍的營造、健康的要求,以及創意的思考,多元內聚成為豐沛的軟實力,深受海內外美食家的矚目,二〇一八年《米其林指南The MICHELIN Guide臺北∣TAIPEI》的出版就是最好的證明。

　　就個人長期的觀察,扎根本土,揚名國際的臺灣味,如:彭園「正宗左宗棠雞」、阿霞飯店「紅蟳米糕」、欣葉臺菜系列、鼎泰豐「小籠包」、極品軒「西湖醋魚」、吳寶春「酒釀桂圓麵包」等無不釋放臺菜的無窮魅力,打造金字招牌。而臺灣茶藝也不遑多讓,一九七〇年代以來,國人在富裕的經濟條件下,開始從實用層次追求審美的品味,於是茶學、茶藝蔚為風氣,茶館、茶會所在皆有,逐漸開出茶藝新境界。茶藝涵蓋古今,既守住眾多茶系的原味,更研發冷飲茶,展現無限的創意,例如風靡全球的泡沫紅茶與珍珠奶茶(Bubble tea),後者更成為《牛津英語詞典》等字書的新語彙,定義上載明「為臺灣出身」(Of Taiwan Origin),堪稱飲食奇蹟。附帶的私房菜、辦桌食譜,是民間飲食智慧的結晶,毋寧是諺語「富貴三代,才懂得吃穿」的最佳見證。

　　文學思路,是我長期投入文學創作、關心文學環境,所做的一些反思。包括個人以詩記錄生命軌跡的《詩路》;臺灣末代傳統文人施文炳所追尋的「人生答案:今生無悔」;數十年探索社會寫實詩人吳晟,挖掘其詩作深層結構所蘊涵的倫理意識。最後,以〈書緣情深任去留〉,宣示將數萬冊藏書捐贈彰化師大臺文所圖書室的一份心願。

四、

　　後殖民主義引爆,眾聲喧譁
　　有些人尋求族群和諧,共譜臺灣交響詩

十二年前，曾有家著名出版社邀我撰寫臺灣文化史，我回應：時機尚未成熟。其實我懸念的是臺灣民俗藝術。當時我正在學院、田野兩邊忙碌，無暇沉靜構思。二〇一一年，我榮退，卻跨越休止符，在人間世奔馳：田野踏查、主持計畫、推動人文講座、評審演講、參加學術研討會等，同時應邀加入人間百年筆陣，撰文詮釋系列的民俗文化。

　　臺灣族群多元，包括原住民（十六族）、客家、河洛，與後住民。後殖民主義引爆後，走過眾聲喧譁，逐漸進入多音交響的年代，而譜寫了和諧的交響詩。這裡的國民開放、包容，人情味十足；信仰自由，各教派互相尊重，眾神齊聚美麗島，蔚為壯觀，不僅為世界宗教發展締造奇蹟，更寫下輝煌的史頁。

　　所以，我決定將新書命名為：《多音交響美麗島》。

　　全書依據民俗藝術範疇諸面向論述，約二十一萬字，以散論代替嚴肅的專著，寓理論於平易的散文，終極指向是民俗藝術／臺灣文化雙重概念的建構；配圖兩百九十二張，頗有圖說民俗藝術的考量，期能引發閱讀文本的興趣。本書撰寫歷經七年，其背景則是沉潛民俗藝術四十年的歲月與經驗。感謝臺灣、《人間福報》、家人、師友與基金會同仁，願新書能與大家分享。

CONTENTS
目　錄

多音交響美麗島——臺灣民俗文化的入門書

第一篇

臺灣文化底蘊

壹、認識Formosa・臺灣

　　ICRT（International Community Radio Taipei）是臺灣唯一的英語廣播電臺，成立於一九七九年。其廣播內容包括國際與國內新聞、音樂與娛樂節目，以及英語教學節目等面向。長期以來的努力經營，已打造成為亮麗的廣播頻道，每週收聽人口六十至六十五萬，收聽對象具有最高教育程度、高社經地位、高成熟度，與高收入水準等特質。

　　今年，該電臺考慮連結和再現土地與人民的歷史記憶，積極擘劃認識臺灣文化，促進在地文化國際化，擬製作相關文化主題。八月十六日，馮小龍顧問帶著白健文（Timothy Berge）總經理到基金會拜訪，並力邀基金會投入，促成此一夢想，共同締造典範，我深受感動，當場贈送一冊全國唯一的英文版*ISLAND IN THE STREAM : TAIWANESE TRADITIONAL ARTS*作為見面禮。幾天後，我接到馮顧問的電話，希望我能親自撰寫一主題含五子題，每子題一百三十字的範例，方便電臺製作人員進行改製。我義不容辭慎重地寫下〈認識Formosa・臺灣〉（見圖1-1）：

圖1-1　筆者與ICRT白健文總經理（圖左一）及馮小龍顧問（圖右一）會後合照。（作者/提供）

一、位置

臺灣，位於東經一百二十度至一百二十二度，北緯二十二度至二十五度。是「太平洋上的小島」（見圖1-2）。

一五七三年，葡萄牙人航經「臺灣」，望見島嶼「山嶽如畫，樹木青蔥」，驚嘆爲：Ilha Formosa。

倘若轉動地球儀，在地球北半球沿著北回歸線，由西而東，將可發現一件神奇的現象：長長的亞熱帶，墨西哥沙漠、非洲撒哈拉沙漠、阿拉拍沙漠、印度半島塔爾沙漠，一一入眼，接著是屹立太平洋，四季如春的臺灣，簡直是得天獨厚的奇蹟了。

臺灣土地面積三萬六千平方公里；族群多元，人口有兩千三百萬人。

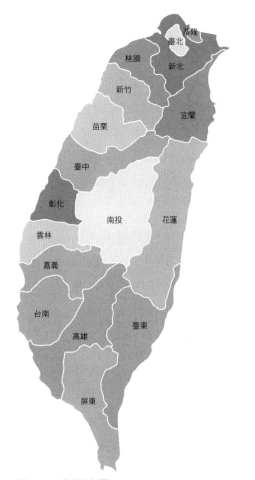

圖1-2　臺灣地圖。

二、歷史

考古人類學家指出，臺灣史前四萬年，已有住民並留下豐富的文物，成爲斯土斯民堅實的文化核心。

近四百年來，荷蘭、西班牙、滿清、日本等外來勢力，進出不設防的島嶼，並且影響這個移民社會的人文內涵，型塑出一種獨特的海洋文化性格。

一九四九年，國民政府撤退來臺，多元文化聚集，經過數十年全民共同地勤奮努力，終於締造了舉世矚目的經濟、政治雙奇蹟。

三、多元族群

臺灣族群多元，包括原住民（十六族）、客家、河洛，與後住民。

走過眾聲喧譁，進入多音交響，而譜寫了和諧的交響詩。這裡的人們本性包容、好客、人情味十足。Inter Nations評選「最友善國家」（2017年3月19日）的前十名（臺灣、馬爾他、厄瓜多、墨西哥、紐西蘭、哥斯大黎加、澳洲、奧地利、盧森堡、捷克），臺灣榮登第一名寶座（No.1）。

有人說：臺灣最美的風景是人。

四、神仙島

臺灣曾締造經濟、政治雙奇蹟，也出現一種不可思議的文化奇蹟，眾神齊聚，儼然是一座神仙島。

在這裡，信仰自由，宗教文化多元而且深厚，各教派互相尊重，和平共存，是世界宗教史上罕見的現象。臺灣登記有案的宗教有二十三種之多，而寺廟、教會共有一萬五千四百二十二座（倘若加上未登記的一萬多座），大概每平方公里就有一座，其密度之高，更是舉世少有的。

所以說，臺灣是一座神仙島，也是一種文化軟實力。

五、見證

多元族群累積的人文底蘊，加上宗教、飲食……內聚成為豐饒、珍貴、多樣的文化資產，也型塑文化臺灣的意象。

臺灣雖不是UNESCO會員，但對於文化資產的保護，不遺餘力。依據UNESO《保護無形文化資產公約》的列入名錄標準，選定四類十二項無形文化資產潛力名錄，包括布農族歌謠、布袋戲、歌仔戲、阿美族豐年祭、王爺信仰、媽祖信仰等。既凝聚國民的記憶與社群認同，更見證了

Formosa‧臺灣的魅力。

　　為守護珍貴無形文化資產，延續傳統文化生命力，臺灣積極邁開與國際接軌的腳步，有目共睹。

　　臺灣文化涵藏豐富，包括：宗教、傳統建築、傳統表演藝術、傳統工藝美術、飲食文化等面向。我們將淬煉精華，有系統地展現珍貴、特有的文化資產，透過英語這個全球性的語言，讓聽眾分享文化的精采，也讓外籍族群、遊客、新住民認識Formosa‧臺灣。

貳、重現臺灣圖像 —— 為《臺灣傳統藝術》英譯而寫

　　臺灣之名，文獻不詳，自古以來，稱謂紛歧，有琉球、東番、臺員、大員，或臺灣等等。

　　明神宗萬曆初（1573），葡萄牙人航經臺灣，望見島嶼「山嶽如畫，樹木青蔥」，驚嘆稱為Ilha Formosa —— 美麗之島（葡語的Ilha是「島」，Formosa為「美麗」之意）。從此臺灣以Formosa之名出現於世界地圖上。

　　倘若我們轉動地球儀，在北半球沿著北回歸線，可以發現一個相當奧妙的現象，此一亞熱帶出現墨西哥沙漠、非洲撒哈拉沙漠、阿拉伯沙漠、印度半島塔爾沙漠與四季如春的臺灣，這種奇蹟，不可不謂是得天獨厚了。

　　四百年來，荷蘭、西班牙、明鄭、大清、日本等外來勢力，相繼進出臺灣，不同的政治與文化影響這個移民社會的人文內涵。臺灣面積有三萬六千平方公里，主要住民是「原住民」，包括「平埔族」與「高山族」，前者深受漢文化影響，早已失去原有的風俗習慣，後者有十四族，即：賽夏族（Saisiyat）、賽德克族（Sediq）、邵族（Thao）、布農族（Bunun）、鄒族（Tsou）、魯凱族（Rukai）、排灣族（Paiwan）、

泰雅族（Atayal）、太魯閣族（Truku）、撒奇萊雅族（Sakizaya）、噶瑪蘭族（Kavalan）、阿美族（Amis）、卑南族（Puyuma）與雅美族（Yami），各族人文相當獨特，爲臺灣文化增添不少的聲色。

明鄭（1661）以來，大陸閩、粵人民相繼渡大海，入荒陬，以拓殖斯土。一九四九年，國民政府退居臺灣，經過三十年全民共同的努力，逐漸累積「臺灣經驗」，創造了舉世矚目的經濟奇蹟與政治奇蹟。臺灣族群眾多，人文豐厚，我們深信透過有系統地挖掘、整合，必能呈現臺灣圖像，締造嶄新的文化奇蹟。

傳統藝術，指流傳於各族群與地方之傳統技藝與藝能，包括傳統工藝美術及表演藝術，其內涵豐美，形式多樣，是先民的文化結晶，卻也實存於現實生活當中。臺灣族群既多，民俗殊異，潛藏於民間的技藝各展風華，基本上，這些都是臺灣族群的偉大傳統與文化資產。

然而，幾十年來，臺灣社會急遽轉型，廟宇文化消褪，加之以觀念變易，低級趣味充斥，大眾對民俗既陌生又鄙視，遑論民俗技藝的存活環境與生機。漸漸地，民俗技藝的原始意義與美學，在歲月流轉中，走出人們的記憶。

一九七〇、八〇年代，臺灣相繼締造經濟奇蹟與政治奇蹟之後，民間、政府開始對人文有了較爲深刻的反思，文化資產逐漸受到重視，於是調查、研究兼有，保存、傳習並行，爲臺灣民俗技藝帶來新契機。

在民間，一些有心的人士早已把住社會脈搏，全心投入民俗技藝的維護，基金會、文物館、博物館、美術館、民俗村、文史工作室，相繼成立，替急驟轉型的臺灣社會，留下許多珍貴的人文資源。

政府也適時意識並正視文化建設的趨勢。自一九八一年起，先後成立文化建設委員會與各縣市立文化中心，以推動、落實「文化即是生活，生活即是文化」的理念。一九九六年五月，臺灣省政府文化處應運設置，將教育、文化機構加以整合，以因應繁瑣的文化行政事務，秉持傳承與發揚本土文化的原則，主動與相關單位密切合作，藉以型塑臺灣圖像。

爲整合、薪傳臺灣民俗藝術，省政府文化處特別委託中華民俗藝術

基金會，於一九九八年的清明節，舉辦一場有史以來規模最大的盛會——「臺灣民俗技藝節」。活動的規劃歷經十個月，其深層結構是四大族群的人文，內容多元，分動態與靜態，演出者則爲一時菁英。我們開出活動的四個基本精神，即：一、挖掘族群人文、二、整合民俗技藝、三、再現臺灣圖像、四、重塑鄉土情懷。

根據文獻「清明放斷鷂」，尋繹令人耳目一新的訊息，替活動標上另一訴求「屬於風箏的季節」，活動內涵豐富，而且系列交集：動態有示範團隊表演、中小學生的技藝競賽、偶戲、歌仔戲、說唱及各種藝陣；靜態分手工藝展示、地方特色館、臺灣省各姓族譜展，以及民俗技藝教學示範、五家百年糕餅老店、童玩、現場製作風箏、品嘗潤餅等，藉以呈現節令情境，讓民眾輕鬆參與，達到「寓教於樂」（境教）之目的。

爲了擴大深化活動的意義，我們特別出版《臺灣傳統藝術》，邀請九位學者專家從幾個面向對臺灣民俗技藝，做有系統的整理與深入淺出的探索，配合相片與地圖，傳釋其風華，引導國人領略民俗藝術的奧妙。

《臺灣傳統藝術》是現階段有關臺灣傳統藝術的總整理，也是臺灣人文資源的集大成。族群概括原住民、河洛、客家與後住民；民俗技藝則分音樂、戲劇、雜技小戲、傳統舞蹈與工藝。這裡將九篇論述分疏於下：

〈臺灣原住民的音樂〉，是民族音樂學者許常惠教授（1929～2001）精心之作，他累積數十年經驗，文獻、田調並行，延續日治時代最後一位高山族音樂研究者黑澤隆朝的成就，進出原住民各族歌唱的世界，聽音辨位，突破概觀性的認識，進行細部深入的探索。

本文從歌唱的形式、內容的分析、器樂、歌舞、祭祀音樂，解析多聲部合唱之特色，循序漸進，最後於原住民音樂的文化圈設定，提出「照葉樹林文化帶」的觀點，揭開臺灣原住民音樂的面紗，供大家參考。

〈臺灣傳統音樂之美〉，是呂鍾寬教授（1952～）的田調成果，他研究南管、北管音樂與道教儀式音樂，對臺灣傳統音樂，既入乎其中又出乎其外，透過儀式性音樂（道教）與藝術性音樂（南管和北管）等面向的分析，提供漢族傳統音樂入門的途徑。

〈臺灣客家的音樂〉，由鄭榮興（1953～）教授撰述，他研究客家表演藝術多年，認為傳統採茶戲的唱腔及音樂，比改良後的採茶歌仔戲還要豐富。基於使命，他重組「榮興客家採茶劇團」，薪傳客家採茶戲。本文從客家山歌、戲曲音樂、八音，一路追蹤，引領大家進入客家音樂的世界。

〈臺灣的大戲〉，由曾永義教授（1941～）師生合撰，著重臺灣代表劇種——歌仔戲的討論；其次扼要討論臺灣主要大戲劇種：南管戲、北管戲、採茶戲與京戲；最後討論其他大戲劇種：四平戲、福州戲與豫劇。

結論指出目前臺灣的大戲三類型：一是極具原始性或傳統性而瀕臨滅絕者；二是扎根傳統，於保守中有創新者；三是保留一部分傳統，而在形式、內容、技巧上大力改革，近乎蛻變轉型者。

〈臺灣偶戲乾坤〉由本人（1946～）撰寫。偶戲為世界共同的藝術文化，於戲劇發展史上，源遠流長，在臺灣向為民俗文化的結晶，儼然是本土圖像的重要標幟。偶戲概括皮影戲、懸絲傀儡戲與布袋戲，隨先民到臺灣，於宗教、娛樂、教化上，一直發揮潛移默化的功能。論文以歷史為經，劇團為緯，分析三戲種的生態與劇藝。結論評述官方、民間對臺灣偶戲的薪傳、研究、教育、觀摩與鑑賞的表現，希望能打開偶戲的困境，創造美麗的遠景。

〈臺灣的雜技小戲〉，是吳騰達教授（1950～）的用心之作。長期以來，他進出學院、田野，從臺灣到大陸，為雜技小戲溯源，於舞獅、宋江陣之研究成績有目共睹。本文討論雜技與小戲，前者包含舞獅、舞龍、高蹺陣、布馬陣、跳鼓陣、鬥牛陣、宋江陣、國術、民俗特技、跳繩、踢毽與扯鈴；後者概括車鼓陣、採茶戲、牛犁陣與跑旱船，綱舉目張，可為雜技小戲的入門之作。

〈臺灣傳統舞蹈之美〉，由蔡麗華教授（1946～）撰寫，她集舞、教、編於一身，一九八八年組「臺北民族舞團」，以本土舞蹈素材（如原住民歌舞、客家歌謠、民間廟會及藝陣等）創作表演。本文揭示臺灣傳統舞蹈兩大支系：漢族（即河洛人與客家人），以及原住民，並加以分析。

〈臺灣原住民的工藝〉，由民俗學者徐瀛洲先生（1927～）父女合撰。徐先生熟悉人類學、民俗學，擅長茶道、古錢、戲劇與原住民文化。長期以來，他進行田野調查，足跡遍及高山大海，治學態度縝密。本文針對九族的工藝材料、衣的工藝、木工與雕刻、製陶、編器與網袋、瓢器，以專題論述，透過圖文，引人進入原住民工藝世界。

〈臺灣工藝論〉，是莊伯和教授（1947～）的觀察報告。他出身學院派美術系，長期投入民俗工藝，特別注重民藝與生活美學的結合，其觀點往往發人深思。本文記述臺灣早期工藝生產、工藝評價及現代工藝狀況，最後夾述夾議以工藝精神有待提升作爲總結。

「臺灣民俗技藝節」在執行過程，我們看到活動釋放的魅力，也印證「鄉土人文含奧妙，民俗技藝展風華」的情境。爲了累積經驗，我們推出《臺灣傳統藝術》，詮釋民俗技藝之美。全書概括九章，約十五萬字，珍貴相片七百五十張，地圖八幀，共四百八十頁。可以說是現階段整理臺灣民俗技藝的成績單。我們希望藉此能重現臺灣圖像，出版以來，深受各界歡迎，因此決定出版英譯本以拓展通路，分享國際社會。經多年的準備、校訂，終於完成《ISLAND IN THE STREAM》此一重大文化工程（見圖1-3～圖1-5）。

圖1-3　《臺灣民俗技藝之美》。

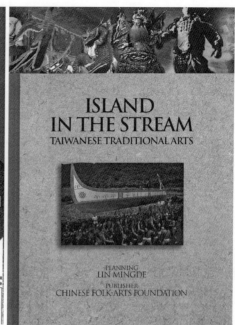

圖1-4　1998年的臺灣民俗技藝節促成　圖1-5　《ISLAND IN THE STREAM》
　　　 了《臺灣民俗技藝之美》的出　　　　 於2011年出版。
　　　 版。

參、尋找臺北的人文底蘊

　　文化資產是先民經驗智慧的結晶，深涵人文化成的潛運力，是一個國家、社會發展的基礎，因此可說是歷久彌新的活化石。我們深信藉由持續的調查、研究，可以了解其獨特的歷史與個性；透過適切的保存與維護，才能增益人們的自信與力量。學者早已指出，唯有對歷史的尊重、文化的認識，才能發展一個地方馴至國家的特色。

　　一九九九年，臺北市文化局成立後，積極且多元推動文化建設，思索文化大方向，認為要呈現文化臺北，締造新氣象，必須先尋找臺北人文資源，清楚人文底蘊。於是提出「臺北市傳統藝術與民俗資源調查研究」計畫，委託中華民俗藝術基金會進行田野調查。

圖1-6　基金會1995年出版《臺北市文化 圖1-7　基金會2005年出版《老工藝在臺
　　　　資產民俗部門之調查》。　　　　　　　　北》。

　　這項計畫包括兩類，即：一、民俗文化；二、傳統藝術（見圖1-6～
1-7）。前者涵蓋生命禮俗、歲時節慶與寺廟文化；後者概括傳統表演藝
術與工藝美術。田調範圍十二行政區，以普查方式進行，並建立資料庫。

　　其實，這計畫可說是《文化資產保存法》的一種實踐。根據《文化資
產保存法》第三條云：

四、傳統藝術：指流傳於各族群與地方之傳統技藝與藝能，包括傳
　　統工藝美術及表演藝術。
五、民俗及有關文物：指與國民生活有關之傳統並有特殊文化意義
　　之風俗、信仰、節慶及相關文物。

　　　　　　　　—— 法規整編資料截止日：民國104年04月30日

充分印證了該項計畫的精神與目的。

接下專案，我們組成團隊，著手設計流程，逐步落實。首先蒐集資訊、訪談耆老學者、建立基礎資料；接著，分組田野調查、核對資料、把握現況、建立檔案，進一步做深度訪談。我們逐漸發現臺北的人文資源的諸多面向，與底蘊的多采多姿。為了將之顯影，於是逐項列表，建構臺北市文化地圖，既方便閱讀，又可了解資源分布，更可比較各地區的人文特色。

大致上說來，臺北市表演藝術，包括：器樂、歌謠、說唱、雜技、國術、舞蹈、偶戲、大戲及其他等類；工藝美術包括：編織、金工、雕塑、陶瓷及其他等類。我們調查寺廟三百零七座，包括：儒、佛、道、回、天主、基督與民間宗教。特別探索寺廟歷史、廟會活動，並且蒐集籤詩、登錄匾聯，以窺信仰文化的奧祕。

至於生命禮俗與歲時節慶，則透過實際調查、訪談，作成紀錄，並探討其儀式與意義。

根據計畫宗旨，本調查研究是以建立臺北市的傳統藝術與民俗文化資源之資料庫為主。成果報告包括上篇、下篇與附錄，共四百多頁，約四十萬字，這毋寧說明了這樣的事實：臺北文化底蘊是多元而且是豐富無盡的寶藏，只要透過挖掘、整合，必能彰顯臺北獨特的歷史與個性。

在繳交成果之際，我們認為可從幾個層面來反思一些嚴肅的意義：

1. 民俗的調查研究，宜配合時序，做一年或長期的追蹤記錄，本計畫屬於近程，應持續中程、遠程，以累積資源，作為文化政策的根據。
2. 資料彙整的開放：依文化局的構想，將成果報告的資料彙整部分（包括表演藝術、工藝、寺廟）上網，供有興趣民眾分享資源。
3. 輔助政策的擬定：本計畫旨在建立資料庫，但文化局可藉由成果內容，結合臺北市的發展軌跡，尋找每個區域的文化特色，作為相關輔助政策的參考。
4. 發現真相：本計畫案的進行過程，發現底層的聲音，如補助經費的不足及門檻過高、後繼乏人傳承不易、藝師團體之間欠缺整合管道等，亟需思考解決之道。

5. 本計畫涵蓋多元，包括表演藝術、工藝美術、寺廟文化、生命禮俗與歲時節慶，經過普查，初步建立基礎資料，宜進一步分門別類，持續追蹤、研究，以累積多元的文化資產。

　　令人遺憾的是，這項計畫為期只有七個月，顯然無法配合時序對民俗做有系統、實地的調查研究。儘管我們已盡心盡力進行普查，建立基礎資料，但進一步周延、深化的工作，則有待於後續的中程與遠程計畫了。

　　我們願鄭重建議若干後續的計畫，供臺北市文化局參考，希望在未來能積極推展，如此，當可內聚臺北人文資源，再現文化臺北的風華：

1. 繼續本計畫的中程、遠程計畫，用以累積資源。
2. 臺北市寺廟文化的調查研究。
3. 臺北市寺廟籤詩、匾聯的研究。
4. 臺北市飲食文化調查研究。
5. 臺北市傳統藝術調查研究。
6. 臺北市生命禮俗與歲時節慶調查研究。
7. 臺北市百年老店調查研究。
8. 建構臺北市文化地圖與歲時節慶活動年曆。

　　個人深信民俗是一切藝術的土壤，更是文創的基礎。唯有深入民俗底蘊，了解其豐饒多樣的元素，並加以整合，才能開出亮麗的成果，展現文化臺北的意象。

　　我們期待臺北因人文化成的充實，成為偉大的城市。

肆、期待一種巷弄的新美學

　　在「筆陣」發表〈文化寒冬裡的一些堅持〉（2013年1月28日）後，曾獲得不少讀者的迴響，尤其是負責文化行政的朋友，更是感同身受，心有戚戚焉。這些反應既是鼓勵也帶來些許的溫暖，個人自是感激不盡，更發願在文化寒冬裡，一本初衷繼續堅持理想，並努力去實踐，以積累臺灣的人文資源，分享社會大眾。

意想不到，幾乎同時傳來好消息，基金會榮獲臺北市政府文化局的「譽揚獎」，這毋寧是對基金會長期投入田野調查研究，繳交亮麗成績的一種肯定（見圖1-8～1-12）。

圖1-8　左起依序為筆者、許王、基金會榮譽董事長曾永義及文化局倪重華局長一同慶祝譽揚獎。（作者／提供）

圖1-9　筆者與倪重華局長合照。（作者／提供）

圖1-10　在六張犁捷運站附近的基金會指標為本次譽揚獎的譽揚物。（作者／提供）

　　一九七九年，許常惠教授目睹臺灣社會急遽轉型，民俗藝術瀕臨滅絕之際，令人憂心，於是率先呼籲搶救，並結合學者、專家與社會賢達，共同創立了基金會，其宗旨是：「維護民俗藝術，傳承民間藝人之精湛技藝，提高民俗文化的學術價值，充實國人精神生活。」並以之作為發展的根據。由於成員為來自不同領域的文化工作者，因此，配合人力專長，將業務規劃為宗教、傳統建築、藝能、工

圖1-11　本次譽揚活動將在六張犁捷運站外的玻璃牆面貼上基金會的重要成果（此為模擬圖）。（臺北市政府文化局／提供）

圖1-12　基金會董事們到場祝賀。（作者／提供）

藝美術、飲食與休閒等面向。大家分工合作，從基礎的田野調查研究入手，努力挖掘族群人文資源，整合民族藝術。藉著維護、保存、研究、薪傳，重現民俗的魅力；透過活動策畫、民俗文化講座，分析民俗藝術融入現代生活的可能性；規劃系列的專題研究，解讀民俗底蘊，例證民俗是藝術之土壤的眞諦；帶領民俗團隊進行國際文化交流，思索文化臺灣的出路。十週年，出版《傳薪》，見證歷史轉捩點，將被遺忘於社會邊緣角落

的文化遺產帶回藝術舞臺，給予身分認證，為日漸浮顯的本土意識加溫；二十週年，推出《開風氣之先》，交代基金會立足臺灣，扎根本土，把握民俗藝術脈搏，開風氣之先，進行田野調查、研究、維護與保存，過程既孤寂且艱辛，但豐碩的系列成果，是我們的安慰。

三十週年，我們鄭重出版《締造臺灣文化奇蹟》，當時，臺灣社會受到國際不景氣與金融風暴的影響，經濟消退，文化界頓失奧援，彷彿陷入無邊無際的寒冬，但我們不退縮，極力延續使命，反思危機即是轉機的深層意義，於是，民間先行正式呼籲：在經濟、政治奇蹟之後，共同締造文化奇蹟，為斯土斯民開出人文大方向，以消除「富不過三代」的魔咒。

長期以來，基金會貼近土地、人民，關心民俗曲藝，發掘無數民間藝人，往往被視為民藝之家或民間導師。而一些包括中央、地方政府肯定也接踵而來，如：兩度榮獲臺北市政府「推展社會教育獎」；教育部肯定基金會整合國內民俗藝術資源，並致力國際文化交流，績效顯著，特頒獎牌；我個人則因擔任基金會執行長，推動民俗藝術，榮獲中華民國第四屆國家公益獎。

譽揚獎是由臺北市政府文化局所設立。二○○四年開始，每年籌組文化譽揚委員會，譽揚致力於藝術創作、教育與推廣，以及文化環境有貢獻的藝文組織。基金會是繼雲門舞集、藝術家出版社、皇冠出版社、創世紀詩社、新古典舞團、漢聲雜誌社、臺北愛樂合唱團、新舞臺、明華園戲劇團、雄獅美術之後，第十一個接受讚揚的藝文團體，其獲獎的事實是：基金會主要成員為大學學有專精的教授，以調查研究、維護民俗藝術為宗旨，自一九七九年成立，迄今已屆三十三年，背後無財團的支持，除祕書四至八人支薪外，董事長、執行長及董事皆為義務奉獻，已有固定所屬會址八十餘坪，相關報告、研究、圖書影音資料數以千萬計，為民間最重要的民俗藝術寶庫與重鎮之一。基金會不僅曾舉辦相當多具有影響力的大型活動，深受文化界肯定，包括南管、布袋戲歌仔戲、民俗舞蹈、手工藝術、原住民歌舞等領域的國際交流活動，多達數十次，蜚聲中外，其持續對於臺灣傳統民俗文化保存與發揚，可謂影響深遠。

走過漫長的歲月，基金會曾屬無殼蝸牛一族，到處遷徙，如今落籍信義區，獲頒譽揚獎，自當與社區結合、互動，延續社區民俗文化講座，共同營造具有人文風貌的社區文化。我與李乾朗教授初步的構想是：讓民藝巷、基金會門面、三興國小等點、線連綴成一種民俗意象，屆時封街舉辦譽揚儀式，營造民藝巷弄的新美學。

伍、文化資產可以讓一座城市變得偉大

臺北市是一座傳統、現代並陳的大都會，涵藏多元珍貴的文化資產，堪稱得天獨厚。三百多年前，臺北盆地是平埔族凱達格蘭人的活動場域。清康熙、乾隆時期，漳、泉兩地移民來臺墾拓，形成許多聚落，如艋舺（萬華）、大龍峒（大同）、八芝蘭（士林）、錫口（松山）、梘尾（景美）等。十九世紀中葉後，臺北在全臺經濟上漸漸扮演重要角色。一八七五年，清廷在臺北設府，並於艋舺、大稻埕的繁榮市街興建臺北府城。

一九二〇年，日本政府正式設置臺北市，擴大轄區，並加速城市的現代化。一九四九年，國府來臺，臺北成為臨時首都，一九六七年，改制為院轄市，重新規劃為十二行政區。臺北市族群複雜，包括閩、粵、後住民與新住民，開發過程呈點線面，由老聚落逐漸擴散，形成大都會，人口超過兩百七十餘萬人，其人文底蘊更是豐饒多元。

我與臺北結緣於一九六〇年代，當時的臺北，繁華不失純樸，重慶南路長長的書街，到處是逛書店的愛書人。我在這裡就學、立業、成家，奮鬥了四十多年。一九八〇年代，我加入基金會，透過多次的民俗藝術踏查，逐漸深入十二行政區的人文世界，也建構了一張張多采多姿的文化地圖。

一九九五年，基金會接受民政局委託，進行「臺北市文化資產民俗部門之調查」，分飲食文化、敬祖信仰與休閒遊樂三個面向，由李豐楙、洪惟助、吳騰達，與我負責。這也是首次臺北市政府對文化資產的正視，希

望藉由調查，嘗試民俗與現代社會的對話。

一九九九年，臺北市文化局成立，積極推動文化建設，並思索臺北文化大方向，認為要呈現文化臺北，締造新氣象，必須先尋找文化資源，於是規劃「傳統藝術及民俗文化資源調查研究」，委託基金會進行田野調查。這項計畫包括兩類，即：一、民俗文化，二、傳統藝術。前者涵蓋生命禮俗、歲時節令與寺廟文化；後者概括表演藝術與工藝美術。針對生命禮俗、歲時節令，我們實際調查、訪談，做成紀錄，並探討相關的儀式與意義，為現代社會留存先民的生活面影；臺北市寺廟三百零七座，儒、釋、道、天主、基督與民間宗教兼有，我們特別登錄寺廟、廟會活動、蒐集籤詩，以窺信仰文化的奧祕；至於表演藝術，包括器樂、歌謠、說唱、雜技、國術、舞蹈、偶戲、大戲及其他；而工藝美術則有編織、雕塑、陶瓷、金工及其他。

經過實際的踏查，我們發現臺北文化資源是多元而且是豐富無盡的寶藏，倘能加以統整，必能再現臺北獨特的文化形象與特質。可惜的是，這個計畫為期只有七個月，無法依時序對民俗做有系統、完整的調查研究，儘管我們已盡心盡力進行普查、配合相關文獻，建立了基礎資料，然而期望周延、深化的工作，則有待後續的中程、遠程計畫了。

二〇〇五年，基金會接受臺北市社會教育館委託，策畫「老工藝在臺北」的展示，這是在上述的田調基礎上，加以統整後所展現的成果，足以例證挖掘族群人文，整合民俗藝術，是絕對可行的路向。這次展示，我們邀集了五大類十八人，作品百餘件，例如：黏碧華融匯傳統、現代元素的織繡，風情款款；詹鏐淼的皮塑顯像，件件匠心獨運；林再興施作全臺二百餘座廟宇，其交趾陶形象更是活靈活現；百年老店郭合記士林刀，慢工出細活，令人佩服；上海師傅傳人許榮一，裁縫旗袍半世紀，擅長東方婉約風格與簡易服飾美學；林玉珠的花燈，盞盞展現巧思；林信雄的童玩，豐富多變；郭昭鑫的原味蠟染與圖騰傳奇，精采絕倫，讓人嘆為觀止。

其實，臺北市擁有的有形、無形文化資產，堪稱全臺第一。在古蹟

類，有國定古蹟十三項，直轄市定古蹟一百四十五項，總計一百五十八項；傳統表演藝術，包括偶戲、歌仔戲、客家戲劇團、京劇團、崑劇團，總計八十餘團；加上薈萃臺北的美食，八大菜系，雅俗並存，大館小館四千多家。這些數據足以說明臺北是人文底蘊豐厚的都會了。問題是相較於臺南市、嘉義市長期對文化資源的調查研究與亮麗表現，臺北市似乎顯得不夠積極，還有改善的空間。

我們認為，珍貴的文化資產可以讓一座城市變得更為偉大；臺北市文化政策可以多元並行，但絕不能忽略民俗藝術這個重要環節。當「在地化」的思考蔚為趨勢，這是值得正視的議題。

陸、追逐一個文化夢想──十年經營彰化學

一九八○年代，後殖民思潮蔚為趨勢，臺灣社會受到波及，主體意識逐漸浮起，社區營造成為新觀念。於是各縣市鄉鎮紛紛發聲，編纂史志，以重建歷史、恢復土地記憶，有志之士更是積極投入研究，而金門學、宜蘭學、苗栗學等相繼推出，一時成為顯學。

這些學術現象的醞釀與形成，我曾經直接或間接參與其事，對當中的來龍去脈自有某種程度的了解，也引起相當深刻的反思。基本上，對各族群與地方的文化（包括人文、社會、自然等科學）進行有系統的挖掘、整合，並以學術觀點加以研究，以累積文化資產，恢復土地記憶，使之成為一門學問，如此才有資格登上學術殿堂，取得「學門」之身分證。

一九九六年，我從服務二十五年的私立輔仁大學退休，獲聘國立彰化師大國文系，此一逆向的職業生涯，引發我對學術事業的重新思考，在教學、研究之餘，雖然繼續民俗藝術的田野調查，卻開始規劃幾項長遠的文化工程。一九九九年，個人接受彰化縣文化局的委託，進行為期一年的飲食文化調查研究（見圖1-13~1-16），帶領四位研究生進出二十六個鄉鎮市，訪問二百三十多個飲食點與十多位總鋪師，最後繳交三十五萬字的成

果。當時，我曾說：往昔，有一府二鹿三艋舺的符碼；今天，飲食文化見證半線的風華。長期以來，透過訪查、研究，我逐漸發現彰化文化底蘊的豐美。

　　彰化一帶，舊稱半線，是來自平埔族「半線社」之名。清雍正元年

圖1-13　彰化學叢書目前已達五十本。（作者／提供）

圖1-14　彰化學音樂相關出版。（作者／提供）

圖1-15 介紹彰化文學家的著作。（作者／提供）

圖1-16 在地文學家康原。（康原／提供）

（1723），正式立縣；四年（1726），創建孔廟，先賢以「建學立師，
以彰雅化」期許，並命名為「彰化縣」。在地理上，彰化位於臺灣中部，
除東部邊緣少許山巒外，大部分為平原，濁水溪流過，土地肥沃，農業發
達，稻米飄香，夙有「臺灣第一穀倉」之美譽。三百多年來，彰化族群多

元，人文薈萃，並且積累許多有形、無形的文化資產，其風華之多采多姿，令人目不暇給。二十五座古蹟群，詮釋古老的營造智慧，各式各樣民居，特別是鹿港聚落，展現先民的生活美學；戲曲彰化，多音交響，南管、北管、高甲戲、歌仔戲與布袋戲，傳唱斯土斯民的心聲與夢想；繁複的民間工藝，精緻的傳統家具，在在流露生活的餘裕與巧思；而人傑地靈，文風鼎盛，舊新文學引領風騷，而且成果斐然；至於潛藏民間的文學，活潑多樣，儼然是活化石，訴說彰化人的故事。

這些元素是彰化文化底蘊的原姿，它們內聚成為一顆堅實、燦爛的人文鑽石。三十年，我親近彰化，探勘寶藏，證明其人文內涵的豐饒多元，在因緣俱足下，正式推出「啓動彰化學」的構想，在地文學家康原，不僅認同還帶著我去拜會地方人士、企業家。透過計畫的說明、遊說，終於獲得一些仕紳的贊同與支持，為這項文化工程奠定扎實的基礎。我們先成立編委會，擬定系列子題，例如：宗教、歷史、地理、社會、民俗、民間文學、古典文學、現代文學、傳統建築、傳統表演藝術、傳統手工藝與飲食文化，同步展開敦請學者專家分門別類選題撰寫，其終極目標是挖掘彰化文化內涵，出版彰化學叢書，以累積半線人文資源。原先預計每年十二冊，五年六十冊（2007～2011），不過由於若干因素與我個人屆齡退休（2011），不得不延後，而修改為十年，目前已出版四十餘冊，預計兩年後完成。這裡列舉一些「發見」供大家分享：

一、民間文學系列：《人間典範全興總裁》，由口述歷史與諺語梭織吳聰其先生從飼牛囝仔到大企業家的心路歷程，為人間典範塑像；《陳再得的臺灣歌仔》守住歌仔先珍貴的地方傳說，平添民間文學史頁：《臺灣童謠園丁──施福珍囝仔歌研究》，揭開囝仔歌的奧祕，讓兒童透過囝仔歌認識鄉土、學習諺語、陶冶性情。而鹿港民間文學的活化石──黃金隆的口述歷史，是我們還在進行中的計畫。

二、古典文學系列：《臺灣古典詩家洪棄生》、《陳肇興及其陶村詩稿》、《臺灣末代傳統文人──施文炳詩文集》三書充分說明彰化的文風傳統，與古典文學的精采。加上賴和的漢詩研究等，將可使這一

系列更爲充實。

三、現代文學系列：《王白淵荊棘之道》、翁鬧《有港口的街市》、《錦連的年代——錦連新詩研究》、《生命之詩——林亨泰中日文詩集》、《給小數點臺灣——曹開數學詩》、《親近彰化文學作家》等，涵蓋先行、中生與新生三代，自大清、日治迄現今，菁英輩出，小說、新詩、散文傑作，琳瑯滿目，證明了在人文彰化沃土上果實纍纍。值得一提的是，翁鬧長篇小說的出土爲臺灣文學史補上一頁；而曹開數學詩綻放於白色煉獄，與跨越兩代語言的詩人林亨泰，處處反映磺溪一脈相傳的抗議精神。

四、《南管音樂》、《北管音樂》、《彰化縣曲館與武館》（五冊）、《彰化書院與科舉》、《維繫傳統文化命脈——員林興賢書院與吟社》、《鹿港丁家大宅》與《鹿港意樓——慶昌行家族史研究》，前三種解析戲曲彰化這一符碼，尤其是林美容教授開出區域專題普查研究，爲彰化留下珍貴的文獻資料。書院爲一地文風所繫，關係彰化文化命脈，古樸建築依然飄溢書香；而丁家大宅、意樓則是鹿港風華的見證，也是先民營造智慧的展示。即將出版的賴志彰傳統民居、李乾朗傳統建築、陳仕賢的寺廟與李奕興的彩繪，必能全面地呈現老彰化的容顏。

這套叢書的誕生，從無到有，歷經十年，真是不尋常，也不可思議，它是一項艱辛又浩大的文化工程，也是地方學的範例，更是臺灣學嶄新的里程碑。非常感謝彰化師大與臺文所的協助，全興、頂新、帝寶等文教基金會的支持；專業出版社晨星，在編輯、美編上，爲叢書塑造風格；書法名家也是彰化人杜忠誥教授，親自以篆書題寫「彰化學」，爲叢書增添不少光彩，在此一併感謝。

叢書的面世，正是夢想兌現的時刻，謹以這套書獻給彰化鄉親，以及我們愛戀的臺灣，這是我與康原的共同心願。

柒、鹿港是閩南文化的活化石

　　文化資產是指具有歷史、文化、藝術與科學等價值的資源，包括有形與無形兩個層面。它不僅爲各國所珍惜，更成爲聯合國教科文組織（UNESCO）的重要職責。在此一觀念的影響下，「世界遺產」的登錄工作，成爲趨勢。二○○二年，文化部爲使國人保存觀念能與國際同步，揭示「臺灣世界潛力點」的構想，並成立「世界遺產推動委員會」，陸續徵詢國內外專家及函請縣市政府與文史工作室提報。歷經十年，通過多次的會議，終於在二○一二年依據世界遺產協會的十項審查標準（2005），決議臺灣世界遺產潛力點共有淡水紅毛城及其周遭歷史建築群、桃園臺地陂塘、排灣及魯凱石板屋聚落、玉山國家公園、金門戰地文化、澎湖石滬群等十八處。其中有屬於文化遺產，或屬於自然遺產的。不過，令人遺憾的是，古城鹿港缺席了，因爲它沒被提報。

　　三月底，我突然接到一位彰化仕紳的電話。他是透過文史工作者的介紹，曉得我這八年推動彰化學叢書的文化工程，想借重我的客觀立場與彰化人文經驗，共同推動古城鹿港爲世界遺產潛力點。

　　他開門見山道出電話的動機。四月初，在彰師大一場晤談後，決定籌設委員會，成員包括鹿港仕紳、文化人及跨黨派的政治人物，並委託我撰寫說帖。

　　鹿港，早期稱爲馬芝遴社，是平埔族巴布薩人居住地，因原野有大量鹿群棲息，故名「鹿仔港」。其開發始自明鄭時期，清雍正元年（1723）已成爲中部最大港口，俗諺云：「一府二鹿三艋舺。」證明鹿港在臺灣開發史上的地位與風華。當初移民大都屬漳、泉，而以泉州居多，主要拓殖者爲施、黃、許、郭、林等姓，經過內地、在地化的歷程，逐漸型塑鹿港人的民族性與鹿港腔泉州語。

　　雍正九年（1731），鹿港正式開放爲島內貿易港，商業逐漸繁榮；乾隆四十九年（1784），鹿港與泉州蚶江對渡，直到道光末年，約半個世紀，錦帆來去，萬商雲集，人文薈萃，曲藝並奏，儼然是經濟文化的重

鎮。由於濁水溪支流多次氾濫，港口泥沙淤積而一蹶不振，商業衰頹；一九三七年，中日戰爭爆發後，鹿港從絢爛趨於平淡，成為一座歷史古城。

三百年來，鹿港由於濃厚的保守性，成就了人文底蘊豐厚的符碼，宛如文化的活化石，以傳統的菁華在現代社會閃爍光芒。

這個符碼內含多樣元素，包括：族群、語言、宗教、傳統建築、傳統表演藝術、傳統手工藝與飲食文化，質言之，鹿港先民大都來自泉州，世代相傳由原鄉轉化的鹿港腔，成為在地鹿港人，其語彙之豐富，層面之多元，可說是閩南文化圈的寶藏；宗教上鹿港集儒、釋、道與若干民間信仰於一地，堪稱神仙之城，因此廟會多，古蹟寺廟林立，構成宗教氛圍扎實的場域，並帶出傲人的傳統營造智慧與美學；表演藝術上則有南管、北管與高甲戲（見圖1-17），目前南管仍與廟會結合，如龍山寺藻井戲臺御前

圖1-17　《鹿港南管音樂的調查與研究》為基金會1979年調查鹿港傳統音樂的成果。

清音，既娛神也娛人，成爲全臺唯一僅有的表演空間；傳統工藝的範疇包括編織、雕刻、陶瓷、金工及其他，因爲早期泉州、福州、潮州的藝師來鹿港定居，他們以看家本領展現精湛的技藝，發展出千彙萬端的民俗藝術，成就獨樹一幟的「鹿港工藝」，長期以來獲頒民族藝師、薪傳獎與民族工藝獎者，不計其數，既證明鹿港人才濟濟與無限的軟實力；至於飲食文化，鹿港契合民俗節慶，發展出禽肉、畜肉、米麵、素食、糕餅、飲料與醬料等八大類，雅俗共賞，名聞遐邇。

所以說，鹿港是閩南文化的活化石，也是臺灣文化的瑰寶。我們認爲鹿港符合世界遺產登錄標準第二項：「展現了人類價值的重要轉折，不論是世界上某個文化區塊，還是橫跨一個時代的建築、工藝、藝術，以及城市規劃發展。」世界遺產是普世價值，指向人文與自然的終極關懷，當中糾葛多元關涉。近年來，我們親睹臺北保安宮七年修復古蹟的典範，讓它贏得聯合國教科文組織「2003年亞太文化資產保存獎」；總部設在法國的「世界最美麗海灣組織」（是聯合國教科文組織支持的國際非政府組織），主席Galip Gur一行三天體驗澎湖海洋風情，深受感動，並於二○一二年十一月通過臺灣澎湖海灣正式成爲會員。

我們呼籲有心人士，繼續爲老城鹿港挖掘族群人文，整合民俗藝術，共同爭取「潛力點」，邁向「世界遺產」，盡一分心力。

捌、深耕鹿港家族史的範例

鹿港在臺灣開發史上占有相當重要的地位，諺語云：「一府二鹿三艋舺。」可爲例證。清乾隆、嘉慶年間是鹿港的全盛時期，萬商雲集，人文薈萃，因此，由「商業的鹿港」轉型爲「文化的鹿港」。長期積累的無形、有形文化資源，既豐厚且多元又深厚，堪稱閩南文化的活化石。

鹿港三百年的歲月裡有幾家值得注意的家族，例如：日茂行林家、慶昌行陳家、謙勝行莊家與丁協源丁家等，他們都是以「船頭行」發跡，集

商人、仕紳與地主於一身，並從商業家族蛻變爲書香門第，開枝散葉，延續旺盛的生命力。

顯然地，家族史是區域史的重要環節，也成爲史學的新視野。二〇〇七年，我們總策畫《彰化學叢書》時，非常留意彰化史的諸多面向，例如：書院、家族、工藝和建築等，其中的家族史特別邀請李昭容博士用心耕耘。昭容爲鹿港子弟，國立中興大學歷史學博士，主要研究領域爲臺灣史、家族史與文化史，著有《鹿港丁家之研究》、《慶昌家族調查報告》等。我仔細閱讀後，建議將有關鹿港的兩種研究加以統整、修訂，並以《鹿港丁家大宅》（2010）與《鹿港意樓——慶昌行家族史研究》（2011）出版（見圖1-18）。這種結合歷史、建築與圖說呈現的方式，深受好評，允爲學術通俗化的佳例。前者探索丁家開臺祖丁樸實（1763～1843）安居鹿港後，以「丁協源」商號創造事業的高峰；光緒年間，其後代漸由商業之家轉型爲書香門第；日治時期，「新協源」後代以讀書晉升仕紳，並與鹿港辜家、基隆顏家聯姻，氣勢非比尋常。昭容透過「丁家

圖1-18　《鹿港丁家大宅》、《鹿港意樓》及《宜樓掬月意樓春》是李昭容多年追索陳氏家族史的研究成果。

大宅」分析有形與無形文化資產,逐一解開丁家歷史之謎。後者爲陳懷澄(1877〜1940)所購置,與十宜樓同列入鹿港八景十二勝,但時過境遷,隨「慶昌行」的興衰起落,意樓幾近廢墟,因俊美食品李俊德夫婦購得並費心整修,得以再現風華。我曾指出這座自費修復的意樓,是「歷史建築修復的新典範」。二〇〇七年,昭容因受邀加入修復團隊,並撰寫慶昌家族的調查報告,長期追溯陳家的歷史與意樓的遞嬗歷程,完成慶昌行家族史研究,爲區域史顯影,其努力值得肯定。

　　二〇一二年,她幫忙規劃慶昌故事館,陳家後代聞風相繼返回鹿港尋根,並細讀《鹿港意樓》。在長期與陳家後人接觸,並獲得充分信任,得以進入他們不設防的世界,透過訪談,從斷簡殘編,點點滴滴地重建慶昌行家族史的全貌。特別是與陳啓洲的對話與獲得陳威儒修訂的族譜,讓她以古蹟追蹤歷史的路徑,有了更確切的依據(見圖1-19)。

　　二〇〇四年,鹿港十宜樓被登錄爲歷史建築。其主人陳祈(1842〜1893),乃鹿港重要商號的分子,而「宜琴、宜棋、宜詩、宜酒、宜

圖1-19　施並錫所繪之意樓。(施並錫/提供)

畫、宜花、宜月、宜博、宜煙、宜茶」的十宜樓是他與知名仕紳交際的場域，騰傳一時。相較於「意樓」的風華再現，「十宜樓」似乎有逐漸消褪的現象。昭容訪耆老，搜舊聞，追蹤陳家後代，蒐集各方史料，在《鹿港意樓》一書的基礎上，再探慶昌家族史。全書分五章，即：一、前言；二、清代「慶昌行」的興衰；三、日治時期慶昌家族的轉變——以陳懷澄與陳祈後代為例；四、戰後慶昌後裔的發展——以陳培煦與陳錫琛為例；五、結論。內容共有十萬多字，圖片二百餘張，仍以圖說歷史的方式來呈現，增加不少的可信度與趣味性。我在校訂過程，發現作者八年經營陳氏家族史，多方求索文書族譜的苦心，深感敬佩。

　　陳祈的十宜樓是鹿港八景的「宜樓掬月」，陳懷澄的「意樓」則為十二勝的「意樓春深」，昭容採歷史、建築並進的觀點，雙寫其縱深的歷史，成為「慶昌行家族史續探」，我建議將書名為《宜樓掬月意樓春》，以突顯陳家建築雙璧，並帶出一種悠遠的歷史情懷。慶昌行的十宜樓與意樓以古蹟存史，經過昭容的圖說，引領讀者進入慶昌家族史尋幽訪勝，期望能有意想不到的發現與收穫。

玖、期待一座彰化縣文學館

　　俗諺云：「一府二鹿三艋舺。」明顯地指出臺灣開發史上的時間秩序，也指涉其背後所承載的文化底蘊。這裡以彰化為例並加以探索。

　　彰化，舊稱半線，語彙來自平埔族半線社。大清雍正元年（1723）正式立縣，四年（1726）創建孔廟，先賢以「建學立師，以彰雅化」期許。彰化縣位於臺灣中部，除東部邊緣少許山巒外，大部分為平原，當中濁水溪流過，帶來黑色沃土，因此農業發達，稻米芳香，夙有「臺灣第一穀倉」之稱。

　　三百多年來，彰化族群多元，人文薈萃，並積累許多有形、無形的文化資產，例如：二十五座古蹟彷彿戶外展場，詮釋先民的營造智慧；鹿港

聚落，各式各樣民居，展示傳統的生活美學；戲曲彰化，多音交響，南北管、高甲戲、布袋戲、歌仔戲，代代傳唱子民的心聲與夢想；豐饒多元的民間工藝，別出心裁，在在展現工藝家的巧思；值得一提的是，此間人文化成，人傑地靈，文風鼎盛，新舊文學引領風騷，而潛藏民間的文學，活潑多樣，宛如閃爍的活化石。

我親近彰化三十年，長期探勘寶藏，但只能做點、線研究，繳交一些成果。二〇〇七年，在因緣俱足下，我正式推出「啓動彰化學」的文化工程，開出子題系列包括：宗教、歷史、地理、社會、民俗、文學（民間、古典與現代）、繪畫、傳統建築、表演藝術、手工藝與飲食文化，希望有系統地挖掘半線文化內涵，累積彰化人文資源，預計十年出版彰化學叢書六十冊（目前已推出四十二冊），落實一個文化夢想（見圖1-20～1-21）。其中值得注意的是文學系列，幾乎占了一半之譜，足以證明彰化文學的獨特與豐美。

彰化文學涵蓋民間、古典與現代文學作家作品，體裁分漢詩文、民間文學、現代詩、散文、小說與兒童文學；自一六八三年迄今，歷經大清、日治、戰後到現代，約有一百多人，其著作富含磺溪精神，歷久彌新。吳

圖1-20　筆者於彰化縣文化局報告文學館的資料蒐集成果。（作者／提供）

圖1-21　彰化學叢書。（作者／提供）

晟、蕭蕭、康原與我曾多次在文化局的文學委員會建議成立彰化縣文學館，並做成決議：請縣府正視、落實文化立縣的政見。

　　二〇〇八，中央政府推動擴大內需以振興經濟，縣府為了配合地方文化館的設置，特別提出申請，並以「彰化縣文學館」為訴求，希望幾年內能在文化局三樓開館以展示多采多姿的文學景觀。我臨急受命，接受文化局委託，進行全縣文學家與作品的普查，以建構文學館的軟體元素，不過，期程短促，僅有三個月。我帶領工作小組八人（彰師大國文所與臺文所研究生），積極投入，奔波鄉鎮市，並繳交一份亮麗的成果，據說還獲得文化部的獎勵呢。

　　當時的計畫以年代為經、作家作品為緯，請中興大學廖振富教授整理彰化文學三百年大事紀，我則同步推出古典文學與現代文學若干人，內容分為：作家生平、作品、相關研究資料、訪談紀錄、參考資料與數位錄影等六個面向〔《親近彰化文學作家》（2011）列舉先行、中生、新生三代十三人可視為成果的平面展覽〕。並請彰師大美術系陳世強教授規劃文學館的硬體工程。經多次與文化局討論，決定將文化局三樓空間加以整合，使之成為動線流暢的展示空間，我建議宜與一樓圖書館連結，方便營運與管理。其實，這種軟、硬體的思考，是在走訪國立臺灣文學館、賴和紀念

館、鍾理和紀念館與南投文學館後，斟酌實際條件所提出的可行方案。

　　令人遺憾的是，後續的工作中斷了。

　　二〇〇九年，我獲頒彰化縣第十一屆文學獎·特別貢獻獎。典禮上，從縣長手中接下獎牌與十萬獎金支票。我致詞時，表示一點感謝一個要求。感謝的是這個獎的肯定，十萬則轉送彰師大作為助學金；要求的是，希望縣長推動彰化縣文學館，以文學彰化拓展國際的能見度。縣長聽了感動、點頭又鼓掌，深表同意，臺下觀禮者更是一片掌聲與喝采。

　　二〇一一年，我屆齡退休，以高級志工身分繼續總策畫彰化學叢書，越發現彰化文學的富美，就越感慨彰化縣文學館，彷彿一座空中樓閣。

　　二〇一二年，府城成立葉石濤文學紀念館；二〇一三年，彰化市在市立圖書館設置彰化市文學館，各縣市爭相規劃文學館舍以累積資源，發揮文學的境教功能。反觀半線，忽視豐美文學又虛擬文學館，其表現毋寧是過於消極了。文學是斯土斯民的知感結晶，文學館則是典藏、展示、研究與推廣的平臺；我們期待一座文學館，讓大家見識彰化縣的文學奇蹟。

拾、文化立縣新思考——給魏縣長的一些意見

　　乙未歲暮，收到幾位縣市長寄來的賀年卡，傳釋的溫馨教人感激不已。除夕，特別反思一些文化議題，以作為回應。這裡先談彰化縣。

　　彰化，舊稱半線，大清雍正元年（1723）正式立縣，四年創建孔廟，先賢以「建學立師，以彰雅化」期許。彰化縣位於臺灣中部，濁水溪帶來黑色沃土，是典型的農業縣。三百多年來，彰化族群多元，人文薈萃，文化資產涵藏豐饒，例如：二十五座古蹟宛如戶外展場，呈現寺廟的綜合美；戲曲彰化，多音交響，南北管、高甲戲、布袋戲、歌仔戲，代代傳唱斯土斯民的感情與夢想；民間工藝美術，匠心獨運，作品千彙萬端；鹿港傳統聚落，民居多樣，生活空間別具一格；更難得的是，彰化人傑地靈，文風鼎盛，新舊文學，人才輩出，而且引領風騷。至於流播民間的口頭文學，多采多姿，處處可見先民的智慧。

我親近彰化三十多年，長期踏查鄉鎮，探勘人文寶藏，並繳交一些成果，例如：《彰化縣飲食文化》（2000）、啓動彰化學，推出彰化學叢書（2007～，預計十年六十冊）；《鹿港工藝八大家》（2010）（見圖1-22）、《親近彰化文學作家》（2011）、《粧佛藝師──施至輝生命史及其作品圖錄》（2012）等，這些足以說明彰化人文底蘊之豐美，更可爲文化立縣開出堅實的保證。這裡提出幾件文化工程供縣長卓參：

圖1-22　彰化學叢書第30：《鹿港工藝八大家》。

一、建構彰化縣文學館

彰化文學涵蓋民間、古典與現代文學作家作品，體裁分漢詩文、民間文學、現代詩、散文、小說與兒童文學，自一六八三年迄今，約有一百多人，代代傳承磺溪精神，而別樹一幟，施懿琳、楊翠合撰《彰化縣文學發展史》（1997），大作七十萬字，充分證明了彰化文學的特色及其在臺灣文學史上的重要地位。多年前，吳晟、蕭蕭、康原與我曾在文化局的文學委員會建議成立彰化縣文學館，並做成決議：請縣府正視並落實文化立縣的政見。二〇〇八年，中央政府推動擴大內需，縣府爲了配合地方文化館的設置，提出「彰化縣文學館」專案，以建構文學館的軟體元素，我們在幾個月內完成彰化文學三百年大事紀、古典文學與現代文學若干人（包括：作家生平、作品、相關研究資料、訪談紀錄、參考資料與數位錄影等面向），並請陳世強教授規劃文學館硬體工程。繳了近程的成果，後續的中、遠程計畫卻中斷了。

二〇〇九年，我獲頒彰化縣第十一屆文學獎‧特別貢獻獎，致詞時，我向縣長表示一個要求：希望縣長推動彰化縣文學館，以文學彰化拓展國際的能見度。並撰文呼籲：期待一座彰化縣文學館，可惜並未見積極的作

爲。這次特別建議縣長正視此一軟實力，讓大家見識彰化縣的文學奇蹟。

二、爲鹿港爭取世界遺產潛力點

鹿港，早期是平埔族巴布薩人居住地，因原野有大量鹿群棲息，故名「鹿仔港」。俗諺有「一府二鹿三艋舺」，證明鹿港在臺灣開發史上的重要性。三百年來，鹿港從絢爛趨於平淡，成爲一座歷史古城，由於濃厚的保守性，造就了人文底蘊豐厚的符碼，儼然是文化的活化石。其內涵包括：族群、語言、宗教、傳統建築、傳統表演藝術、傳統工藝美術與飲食文化，以傳統的菁華在現代社會閃爍光芒，不愧是臺灣文化的瑰寶。二〇一二年，文化部依據世界遺產協會的十項審查標準，決議臺灣世界遺產潛力點十八處。我們認爲鹿港符合世界遺產登錄標準第二項：「展現了人類價值的重要轉折，不論是世界上某個文化區塊，還是橫跨一個時代的建築、工藝、藝術，以及城市規劃發展。」

我們呼籲有心人士繼續挖掘城古城鹿港的人文底蘊，期待縣長正視此一珍貴的文化資產，透過一些具體作爲，積極爭取世界遺產潛力點。

三、擘劃蔡志忠動漫畫館

蔡志忠（1948～），彰化花壇人，十五歲成爲職業漫畫家。一九七六年成立龍卡通公司，拍攝《老夫子》、《烏龍院》等動畫電影，曾獲一九八一年金馬獎最佳卡通片獎。一九八三年開始創作四格漫畫，以簡潔生動的線條描繪了一部部頗具影響的漫畫書，如《莊子說》、《老子說》、《禪說》、《史記》、《西遊記》、《聊齋》等，開啓了中國古籍經典漫畫的先河。一九八五年獲選爲全國十大傑出青年。迄今創作不輟，飲譽海內外，堪稱文創大師，也是臺灣之光。

目前，彰化學叢書正籌備出版《動漫畫家蔡志忠》，倘能進一步接洽、規劃動漫畫館，爲彰化縣文化資產增添光采，相信就是蔡志忠回饋鄉里的時刻。

物質建設使城市現代化，但文化建設讓城市成爲偉大。文化立縣的終

極關懷，是值得我們反思的。

拾壹、打開百年老店的門扉

　　我與彰化結緣於一九七〇年代。記得當時是探訪賴和先生的故居。八〇年代以來，因為基金會執行幾項專案計畫，我多次踏查彰化、鹿港、員林與北斗等地。接觸是了解的開始，經由點、線、面的實際田野調查，逐漸發現其有形、無形文化資產之豐厚，令人嘆為觀止。

　　一九九六年，我獲聘彰化師大國文系，似乎是冥冥註定，與彰化結下了深緣。一九九九年，我接受縣府委託，進行彰化縣飲食文化調查研究，涵蓋二十六個鄉鎮市，為期一年。我與四位研究生，奔波於各鄉鎮，訪問兩百三十多個飲食點，繳交三十五萬字的專書，為彰化飲食地圖顯影，也理出飲食文化的特色。我特別指出：昔日傳說，一府二鹿三艋舺；今天，豐饒的飲食文化見證半線風華。

　　也就在這個時刻，我腦海浮現「啟動彰化學」的念頭。三十多年來，我親近彰化，探勘系列寶藏，深信有待進一步地全面挖掘，以展現半線燦爛的人文風景。在地文學家康原帶著我拜訪地方仕紳、企業家，透過計畫的簡報、遊說，終於獲得贊同與支持，為此項文化工程奠定扎實的基礎。我們願意以十年經營彰化學，出版叢書六十冊，兌現一個文化夢想。

　　這項文化工程相當浩大且艱辛，我們成立編委會，擬定系列子題，包括宗教、歷史、地理、水利、民俗、民間文學、古典文學、現代文學、傳統建築、傳統表演藝術、工藝美術、百年老店等。同步展開敦請學者專家分門別類撰寫，或親自帶領碩、博士生踏查，蒐集資料，撰述成書。

　　我們陸續挖掘並有連串的發現，如：陳再得的臺灣歌仔、施福珍的囝仔歌，一首首傳唱斯土斯民的心聲；古典詩家洪棄生、陳肇興、賴和與末代傳統文人施文炳等，見證彰化精采的古典文學；翁鬧《有港口的街市》的重現，曹開的數學詩、林亨泰晚期的日文詩篇，在在反映磺溪一脈相傳

的抗議精神；彰化南北管、彰化曲館與武館、鹿港丁家大宅，證明人文彰化的風華，至於鹿港意樓十宜樓也爲慶昌行家族史顯影；而畫家梁奕焚、書法家杜忠誥、漫畫家蔡志忠，更爲半線增添書畫的光采。

當中，讓我掛念的是百年老店。在踏查臺灣民俗藝術的歲月裡，各地百年老店是我誠摯訪談的對象，它們是常民生活的見證者，往往集宗教、民俗、地理、歷史、文化於一身，而成爲生活圈的重心。彰化百年老店包括：家具、木偶雕刻、製香、中藥、糕餅、米麵、肉圓、蜜餞、醬油、製鼓與撿骨等十餘類二十家，分布於九個鄉鎮市。

三年前，我帶領研究生踏查，完成了五家，即：花壇保生堂中藥房、玉珍齋、寶珍香桂圓蛋糕、老天興樂器行（製鼓）、巧成眞木偶之家。今年，繼續未完成的計畫，帶領四位研究生投入阿振肉包、肉圓生、新和春醬油、七代撿骨師等四個點，我則負責貓鼠麵，並現身示範，引領同學入門（見圖1-23～1-24）。

進行踏查之前，先介紹田調的要領，強調參與觀察、交互訪談法的運用，並參證範例。爲了泯除訪談者與被訪談者雙方的陌生與隔閡，我特別親自溝通，取得信任，讓受訪者放心、不設防，以進行深入的訪談。我說，絕對尊重個人的隱私，客觀地呈現，希望爲業者建構發展史與譜系，完成的訪談一定會無條件回饋每位業者。其實他們都是認識多年的朋友，

圖1-23　彰化北斗的肉圓生至今已薪傳百　圖1-24　貓鼠麵是彰化老街陳稜路上具代
　　　　　年。（黃鈴琦）　　　　　　　　　　　　表性的平民美食。（王明津）

非常相信我的提議，大家共同的表情是面帶微笑地說道：「林教授辛苦了，多謝您為彰化勞心勞力，我們絕對全心全力配合。」

兩階段挖掘十家百年老店，我發現他們都立足於生活圈（或信仰圈），遵古法製作，保留原味，誠實傳家業，且努力研發、創意，賦予老店新生命。例如：鄭永豐型塑人文阿振，風靡日本，有位年輕人甚至登門拜師；七代撿骨世家黃忠謀的「二次葬文化」傳釋生命禮俗的意義，展現臺灣民間文化的另一種特色，引起矚目，躍上國家地理頻道；玉珍齋的鳳眼糕，魅力迷人，老少咸宜；新和春醬油努力於傳統與創新，變工廠為文化觀光景點，發揮境教的功能。

這些老店堅持區域的傳統產業，不僅是斯土斯民珍貴的文化資產，更是臺灣文化史上的重要元素，不容忽視。我們打開一扇扇百年老店的門扉，希望能引導大家進入其世界，領略老店所釋放的文化氣質。

拾貳、正視臺灣百年老店

一九八○年代，我開始投入民俗踏查，深入臺澎金馬，也陸續繳交一些成績。然而當中最讓我注意的是，各地兀自閃爍光芒的百年老店，總是抱持謙虛的心態，誠摯地叩訪。因為它們都是臺灣歷史的見證者，也是臺灣文化最堅實的部分，往往集宗教、民俗、歷史、文化於一身，展現珍貴的無形文化光采。

一九九九年，我帶領彰化師範大學國文所四位研究生，奔波於二十六個鄉鎮市，訪問兩百三十多個飲食點，一年後，繳交《彰化縣飲食文化》（三十五萬字），以豐饒多元的飲食文化見證半線風華。我震懾其文化底蘊之繁富，也啟動了彰化學的想法。於是開設相關課程、籌畫區城文學研討會，並與在地作家康原拜訪、遊說企業家，獲得認同與支持，於是展開一項漫長費心耗力的文化工程，預計十二年經營彰化學，出版叢書六十冊。

叢書含攝宗教、歷史、民俗、傳統建築、傳統表演藝術、工藝美術、

繪畫、地理、水利、民間文學、古典文學、現代文學、百年老店等面向。已出版五十冊，大致能充分詮釋其人文景觀。

　　彰化百年老店，多采多姿，包括：粧佛、金工、木偶雕刻、製香、中藥、糕餅、米麵、肉圓、蜜餞、醬油、仙草、製鼓與撿骨等十三類二十家。二〇一一年，我帶領研究生踏查五家，即：花壇保生中藥房、玉珍齋、寶珍香、老天興樂器行（製鼓）、巧成眞木偶之家；二〇一五年，又踏查五家，四位研究生分別負責阿振肉包、肉圓生、新和春醬油、七代撿骨師，我則現身示範，引領同學進入貓鼠麵世界（見圖1-25～1-27）。

圖1-25　筆者帶學生訪問肉圓生。（作者／提供）

圖1-26　筆者帶領學生參訪新和春醬油。
（作者／提供）

圖1-27　筆者帶學生拜訪阿振肉包老闆。
（作者／提供）

二〇一六至二〇一七年，十九位博碩士生分組踏查了十家，包括：復興珍餅店、鄭玉珍、朝和餅鋪、順泰蜜餞、阿義手工麵線、三角埔仙草、施自和佛具、陳萬能錫器，與施金玉香鋪。

參與踏查的研究生都選修了「文化詮釋與批判」這門課，除了上課傳授相關理論與實例外，行前特別介紹田調要領，文獻資訊的蒐集，參與觀察、交互訪談的運用，同時參證《味在酸鹹之外——臺灣飲食踏查》一書。這些百年老店都是我認識多年的，但為了消除訪談者與被訪談者的心理距離，我特別電話溝通、隨行訪視，以取得信任，讓受訪者放心，在知無不言、言無不盡的情況下，建構百年老店的家族史、作品譜系、工序，與經營策略，並藉著圖說跡近老店世界。我承諾完成訪談後一定會無條件回饋每個店家，將來出版《彰化百年老店》也會致贈分享。

六年四階段踏查了二十家，我們既例證彰化人文底蘊的豐厚，也發現它們都是立足生活圈、信仰圈、文化圈的重心，為常民文化帶出令人驚豔的光采。難能可貴的是，各店家都遵循古法製作，保留原味，忠厚傳承家業，且能與時俱進，注重品管，努力研發、創意，秉持「歷史的意識」，讓老店展現無窮的魅力。例如：寶珍香引領風騷的桂圓蛋糕、巧成真的史豔文木偶、三角埔仙草的獨特風味、陳萬能的錫藝、施至輝的粧佛、阿振肉包的人間美味、朝和餅鋪的傳統漢餅、阿義的手工麵線。還有七代撿骨世家黃忠謀的「二次葬文化」，在民間傳釋生命禮俗的意義；新和春醬油，變工廠為文化觀光景點，發揮無比的境教功能。

我們的叩訪，打開了百年老店的門扉，經過多次的深入訪談、記錄工序、圖說現場，加上幾次的修補，才如實呈現每個老店的真相。

二十家老店歷經時間的淘洗、社會的變遷、產業的衝擊、消費的挑戰，與人事的更替等種種考驗，宛如火煉的真金，閃爍著傳統的光輝。基本上，百年的區域傳統產業，是斯土斯民的共同記憶，也是歷史的重要史頁，更是文化史上的美麗風景；它們內含豐富的無形文化資產，是臺灣的瑰寶，值得我們去正視。

拾參、一個挖掘族群人文的範例

我與林美容教授相識將近三十年，這個機緣非常特別。她出身南投，是知名的文化人類學家，長期推動臺灣文史與宗教研究；我來自高雄，專長中文學門，長期投入民俗藝術的研究與維護。我們交會的場合，或研討會，或宗教經典的校釋等，最近一次，則是化理念為行動，挺身搶救瀕臨拆廟——土城・齋教先天派「普安堂」的系列活動。

過程中讓我印象深刻的，莫過於一九九七年《彰化縣曲館與武館》上下兩冊的出版，在心中泛起肅穆又振奮的迴響了。她主編的這套書共二十八章約一百萬字，書型菊八開，由彰化縣立文化中心出版，既是出版界一大盛事，又是學術界的焦點，更為區域研究提供路向（見圖1-28～1-29）。

其實，有關臺灣區域研究，基金會創辦人許常惠教授曾開風氣之先，在彰化推動一系列工作，例如：鹿港「國際南管音樂會議」（1981）、「彰化縣民俗曲藝田野調查」（1984）、「南管音樂曲譜蒐集與整理」（1984～1987）、「彰化南北管音樂戲曲館硬體之規劃」（1986）、「彰化縣古蹟簡介之編輯」（1987）、「彰化縣音樂發展史的調查研究」（1994）等，多年下來，累積相當厚實的資源。但較之於美容主持

圖1-28　民族學者林美容。（林美容、李　圖1-29　林美容所著之《彰化縣曲館與武
　　　　長俊）　　　　　　　　　　　　　　館》。

的區域專題調查與繳交的成績，我認為她的表現是亮麗的，而且提供一個範例。

曲館是村庄居民業餘學習傳統曲藝（如：南管、北管、九甲、歌仔、布袋戲）的場所；武館則指學習傳統武術（如：太祖拳、白鶴拳）的地方。兩者均屬村庄的子弟組織，成員以男性為主，在民間的迎神賽會與婚喪喜慶都可看到它們的身影，彰化縣的曲館與武館在中部四縣市首屈一指，很多地區的曲館都由彰化集樂軒與梨春園系統的戲曲先生傳授。美容曾指出它們在社會史上的意義是：一、可作為探討村庄史的基石；二、透過師承與派別、組織與活動，可以了解村際關係與互動模式；三、藉著民俗曲藝活動，可以探討族群文化特色以及族群關係的歷史。

這項調查計畫工程浩大，自一九九〇年四月至一九九六年九月，期程超過六年之久，調查人員三十八，組織規模相當龐大，至於物力也頗為可觀。計畫分兩階段，前半段是運用中研院民族所支援的個人研究經費，與「王育德教授紀念研究獎」的補助，參與調查人員不計酬勞，個個熱心投入，後半段由彰化縣立文化中心支持，才有一定經費支付計畫的開銷。

值得一提的是，該計畫所有調查人員必須參加講習會與半天的田野實習，這是美容的一貫作風：嚴謹、實際，遵循學術原則。團隊總共調查了一百八十六個曲館、一百九十一個武館。參與這項文化工程彷彿經歷一次學術洗禮，因此誕生了多位專家學者，例如：陳龍廷、謝宗榮、李秀娥等。

美容主其事，但她視之為團隊的調查研究成果，也是學術團隊與彰化人共同書寫的地方社會之文化史紀錄。其學術胸襟於此可見。

二〇〇七年，我們啟動彰化學，擘劃彰化學叢書，康原與我拜會在地企業家，尋求奧援，由於因緣俱足，預計十年六十冊。並揭示：「往昔，一府二鹿三艋舺的符碼；今天，人文彰化見證半線風華」，作為努力的目標。我們成立編輯委員會，依彰化人文底蘊，規劃幾個面向，同時展開邀稿。我本能想到美容主編的這套書。自出版以來一直成為圖書館的典藏本，但坊間未見流通，相當可惜。與她多次電話聯絡、當面說明後，她雖然同意，但瑣事纏身，無法積極參與。「沒關係，我會投入心神，幫忙處

理。」我回應說，無非讓她安心，於是邀請博士生李建德來幫忙，他是位授符籙的道士，深諳臺語以及曲館、武館的語彙，我們在原有的基礎上，進行精校，以保存文獻資料的原始風貌。

原書分上下兩大冊，這次為了配合叢書書型，改為三十二開五本，成為叢書中的「套書」，包括：一、彰化與鹿港篇；二、北彰化濱海篇（伸港、線西、和美、福興、秀水）；三、北彰化臨山篇（花壇、大村、芬園、埔鹽、溪湖）；四、南彰化濱海篇（芳苑、大城、二林、竹塘、埤頭、溪州、田尾）；五、南彰化臨山篇（田中、北斗、員林、埔心、永靖、社頭、二水）。原書附錄圖像一百二十六張，新版增加二百多張，隨文配圖，更能彰顯實錄的內涵。

日治時代，日本專家學者投入臺灣族群、文化、民俗、語言與宗教的踏查與田調工作，成果斐然，例如：伊能嘉矩、國分直一、片岡巖、鈴木清一郎等，他們的成績影響相當深遠。而美容另闢蹊徑，開出區域專題普查研究，挖掘族群人文底蘊，見證彰化的文化風華，為文獻平添幾分光采，毋寧也立下田野調查的範例。

拾肆、文化寒冬裡的一些堅持

歲暮，陳慶浩教授從大雪中的巴黎來電話，問我近況又談了新計畫。侃侃話語似乎無視寒冬的凜冽，反倒流露幾許的溫暖。我想那是堅持理想過程所釋放出來的熱度吧。慶浩自法國國家科學研究中心退休多年，日日守住「古蹟級」的老宅，校刊、撰述或電話雲端促成跨國大型研究計畫，孜孜矻矻一點也不理會日月逝於上的困擾，真是令人敬佩。我回答近況，在喟嘆艱難的文化生態中，聊處境、談執行計畫、構思未來的專案。他說：「事在人為，依你的經驗、人際網絡，看來還是有辦法的，好好努力吧。不過，可要注意身體，我等一下要到羅浮宮小凱旋門去走走。」

放下電話，我頓然陷入沉思，想起與基金會三十多年的因緣，由董事、副執行長、執行長、副董事長、董事長，一路以志工自許，卻漸漸

融入核心，彷彿成爲命運共同體。非常感念許創辦人的賞識、曾教授的推薦，與同仁的鼎力支持，讓基金會集氣，持續扮演臺灣民俗藝術的推手。

　　一九七九年，許常惠教授爲搶救瀕臨滅絕的民俗藝術，率先呼籲，並結合學者、專家與社會賢達，創立了中華民俗藝術基金會。長期以來，在董事們的支持、企業界的贊助與工作夥伴的努力下，我們通過重重的關卡，並且有系統的累積豐厚多元的人文資源，爲國家社會維護多項珍貴的文化資產。

　　面對當前的文化寒冬，大家咬牙苦撐，審愼行事，堅持大方向，在「挖掘族群人文，整合民俗藝術，再現臺灣圖像、重塑鄉土情懷」的綱領下，盡心盡力，並繳交亮麗的成績。二〇一二年，我們完成了多項推廣工作，於社教上略盡棉帛，並且出版五種圖書，包括：《粧佛藝師 —— 施至輝生命史及其作品圖錄》、《蘭香歲月 —— 草編藝術家林黃嬌》、典藏版《小西園偶戲藝術》、《剪紙藝師 —— 李煥章生命史》、《建築、藝術與醮典 —— 南鯤鯓代天府凌霄寶殿慶成學術論壇論文集》（見圖1-30～1-34）。

圖1-30　2012年出版《小西園偶戲藝術》。　圖1-31　2012年出版《蘭香歲月草編藝術家林黃嬌》。

圖1-32　2013年出版《建築、藝術與醮 圖1-33　2012年出版《妝佛藝師施至輝
　　　　典》研討會論文集。　　　　　　　　　　生命史及其作品圖錄》。

施至輝（1935～）的粧佛與李
煥章（1925～2015）的剪紙，其
技藝早在一九九〇年代就已得到肯
定，分別獲頒教育部薪傳獎。前者
為鹿港施自和佛具店第二代，也是
神刀施禮（1903～1984）的傳人，
堅持傳統粧佛工藝與美學七十年，
其技法屬泉州派，雕造過程注意神
像的架勢，以漆線敷飾神像表面，
藉以展現神韻；他用心於傳統與創
新，粧佛、創作並重，為泉州派粧
佛保留一線命脈。二〇一一年，榮
膺「重要傳統藝術暨文化資產技術
保存者‧重要傳統工藝美術‧粧佛

圖1-34　2013年出版《剪紙藝師——李
　　　　煥章》。

保存者」，可謂實至名歸；後者爲流亡學生，剪紙生涯一甲子，推廣與積學兼顧，他另闢蹊徑，於立體化的剪紙、套色與染色，苦心孤詣，從而剪出燦爛多樣的紙藝，爲傳統工藝開出路向。

　　林黃嬌（1932～）是位素人蘭草編織家，出身臺中清水林家童養媳，精通蘭草編藝。移居臺東後，日子在種田、賣菜、煮飯、生兒育女中度過。五十二歲時，她重拾中斷三十年的蘭草編製，以基本技法，藉著豐富想像力與靈活的雙手，編織立體造型，締造新風貌，例證「民俗是藝術的土壤」的眞諦。

　　小西園，一門三代接力打造偶戲藝術的金字招牌。許王（1936～）是位傑出的藝師，集編、裁、導、演於一身，憑著看家本領開啓文化外交之門，經歷五大洲，所到爲之陶醉喝采，證明了藝術無國界，也提高臺灣的能見度。正當許王偶藝圓熟，演、傳兩忙之際，突然遭逢命運一連串的打擊，先有次子中風，接著二〇〇四年長子在泉州洽公往生，老藝師隱忍傷痛，忙碌於廟會與文化劇場表演，十一月十四日，在臺北大龍峒保安宮搬演《東周列國志・泣秦庭》後，在戲臺中風倒了下來，從此告別了他摯愛的偶戲表演舞臺。這本典藏版是小西園的實錄，也是百年劇團的賀禮，希望在「解讀小西園符碼，重現掌中戲風華」有所幫助。至於，《建築、藝術與醮典》則是南鯤鯓代天府的文化工程系列，期能在信仰場域建構人文城堡，做出貢獻，並爲二〇一四年「羅天大醮」的慶典提供思考的方向。

　　歲暮，是反思的時刻。未來一年，我們希望能延續社教相關活動，執行若干專案研究……，還有我的一椿多年心願 —— 挖掘鹿港耆老黃金隆（1934～）的民間文學。在文化寒冬裡，我們仍堅持一些夢想，並努力逐步去實踐。

拾伍、開出亮麗的文化遠景

　　一九七〇年代，臺灣社會急遽轉型，文化資產瀕臨滅絕的處境。許常惠教授號召一群來自不同領域的學者與社會人士，呼籲搶救民俗藝術；一九七九年正式成立「中華民俗藝術基金會」，並揭櫫宗旨：「維護民俗藝術，傳承民間藝人之精湛技藝，以提高民俗文化的學術價值，充實精神生活。」大家努力「挖掘人文資源，整合民俗藝術」，並逐步開出包括：宗教、傳統建築、表演藝術、工藝美術、飲食與休閒等六個面向。長期以來，系統的積累資源，於再現臺灣圖像、重塑鄉土情懷，盡些心力。

　　民俗藝術，乃指流傳於各族群與地方之傳統技藝與藝能，包括傳統工藝美術及表演藝術。基本上，這些都是斯土斯民的共同記憶與珍貴的文化資產。我們長期調查、研究、保存、推廣，甚至進行國際文化交流，在在證明其底蘊的豐饒多元，也指出與現代生活的共時性意義，更詮釋了「民俗是一切藝術的土壤」這個嚴肅的命題（見圖1-35～1-36）。

　　為了讓國人分享民俗之美，認識民俗藝術內涵，基金會曾積極策畫學術研討會、重現重要節慶內涵、古蹟的盛會、民俗工藝展覽、典藏民藝大師與民俗藝術研習等相關活動，以喚醒大家對文化的記憶與土地的認同。

圖1-35　〈復刻記憶X技藝：活版印刷文化介紹〉由日星鑄字行負責人張介冠向大家介紹活版印刷。（張介冠）

圖1-36　〈傳唱古今：認識臺灣唸歌藝術與藝師〉請來臺灣唸歌團的團長葉文生與大家分享唸歌藝術。（葉文生）

二〇一二年，基金會首次舉辦「大家藝起來——民藝講座」，課程概括風俗、信仰、古蹟、工藝、戲曲、音樂等專題，邀請專家和保存推廣者擔任講師，期程半年，以情境薰習，趣味又互動的教學模式，循序漸進，引領學員一窺民俗底蘊，提升民俗藝術的鑑賞力。記得初夏一天，無垢舞蹈劇場藝術總監林麗珍親自帶領團員演出《醮》之獻香段落，這舞碼曾經飲譽國際藝壇，並受到國人的高度肯定，現場釋放一種肅穆的情境，令學員大開眼界，更教蒞臨觀賞的洪孟啓董事長與我為之一震。「這就是臺灣的生命力，也是深具本土特色的藝術！」孟公如是說，並主動提議，希望文化臺灣基金會能與中華民俗藝術基金會長期合作，將「大家藝起來」列入年度例行性的活動，經費上絕對配合。洪董臨場感動，隨機做出決策，顯示他的慧眼與果斷，令人敬佩。

二〇一三年，基金會再次整合社會、文化、藝術、教育等資源，辦理「大家藝起來——民藝學堂」，邀請專家學者擔任講師，課程包括六大子題，即：原民文化、戲曲演藝、宗教信仰、古蹟建築、傳統音樂與歲時節慶，並透過暢談文化、賞玩藝術與品味生活，讓學員於半年學程獲得正確的導引，認識民俗藝術的真相。講師的用心分享，學員的專心聆聽，讓我們看到希望，彷彿一粒粒民俗種子已萌芽、茁壯的遠景。麥氏新東陽文教基金會麥寬成董事長一向關心文化，對這項活動所帶出的意義，一再稱讚。「林教授，基金會策畫這種活動，很有意義卻相當辛苦。需要幫忙的地方，我會全力支持。」我們多年來的慘淡經營與繳交的亮麗成績，終於獲得有心人士的肯定與鼓勵，這就是我們最大的安慰了。

二〇一四年，為深化「大家藝起來」的專題面向，我們貼近現實，改以民俗與生活的角度進行探索，課程依物質與精神生活層面設計六個專題，來呈現特色與學習目標，內容包括：一、民俗飲食，聚焦於傳承百年的臺菜與糕餅，品味真正的臺灣味；二、衣飾工藝，分析原住民與漢族精湛的衣飾工藝之美，藉以啓發文創的新思維；三、傳統住宅，鎖定閩南與日式的住屋建築，追蹤其營造智慧；四、行動生活，分別從移民／港埠、殖民／運輸的角度，探討臺北城昔今的生活、社會、經濟與文教的特

徵；五、育教文化，從活版印刷、諺語探索文化傳承以及生命禮俗與教養觀念；六、常民娛樂，安排唸歌竹藝童玩的展演，領略傳統的常民文化藝術。

為活潑課程，除了直接授課（講座）外，也設計接觸性的學習（參訪、體驗），因此，特別安排授課的地點為：紀州庵文學森林、郭元益糕餅博物館、凱達格蘭文化館、青田七六、蘆洲李宅古蹟、小藝埕－思劇場、糖廍文化觀光園區、臺北書院、大稻埕戲苑與中華民俗藝術基金會，期能結合地緣，發揮境教的效果。

三十六年來，基金會立足臺灣社會，把握民俗藝術脈搏，投入搶救工作，開風氣進行田調、研究，累積相當深厚的資源，並透過系列活動，將民俗藝術融入生活，使大眾領略多采多姿的民俗世界，以充實心靈，提升生活素質。持續三年的「大家藝起來」，就是最好的例證；這毋寧說明了一件事實，文化需要有系統的累積，才能開出亮麗的文化遠景。

拾陸、涵藏人文化成的講堂

一九七九年，中華民俗藝術基金會應運而生，並開出宗教、建築、藝能、工藝美術與飲食等五個面向，進行長期田調、研究、保存、推廣，甚至國際交流。三十六年來，我們挖掘人文，整合民俗，繳交一系列的亮麗成果，除了提供政府施政參考外，並且回饋斯土斯民，讓社會大眾認識民俗底蘊，分享民藝之美。

二〇一二年，基金會獲得國藝會・臺北市政府文化局支持，首次舉辦「大家藝起來──民藝講堂」，為期半年。課程涵蓋風俗、信仰、古蹟、工藝、戲曲與音樂等專題，邀請專家與保存推廣者擔任講師，以情境薰習、趣味、互動的方式，引領學員一窺民俗藝術的魅力，例如「無垢劇團」演出的〈醮〉，透過情節、肢體語言展示無形的、肅穆的宗教氣氛，讓文化臺灣基金會洪孟啟董事長為之一震。「這就是臺灣的生命力，也是深具本土特色的藝術！」他臨場感動地說道，並提議能長期把「大家藝起

來」列入年度例行性的活動，這也預告「活動」宛如列車，將年年啓動。

二〇一三年，基金會再次啓動民藝講堂列車，課程包括：原住民文化、戲曲演藝、宗教信仰、古蹟建築、傳統音樂與歲時節慶，透過暢談文化、賞玩藝術與品味生活的實境體會，引導學員正確認識民俗藝術的元素，例如李乾朗教授導覽國定古蹟大龍峒保安宮，生動活潑的詮釋傳統的營造智慧與寺廟綜合之美，令人彷彿經歷一場心靈在傑作中冒險。半年學程，學員的充實是我們的安慰，也讓麥氏新東陽文教基金會麥寬成董事長感動地說出：「基金會辦這種活動，很有意義卻相當辛苦，需要幫忙的地方，我會全力支持。」能獲得有心人士的肯定與鼓勵，爲活動帶出更多的正向意義。

二〇一四年，爲深化講堂專題面向，我們提出民俗與生活的新視野，課程設計依物質與精神生活層次展開：民俗飲食、衣飾工藝、傳統住宅、行動生活、教育文化與常民娛樂等六個專題。除了授課（講座）外，也設計接觸性的學習（參訪、體驗），特別安排授課的場域有：紀州庵文學森林、郭元益糕餅博物館、青田七六、蘆洲李宅古蹟等，結合地緣，發揮境教的效果。其中，許榮一的〈旗袍的記憶與美學〉，讓大家見識到獨步兩岸的唐裝美學與旗袍的奧祕；劉文煌〈老智慧新發現：竹藝的創作與運用〉，揭示「在自己傳統上」出發，增添竹藝時尚語彙，特別是執行日本・伊東豐雄爲臺灣大學社會科學院圖書館設計的巨大弧形書架，不僅展現深厚的工藝技術，讓大師信服，毋寧也表現了驚人的臺灣軟實力。

二〇一五年，大家藝起來列車即將啓動，我們規劃德、智、體、群、美、食六育的課程，開出道德風範／開啓智慧／身體力行／群己互動／美化人生／飲食品味等面向，又聚焦於生命的充實與公民意識的反思。招收的對象是全國各地高、中、小教師，民俗藝術領域系所學生，以及社會大眾。延續文化座談、互動課程與參訪活動的教學方式，期程半年，敦邀二十六位專家、學者擔任講師，透過直接授課與接觸性的學習，引領學員跡近民俗藝術，了解其奧妙的底蘊（見圖1-37～1-40）。例如：楊茂秀〈跟孩子說故事——兒童文學的誕生〉，揭開兒童哲學的神祕面紗；李政

圖1-37 〈城南街區的歷史散步〉由青田
七六的文化長水瓶子帶領學員實
地踏查。（簡肇成）

圖1-38 〈轟動武林！偶戲的分享與介紹〉
由弘宛然布袋戲團長吳榮昌為
學員介紹偶戲藝術。（吳榮昌）

圖1-39 〈鄧雨賢與臺灣歌謠〉請來文史
工作者莊永明與學員分享臺灣歌
謠。（莊永明）

圖1-40 配合不同講題，基金會也選擇適
合講座的空間，圖為樹火紀念紙
博物館。（作者／提供）

育〈解毒農民曆所附食物禁忌〉，為中醫提供科學性的論述；李豐楙〈一
起動一動——太極導引〉，深入淺出詮釋身體文化；莊永明〈鄧雨賢與
臺灣歌謠〉，親自唱、談作曲大師的優美旋律；琉璃工坊〈晶瑩剔透——
琉璃的藝術創作〉，分析令人驚豔的工序；陳力榮〈極品軒的味．覺境
界〉，分享煉味的經驗；張宏庸〈臺灣茶物語〉，細數茶故事；琳瑯滿
目，其精采自是可待。

　　〈易・賁卦・象〉云：「觀乎天文，以察時變；觀乎人文，以化成天

下。」儘管古今中外對文化定義紛紜，見仁見智，但此一根源性的詮釋—文化即人文化成，充滿盎然的生機，正可作為講堂潛移默化的描繪，歡迎你一起來感受那涵藏人文化成的美妙經驗。

拾柒、德行，讓生命朗現光采

《世說新語》三卷分三十六篇，共一千一百三十餘則，是南朝宋人劉義慶（403～444年）及其文學集團所編撰，記錄了漢末到東晉的高士言行與名流談笑。該書文字清俊雋永、機趣橫生，是六朝志人小說的冠冕，也是研究六朝士流思想言行的珍貴文獻。其中有則「割席諫友」的故事更是騰傳後代，人人耳熟能詳，原文是：

管寧、華歆共園中鋤菜，見地有片金，管揮鋤與瓦石不異，華捉而擲去之。又嘗同席讀書，有乘軒過門者，寧讀書如故，歆廢書出看。寧割席分坐曰：「子非吾友也！」

六十一個字生動活潑地刻畫出管、華二人的形象，有人因此判定其優劣。其實，這僅是他們生命歷程的片段，是無法以之來品評其整個人生的。值得玩味的是，《世說新語》首揭四科，包括：德行第一、言語第二、政事第三、文學第四（上卷），乃承孔門餘緒（見《論語‧先進》）。而這則故事安排於〈德行〉篇，在文本的詮釋上一般都以為是教人專心學習的故事，但我們認為還存在著更深層的訊息。

東漢靈帝時黨錮、外戚之禍連連不斷，許多知識清流常遭殺害，也引發不同人生價值與目標的探索。當時華歆、管寧與邴原三人遊學相善，時稱「一龍」（華為龍頭，管為龍腹，邴為龍尾，見《魏略》），可見他們是相知甚深的學友。

《世說新語》記錄華四則、管一則（俱見〈德行〉）、邴一則（見

〈賞鑑〉）。對華的描述是「雍熙」、「識度」與「獨照」，而且成爲其德行底蘊的不同映現，管僅與華並敘；邴則透過公孫度的觀點，說他：「所謂雲中白鶴，非燕雀之網所能羅也。」

就故事文本並斟酌《魏略》與《魏志》的記載，我們可以獲得較爲完整的「敘述」。管寧是管仲的後代，生性恬靜，含德高蹈，常笑華歆、邴原有做官的心態。他家境貧困，卻一心向學，視黃金與瓦石無異，眞是令人驚訝；而華歆雖動了心，放下鋤頭，把金子撿出來扔到一邊去，本性算不上是貪婪。至於達官顯貴路過的聲勢，管不動如山，端坐讀書；華則推開書本，出去看熱鬧。

從見金分心、聞乘軒旁騖的動作，可以看出管、華兩人性情的不同。華歆在學習生涯很幸運遇到知己管寧割席棒喝他，讓他思索言外之意：一心向學，不要被名利分了心，才能有所成就。文本簡短，卻留給讀者許多想像的空間，例如：華歆有沒有生氣；兩人友情是否絕裂、交惡；華歆有沒有向管寧道歉……

魏文帝時，華歆擔任司徒，黃初四年（223年），皇帝下詔徵求獨行君子，華歆主動推薦管寧；明帝即位，華歆轉任太尉，稱病辭退，並建議皇帝把太尉的位子派給管寧。這兩次推薦充分說明他敬佩管寧的德行與才學，毋寧也映襯了他的識度。質言之，他不但沒有記恨割席絕交的往事，反倒攝取諫友的正向意義，積極培養耐心定力，完成自我，從而兌現「學而優則仕」的人生夢想。

難能可貴的是，他主動推薦管寧「獨行君子」於先，又讓「太尉」之位以替代自己於後，這是何等的胸襟與器度！倘若華歆是位貪婪名利、不肯向學之徒，心裡恐怕早有懷恨的情結，忌才、妒賢、報復都來不及，還會連續舉薦管寧嗎？

這則故事簡淨精采，常能引發讀者多面向地聯想：或認爲是教人專心學習的典訓；或欣賞管寧恬靜高蹈、率直諫友，而譏笑華歆的浮躁、見欲忘學；或以爲管寧視黃金與瓦石無異，未免矯情，而華歆的好奇表現反而直爽、可愛。

孔門德行一科以顏淵、閔子騫爲標竿人物，他們都是進德修業以完成自我的人格典範。《世說新語》遙契孔門，將管、華故事列入〈德行〉篇，編撰者的用心不可不謂深遠了。透過統整後的「敘述」，我們讀到也看到兩位學友的德行似乎爲莽昧的生命點燈，讓人生朗現光采。這一深層的訊息，或許是文本的言外之意。

拾捌、尋找現代「雪隱」

周作人（1885～1967）留日歲月，作客東京（1906～1911）六年，深入生活情境，視東京爲第二故鄉；一九〇九年，娶日籍妻子羽太信子。他努力跡近日本文化，先後三次從食衣住行、宗教、文化等面向管窺日本，並一再強調：「日本生活裡的有些習俗我也喜歡，如清潔，有禮，灑脫。」這恐怕也是一般人對日本的印象，這些元素儼然是日本國民性格的表徵。姑以清潔爲例，觀光客進入日本國境的第一印象，往往爲其秩序井然、環境幽雅，特別是廁所的清潔乾淨，而爲之震撼、爲之讚嘆不已。

日人經營廁所文化，由來已久，廁所門前懸掛一面布簾，上面書寫「雪隱」兩字，似乎透露一些訊息。中國佛教對於廁所，向來非常講究，在《大比丘三千威儀》、《薩婆多部毗尼摩得勒伽》、《南海寄歸內法傳》均注意並規定「入廁」、「便利」之事。禪宗和尚一向視廁所爲修行的重要場域。據說，宋代雪竇禪師在臨安府靈隱寺，負責清掃廁所，三年後，他悟道了；另有一說是，福州雪峰義存禪師，因爲掃除廁所，最後大澈大悟。從此，佛教界便以「雪隱」兩字稱代廁所。日本茶道因爲受到禪宗的影響，非常重視「雪隱」的清淨，所以在茶會儀式中有「雪隱拜見（參觀）」的流程。從此「雪隱」這個禪宗語彙便代代沿用。我曾在京都舊皇宮參觀它的遺跡，也曾在福岡小酒館看到它的蹤影。

世界第一，也是日本國寶級清潔婦新津春子（1971～），爲中日混血，出生於遼寧省瀋陽市，十七歲隨家人移居日本，高中畢業後從事清潔

工，為了做好工作，還到職業學校進修了半年。二十五歲進入日本機場管理公司，在羽田機場當清潔工。她用志不分，一門深入，勤學熟記八十種清潔劑配方與用途，目前負責培訓羽田機場七百人的清潔隊伍。由於她的領導與團隊的努力，讓羽田機場獲得二〇一三年、二〇一四年、二〇一六年三屆全球最乾淨機場的殊榮。

今年四月七日，她應邀來臺進行清潔實作交流，分別到松山機場與臺北火車站檢查。她繞了松山機場一圈，微笑地稱讚機場乾淨，接著進入廁所與松機清潔工交流，親自示範洗手臺、鏡面、地板、馬桶的清潔流程，指出容易被忽略的死角，拖把的施力、雙手拿抹布，以及排水孔的積水易臭。她跪在馬桶旁擦拭，裡裡外外毫不馬虎，特別在馬桶圈下方的沖水孔，還用手伸入洗刷，以小鏡映照檢查。她更運用巧思，自製清潔工具，把竹片削尖，以剔除隙縫或轉角的汙垢……

臺北火車站擁有現代化的清潔設備，曾獲得市政府評鑑為「特優」。在她看來，臺鐵廁所只清潔表面，未能注意內部細節，許多看不到的地方依然不乾淨，導致產生異味。因此只給四十分，直言：「不及格！」她具體而微的說法，專業的清潔示範，讓現場的同行各個口服心服，彷彿上了一次大開眼界的課。

新津春子的清潔功夫，掀起一陣旋風，電視網路報紙爭相報導，一時觸動國人早已忽略的生活「小細節」。她以專業技能、用心，加上追求卓越，把公廁當自家廁所，力求清潔、完美，提供大家一個方便又休閒的空間，這種精神與態度，實已技、道合一，既遙契也重現了雪隱。

佛教文獻記載了雪竇（或雪峰義存）禪師掃廁悟道的故事，新津春子則身體力行為掃廁悟道做了充分的詮釋。她不僅例證道無所不在，也揭示道在日常生活，更提供廁所是骯髒也是乾淨的反思空間。

追隨雪隱，參證新津春子的作為，讓廁所成為清淨的神聖場域，你我都可成為現代「雪隱」。

拾玖、小小基金會的一些夢想

民俗藝術是族群共同的生活經驗與智慧的結晶，它既是傳統文化的表徵，也是一種載體，世世代代傳遞著珍貴的族群意識、思想與美學，並以之維繫族群的生命、凝聚民族情感。

然而因時代演進，社會驟變，臺灣民俗文化在全球化與現代化的雙重衝擊下，面臨許多挑戰與變異，有些因無法與時俱進而沒落，有些則瀕臨滅絕的命運，令人至為惋惜。因此，如何維續民俗藝術的命脈，保留斯土斯民的共同記憶，成為文化人反思的課題。

一九七九年，「中華民俗藝術基金會」在此一思潮下應運而生。長期以來同仁們致力於民俗文化的發掘、保存與傳承工作，積極搶救民俗藝術，持續進行田野調查，將地方傳統藝術與藝師推薦給臺灣社會，藉以提升民俗藝術的珍貴價值。

為了讓國人分享民俗之美，認識民俗藝術之蘊涵，內化民俗藝術化於自身生命，落實教育與推廣工作，基金會自二○一二年啓動「大家藝起來──民俗藝術講座」，透過宗教、傳統建築、工藝美術、表演藝術、飲食與休閒等專題，敦聘各領域專家學者擔任講座，以深入淺出、趣味活潑與互動性的教學方式，讓學員獲得全面的認知，從中培養興趣，提升對民俗藝術的關注與鑑賞力。

四年來，我們推出約一百九十場的專題講座，名家齊聚講堂，分享獨特的經驗，如：二○一二年林麗珍的無垢舞蹈劇場、二○一三年李乾朗的寺廟之美、二○一四年劉文煌的老智慧新發現以及二○一六年石惠君的一起玩唱歌仔戲……。有系統的課程規劃，讓學員深入民俗藝術各面向的知識，型塑厚實的人文素養。學員的肯定是我們最大的安慰與回饋。

今年，基金會持續啓動「大家藝起來──2016民藝講座」列車，我們擬以繽紛、活力的「彩虹調色盤」為活動圖像，利用視覺經驗給予各種意象的感受，規劃創意的系列講座，以展現民俗藝術的絢麗多彩！

講座爲期一季，分六梯次進行，課程包括：節慶、音樂、工藝、古蹟與文創等專題，兼攝傳統與創新，敦請的主講人均爲知名的學者專家，例如：游淑珺的媽祖遶境、涂乙欽的民俗紙雕立體賀卡、少多宜·篩代的豐年祭的容顏、葉文生的臺灣唸歌、周雪清的檳榔葉扇彩繪、張庶疆的傳統捏塑新體驗、鄭勝吉的臺灣傳統建築之美、凌宗魁的公共建築與城市近代化、風三少的戀上霹靂與陳宗萍的臺灣花布新世界。

爲了活潑課程，講座方式或直接授課或對話，設計接觸性的學習教學，由講座現身說法，引領學員進入民俗藝術的世界，了解其藝術底蘊的精髓（見圖1-41～1-44）。

圖1-41 大禾竹藝工坊的劉文煌與學員分享竹藝的創作與應用。（2014年大家藝起來）（劉文煌）

圖1-42 〈極品軒的味·覺境界〉請來極品軒負責人陳力榮與學員們介紹臺灣飲食文化。（2015年大家藝起來）（陳力榮）

圖1-43 〈傳統捏塑新體驗〉請來張庶疆帶領學員體驗傳統捏塑（2016年大家藝起來）（張庶疆）

圖1-44 〈臺灣唸歌〉請來臺灣唸歌團團長葉文生帶領學員認識臺灣唸歌藝術。（2016年大家藝起來）（葉文生）

近年來，基金會同仁將「大家藝起來」列爲經常性的業務，以作爲連結社區、回饋社會的活動。爲了掌握時代脈搏，深化講堂專題面向，展現民俗藝術之美，我們曾提出若干議題，包括：民俗與生活的新視野（2014）、涵藏人文化的境教（2015），聘請名家翻轉教學，引發腦力激盪，前者如：大禾竹藝工坊創辦人劉文煌「在自己傳統上」出發，爲竹藝開出新語彙，執行臺灣大學社會科學院圖書館的巨大弧形書架，其深厚的工藝技術，讓伊東豐雄見識到驚人的臺灣軟實力；後者則契合現實，規劃德、智、體、群、美、食六育的課程，開出道德風範、開啓智慧、身體力行、群己互動、美化人生、飲食品味等面向，同時聚焦於生命的充實與公民意識的反思，陳力榮〈極品軒的味・覺境界〉，既分享其特殊的煉味經驗，更展現其朗暢的生命境界，令人大開眼界。

我們是屬於小小的基金會，知道自己的能力（量）有限，卻持續五年的民藝講座，無非是爲了在文化工程貢獻棉薄之力。我們堅信文化政策需要有系統地累積，才能開出亮麗的花果。今年的民藝講堂就是在這樣的理念下規劃的，歡迎你一起領略民俗享宴，來一趟心靈淨化之旅，共同見證小小基金會的一些夢想。

貳拾、看見印尼・守護臺灣 —— 以文化交流邁出新南向政策的一步

文化部文化資產局是全國維護文化資產的最高單位，近年來參照聯合國教科文組織《保護非物質文化遺產公約》標準，積極選出臺灣無形文化資產潛力點，包括：泰雅族口述傳統與口唱史詩、布農族歌謠、北管音樂戲曲、布袋戲、歌仔戲、糊紙（紙紮）、阿美族豐年祭、賽夏族矮靈祭、王爺信仰、媽祖信仰、上元節民俗、中元普度等十二項，成果斐然，證明了臺灣文化底蘊的豐饒多元。

在守護、傳承臺灣無形文化資產的同時，文化資產局積極與國際社會

接軌，規劃舉辦兩年一次的國際交流展演活動，藉以開拓視野。二〇一五年，首次推出「古川祭──日本國家重要無形民俗文化財展演活動」，使國人見識到古川祭科儀所釋放出的氛圍與意義，更敬佩日本對傳統與現代對話的嚴肅態度。

二〇一七年，為配合政府新南向政策，文化資產局擘劃印尼無形文化資產國際交流展演活動，讓國人接觸、認識印尼非物質文化遺產的精采，以及當中所涵藏的文化元素。

印度尼西亞共和國（Republik Indonesia）是東南亞面積最大的國家，也是世界最大的群島國度，有「赤道上的翡翠」之稱。林立的島嶼，孕育了三百多個族群，造就獨立多樣的語言與傳統民俗。由於位居於太平洋與印度洋的要衝，歷經印度教、伊斯蘭教、佛教與基督教文化的交鋒和洗禮，文化益見豐厚。一九四五年，印尼脫離殖民帝國的統治而獨立，建構民族認同，成為「多元而一體」（Unity in diversity）的國家。近年政局安定，新政府重視文化，推動傳統藝術保存，並將豐厚的文化資產連結觀光與文創，讓印尼本地文化面向全球，成為國家民族的表徵。

這次展覽的內容，是被聯合國教科文組織列入「非物質文化遺產名錄」的七項，包括：蠟染、峇里島舞、皮影戲、安格隆、薩曼舞、格里斯劍與諾肯袋。當中又以前四項為主，後三項為輔，這些既稀有又珍貴，都是印尼族群的共同記憶，也閃爍著傳統的榮耀（見圖1-45～1-48）。

這裡稍作介紹於下：

一、蠟染

蠟染歷史長達數千年，具有高度藝術價值。該技術源自蘇美爾族，經由印度商人傳至爪哇。蠟染製作的技藝早期為世代相襲，故蠟染的式樣，依家族的蠟染風格呈現區別。

蠟染分為古典以及現代兩種。古典蠟染深具藝術價值及品味，彰顯傳統審美精神；現代蠟染的花樣與染色，不受古典蠟染特定花樣和染色的局限，增添現代設計的多種面貌。

印尼蠟染代表民族的身分與文化印記。從出生到死亡，印尼人民與蠟染所涉及的生命禮俗緊密牽繫。嬰兒時期，被祈求好運的蠟染揹負；臨終亦以蠟染花布包覆送行。

二、峇里島舞

十世紀前，峇里島就有印度教存在，由於島民生活豐裕，特別崇謝神祇的庇佑，因此峇里島的寺廟建築、敬神歌舞，在在展現獨特的繁複之美。

峇里島舞有巴隆舞、戰士舞、喀查舞、雷宮舞等。這些舞蹈是根據寺廟中的超自然現象編作，大都只在特殊節日進行，通常在舞蹈的起源地表演。流派可分為三種類型，即：祈神舞、半骶舞和巫師舞。

三、皮影戲

皮影戲是當今印尼最流行的傳統藝術，表演遍布印尼各地，其故事情節，源自印度的兩段史詩《羅摩衍那》和《摩訶婆羅多》，加以改編。表演通常從晚上九點開演至通宵達旦，藝人從上述印度史詩挑選片段情節，並融合社會時事，發展成為故事。《摩訶婆羅多》在爪哇島中部最受歡迎，峇里島民則更喜愛《羅摩衍那》。

四、安格隆

安格隆是一種竹製樂器，以藤條懸掛著兩節到四節竹管，由工藝師傅精心切割削尖，目的在使竹框搖動時產生特定的音調。每個安格隆只產生一個音符或和弦；因此曲調的演奏，需要多人共同合作。

傳統安格隆使用五聲音階，一九三八年音樂家登・索廷納（Daeng Soetigna）為安格隆引進了全音階，於是產生了著名的安格隆帕達（angklung padaeng）。安格隆與印尼的傳統習俗、藝術和文化身分認同有密切關係，常在水稻種植、收穫及割禮儀式上演奏。

傳統安格隆類似鋼琴的琴鍵，一件樂器只能發出單音，略嫌單薄；現代則使用L型的架子，可放上多達十個安格隆，單人便能完成一首簡易的

曲調。

　　展演活動包括展示、表演、工作坊，循序漸進，引導觀眾進入印尼神祕而豐富的文化世界，認識印尼國寶所具備的真實、完整、傑出普世價值與文化特殊性。在展覽場域，我們也特別安排十二項臺灣無形文化資產潛力點，藉著圖文、影像，與物件展示，讓觀眾見識本土瑰寶的魅力。這次展覽，除了交流、觀摩，其終極意義是拓展國人的視野，凝聚守護、傳承臺灣無形文化資產的共識。

「2017印尼無形文化資產交流展」
展覽期間：2017/01/20～2017/04/09
展覽地點：臺中文化創意產業園區

圖1-45　「看見印尼　守護臺灣」的入口意象。（作者／提供）

圖1-46　筆者於臺中記者會現場與活動看板合照。（作者／提供）

圖1-47　峇里島舞演出。（作者／提供）

圖1-48　爪哇皮影戲演出。（作者／提供）

貳拾壹、懷念創辦人許常惠老師

以七十二年的歲月譜寫生命交響曲
戀戀民俗藝術，覓尋現代音樂創作泉源
百首作曲是斯土斯民的心情詮釋

　　這是二○○一年我懷念創辦人許老師所寫的詩句。十年流逝無聲息，卻讓我追憶泛起。一九七九年，臺灣社會驟變，新舊更替，民俗藝術瀕臨存亡絕續之際，許老師登高一呼，召集同好，以「維護民俗藝術，傳承民間藝人之精湛技藝，以提高民俗文化的學術地位，充實國人精神生活」為訴求，成立了「中華民俗藝術基金會」。他擔任執行長並擘劃幾個方向，於民族音樂上，延續一九六○年代民歌採集與原住民音樂的田調、研究，並擴大到民俗曲藝有聲出版，成果斐然，影響深遠，從而奠定基金會在民俗藝術的公益形象與金字招牌（見圖1-49～1-51）。

　　後來許老師擔任董事長，永義兄繼任執行長，一對外一主內，同心協力，活動、專案兼顧，掀起民俗藝術的風潮，範疇概括宗教、建築、藝

圖1-49　許常惠教授主持第三屆民族音樂研究會（1987）。（中華民俗藝術基金會／提供）

圖1-50　許常惠教授進行田野調查。（中 圖1-51　許常惠教授在原住民部落進行田
華民俗藝術基金會／提供）　　　　　調。（中華民俗藝術基金會／提
　　　　　　　　　　　　　　　　　　供）

能、工藝、飲食與休閒，大家努力挖掘民俗底蘊，引導國人認識民俗藝術之美，可謂別開生面。

　　三十多年來，基金會開風氣之先，搶救瀕臨滅絕的民俗藝術，發動同仁投入許多面向，包括調查研究、發掘民間藝人、國際文化交流、保存計畫專案、規劃民俗活動，以及承辦傳統藝術研討會等，成績有目共睹，深獲各界的肯定（見圖1-52～1-54）。長期以來，基金會累積相當豐碩而且珍貴的資源，例如本土民謠、原住民音樂的採集資料、傳統手工技藝調查、各縣市藝文資源研究。在發掘民間藝人上顯現亮麗的成果，如恆春歌謠陳達、歌仔戲廖瓊枝、客家山歌賴碧霞、民間戲曲陳冠華、原住民音樂郭英男，馴至南音北管，不勝枚舉；在文化交流上，曾多次帶領民間藝人出國巡迴展演、邀請大陸藝人來臺觀摩傳習、舉辦國際民俗藝術研討會，特別是讓臺灣音樂發聲，傳統表演藝術登上國際舞臺，令國人引以為傲。之外，地方戲曲的保存專案，包括布袋戲、皮影戲、高甲戲與車鼓小戲等常民文化都能適時搶救、維護。

　　這些工作的推動創辦人總是走在前面，當先驅者，永義兄繼之於後，我則成為世代交替的接棒人。《傳薪》、《開風氣之先》、《締造臺灣文化奇蹟》，是三十年三個階段的里程碑，代表我們基金會為民俗藝術研究所繳交的成績。

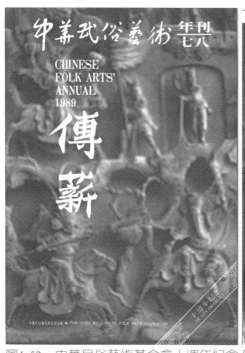

圖1-52　中華民俗藝術基金會十週年紀念　圖1-53　中華民俗藝術基金會二十週年紀
　　　　專輯《傳薪》。　　　　　　　　　　　念專輯《開風氣之先》。

　　許老師出身鹿港，一生覓尋自
己的「音樂靈魂」。留法期間深受
杜布西與巴爾托克兩人的影響，前
者啓發他回歸並維護傳統音樂；後
者的音樂觀：「音樂在國際之前
先有國家，在國家之前的應該是
民族。」則深深影響他的心靈。
一九五九年，他回國後，積極提倡
現代音樂，推動民族音樂觀念：首
先，成立「民族音樂研究中心」，
接著創辦「中華民俗藝術基金
會」、「中華民國音樂協會」，並

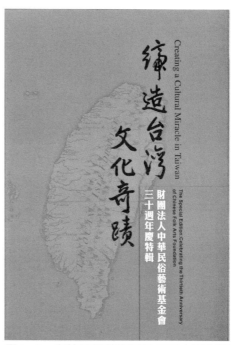

圖1-54　中華民俗藝術基金會三十週年紀
　　　　念專輯《締造臺灣文化奇蹟》。

積極參與「亞洲作曲聯盟」，這些努力無非是這兩位音樂大師的理念之實踐，當然，更是基金會成立宗旨之所在。他集田調、研究、教學、創作於一身，內聚民歌元素於新曲，為傳統與創新提供路向；他傳授學生，成果繁碩，如吳榮順的原民音樂、呂錘寬的南音北管、鄭榮興的客家八音⋯⋯

基金會屬永久性的公益團體，我們將秉持創辦人的理念，努力挖掘民俗底蘊，整合民俗藝術，將珍貴的人文資源回饋臺灣社會，並積極發揮功能與影響。

最後撰寫一副對聯，聊表我們的心思：

創辦人探尋民俗藝術以全心全力，
基金會整合人文資源當有始有終。

第二篇

民俗藝術

第一章

宗　教

第一節　臺灣廟宇建築藝術

　　一九七〇年代以來，臺灣連續締造讓世人矚目的經濟、政治奇蹟，之外，又出現一種不可思議的奇蹟：眾神齊聚寶島。由於信仰自由，教派彼此尊重，宗教蓬勃：儒、釋、道、天主、基督、回教等共有三十種之多，而寺廟教會林立，大概每平方公里就有一座，密度之高，舉世少有。尤其難得的是各教派經營深厚多元的人文內涵，軟體、硬體並重，有形、無形兼顧，更是世界宗教史上罕見的現象。例如：臺南孔廟、鹿港龍山寺、臺北大龍峒保安宮、農禪寺・水月道場、埔里中臺禪寺、高雄佛光山佛陀紀念館等，在在透過營造智慧，進行傳統與現代的對話，為神靈展現一座座美妙的殿堂（見圖2-1-1～2-1-2）。

　　臺灣為移墾社會，先民基於原鄉情懷與祈求庇佑心理，往往供奉故鄉守護神，前往新世界。而自然崇拜、儒、釋、道……各宗派，齊聚寶島，一座座神殿，往後成為生活、祭祀、信仰的中心。其廟貌風格，大

圖2-1-1　保安宮三川殿外貌。（作者／提供）

圖2-1-2　龍山寺。（作者／拍攝）

概有北式的宏偉氣象、南式的精雕細琢，或結合傳統元素與現代建築美學，⋯⋯。其廟宇之不同各如其神格，宛如千彙萬端，令人驚豔；加上寺廟執事者用心於信仰場域注入人文元素，以充實寺廟底蘊，建構堅實的信仰城堡。這些努力內聚成為亮麗的宗教奇蹟。

廟宇為宗教的載體，蘊含歷史、建築、雕刻、彩繪、剪黏、科儀、曲樂、文物等元素，從而展現綜合藝術之美。例如：臺北艋舺龍山寺（1738～），初創於清乾隆三年，主祀神觀世音菩薩，分靈自泉州安海鄉龍山寺。日治大正八年（1919）改建，由名匠師王益順設計，並延攬著名的木雕、石雕、交趾陶匠師共同完成；一九五五年，再由名家修復被盟軍炸毀的大殿；一九六〇年，前殿交趾陶也是名家的大手筆，為臺灣現存極為罕見又優異的作品。其建築特色是：廟貌完整，呈回字型；大木、結構深具巧思，藻井二座；石雕技法豐富，五技具備；壁、柱皆刻佛經、詩詞、對聯，首創全臺文字神宮之例。其宗教活動依歲時節慶，禮拜誦經，宗教氛圍相當濃厚，是臺北市觀光旅遊的勝地，也是宗教信仰的見證。這些元素的有機組合，既重現信仰場域的莊嚴，更如實展示廟宇藝術之美。

長期以來，眾神齊聚寶島，在宗教信仰本地化之後，逐漸出現臺灣建築特色的神祇殿堂，類型分傳統與現代，無不涵藏珍貴多樣的元素。例如：臺南孔廟，八方清朝御匾，全臺唯一僅有；武廟正門一方「大丈夫」匾額，隱喻「富貴不能淫，貧賤不能移，威武不能屈」的大氣概，令人肅然起敬；鹿港龍山寺的戲亭藻井，其規模、結構，巧奪天工，全臺第一；「真人所居」大龍峒保安宮，疼惜古蹟，遵古法修復後，榮獲聯合國教科文組織（UNESCO）亞太文化資產保存獎的肯定。至於農禪寺・水月道場（2012～），由姚仁喜建築師擘劃，結合《金剛經》牆、光影、自然等，營造一座不點香火的寺廟，相當別出心裁，二〇一三年，榮獲臺灣建築獎；中臺禪寺（2001～）為建築師李祖原與佛像雕塑家詹文魁的傑作，結合藝術、科學、宗教和文化於一體，共同詮釋禪學深妙的奧義，二〇〇二年獲頒臺灣建築獎、二〇〇三年榮獲國際燈光設計卓越獎的肯定；

而佛光山佛陀紀念館（2011～）在星雲大師的指導下完成，氣勢宏偉，充分反映臺灣佛教的盛世，迄今獲獎無數，例如：第十三屆國家建築金獎（2012）、內政部臺灣宗教百景（2013）、國際博物館協會ICOM認證（2014）、全球最大旅遊網TripAdvisor旅行者之選大獎（2014、2016、2017）等，毋寧說明了廟宇建築空間美學的非凡與獨特。

第二節　在信仰場域建構人文城堡

當我們轉動地球儀，沿著北回歸線，由西而東，將會發現一件神奇的現象：長長的亞熱帶，墨西哥沙漠、非洲撒哈拉沙漠、阿拉伯沙漠、印度半島塔爾沙漠，一一入眼，接著是屹立太平洋，四季如春的臺灣，也是座得天獨厚的寶島，葡萄牙人稱之為美麗島（Ilha Formosa）。「島嶼族群多元，幾萬年來／逐漸凝聚堅實的文化年輪」，展現活潑包容的海洋文化。

我曾在文化詮釋與批判的論述中多次提到，臺灣眾神蒞臨，宛如一座神仙島，並進一步解讀，此一現象不外是，憲法賦予人民信仰宗教的自由，與人民不分男女、宗教、種族、階級、黨派，在法律上一律平等，加上海洋文化型塑包容的性格，以及自由、民主的落實，為各種宗教提供發展的基礎。

二〇一五年，內政部統計臺灣地區現有宗教類別，包括歷史悠久的與新興的，共有二十七種之多。在三萬六千平方公里的土地上，矗立將近三萬三千多個供教（信）徒膜拜、聚首的場所，平均每一平方公里，就有一座寺廟或教會，宗教建築密度之高，在世界上恐怕是罕見的。尤其難得的是各種宗教所發展出來的文化特色，不僅造成千彙萬端的景觀，更是臺灣傲人的一項軟實力。

一九七〇年代以來，全民共同的勤奮努力，創造了舉世矚目的經濟、政治雙奇蹟，更在宗教信仰自由的環境下，締造多元宗教文化的神仙島。三十年前個人曾呼籲，在信仰場域建構人文城堡，用以型塑神仙島的獨特

意象。這裡特以南鯤鯓代天府爲例，並透過幾個面向，詮釋上述命題的嚴肅意義（見圖2-1-3～2-1-5）。

三百多年來，南鯤鯓代天府歷經四期的擴建，逐漸形成一座宗教文化特區，其神妙的山水布局，潛藏以八卦、五行觀念的深層結構，由凌霄寶殿、主體建築代天府、左右廊、拜亭、大牌樓、崇聖臺、舞龍閣、鳴鳳閣、慶成閣、萬善堂、檳榔山莊、大鯤園與香客大樓，依序開展，形成罕見的「建築年輪」（李乾朗教授語），眞是不可思議。

奉祀的神祇也出現相當有趣的神話，萬善堂主祀萬善爺，俗稱囝仔公，與五王爭地建廟（活穴地理）的傳說，騰傳遐邇。囝仔公提出埋有銅針以示占有權，五王強調埋有銅錢爲證，眞相大白，卻是銅針插在銅錢孔上，爭論難分難解，後經觀音佛祖出面調停，以「蓋大廟也要建小廟，信眾拜大神也要拜小神」爲條件，神尊和平共存。信眾感念觀音佛祖的居中斡旋，特立青山寺奉祀，這種濃郁的人情回饋，一時傳爲美談。

主體建築代天府在臺灣建築史上被視爲日治時代的廟宇代表作品，名家齊集，內聚雕刻、剪黏、彩繪、匾額於一廟，成爲一座綜合美的場域，國定古蹟是它的身分證。其中存在許多「文字古蹟」見證代天府的神威與歷史，包括匾額十八方，「靈佑東瀛」（1823，欽命提督太子太保王得祿獻）爲最古，其次是「光被四表」（1845，福建鎮守臺澎總兵

圖2-1-3　南鯤鯓代天府的萬善堂。（王素滿／拍攝）

圖2-1-4　西嶼內塹宮捐獻的九五金錢壁，材料爲硓砧石。（王素滿／拍攝）

官滿人昌伊蘇獻）、「靈光赫
濯」（1935，滿洲帝國特命全
權大使勳一位謝介石獻），彌
足珍貴。至於楹聯則有四十八則
副，其正門楹聯：「代天理陰陽
非因紙獻錢燒百般貢媚災能免，
巡狩周審察但願善遷惡改式道修
眞末劫消。」帶出一則迷人的傳
奇故事，我曾經撰文追蹤，索隱

圖2-1-5　南鯤鯓代天府分靈眾多，有王爺
總廟之稱。（王素滿／拍攝）

典故。而大正十二年（1923），歲在癸亥，五王示諭出巡，全臺南巡北
狩，並遠至澎湖列島，屢現神蹟，四布慈雲，這期間恰逢代天府改建，前
殿、後殿的點金柱或封柱，均由西嶼外垵、大小池角、二崁、馬公、隘門
等信眾捐獻，七副楹無不連結合文學、書法、雕刻於一柱，展現勁遒之
美，也鋪寫兩地宗教的交流史頁，尤其難能可貴的是，後殿外牆，由西嶼
內塹宮捐獻的九五金錢壁（左右九行，上下五行），且錢錢相扣，符應五
王擇地神話，這是建築大師王益順的創意，他化硓𥑮石爲神奇意象，讓人
大開眼界。

　　楝梬山莊典藏謝宗安、李義弘等四十八位書畫家（其中有二十多位爲
中山文藝獎得主）四十八件作品；五門大牌樓木造大山門柱上鐫刻王壯
爲、吳平、周澄、傅狷夫等名家墨寶，平添雄偉氣概；七門拜亭氣勢軒
昂，高柱林立，朱玖瑩、孔德成、李普同、陳其銓、王北岳、王愷和、蘇
天賜、杜忠誥墨寶彙集，甲骨文、大篆、小篆、漢隸、魏碑、褚體與顏體
齊備，蔚爲壯觀；凌霄寶殿則敬邀先行、中生二代書法家，如吳平、張光
賓、蘇天賜、杜忠誥、薛平南等二十人揮毫篆、隸、楷三體，以壯大寶殿
聲勢。在信仰場域，經營數十年，且有系統地累積資源，終於構築一座宛
如室內室外的書法藝術展示空間。

　　凌霄寶殿依神尊指示，擘劃半世紀，動工歷經二十年，其建築群富麗
堂皇，彷彿人間仙境，而涵藏的元素，更讓人嘆爲觀止，例如：以一萬

八百兩純金打造的鎮殿之寶——金玉旨；高六百六十公分，寬二百公分，厚六十公分，堪稱全球最壯觀的金玉旨。而以青田玉石，依不同玉石色彩雕琢、拼貼而成的百神廟天圖，構圖出色，人物栩栩如生，這幅浮雕圖長一千零八十公分、寬三百六十公分，鑲嵌於玉皇大帝神座牆壁後方，十分壯觀，駐足凝視，令人驚嘆不已。

　　一九八五年十一月二十七日，政府公告南鯤鯓代天府爲國定古蹟，這種身分的判斷是依據其內涵有形、無形文化資源的程度，當中包括：祭祀禮儀、信仰習俗、建築藝術、神話傳說、匾聯文化、佛像雕刻、寺廟彩繪與觀光等元素。三百多年來，在神祇的指示下，歷屆執事秉持累積、充實人文資源的理念，接力型塑「王爺總廟」的形象，也締造了豐饒多元的宗教文化底蘊，爲「在信仰場域建構人文城堡」提供一個成功案例，也例證了宗教的軟實力。

第三節　期待重現元宵原味的國家燈會

　　世界上任何一個民族大概都會有一套屬於自己的歲時節慶。論者指出，這與該民族的生活環境、生產方式和宗教信仰有著密切的關係。臺灣社會依循黃曆二十四節氣（時間計數系統）作息，並積累豐厚的民俗底蘊，例如：春節、元宵、清明、端午、七夕、中元、中秋、重陽、冬至、過年等節慶。

　　農曆正月十五，俗稱元宵節，又稱上元、元夜、燈夕等，是一年一度的狂歡節，也是傳統的嘉年華會。

　　一九九〇年，交通部觀光局爲慶祝元宵節，主動結合民間與地方政府資源，舉辦大型燈會活動，企圖將傳統民俗節慶推向國際。第一屆，以臺北市中正紀念堂爲活動場域，由楊英風大師設計的主題燈「飛龍在天」，定時雷射秀，讓觀眾大開眼界，配合副燈、環保小提燈及其他精采的子題，內聚成爲一股暴漲的吸引力，媒體競向報導，賞燈人潮，從四面八方

湧入，盛況空前，令人終身難忘。這個創意的活動，一鳴驚人，也打造了
臺北燈會的金字招牌。

　　二〇〇一年，燈會改為臺灣燈會，巡迴各地舉辦，由各都縣市角逐主
辦權，期能結合鄉土民情、主燈、副燈、花燈、工藝、小吃等活動，呈現
臺灣燈會風華。二十九年來，燈會由十六個都縣市輪流主辦，在「在輸人
不輸陣」的心理下，各憑本事，每每締造亮麗的場面與賞燈人數的新紀
錄。口碑風傳，更成為國際觀光的盛事。

　　元宵節的淵源，歷史久遠；相關的傳說，瑰麗神奇。其內涵繁複多
元，包括：點燈賞燈、提燈籠、猜燈謎、貫燈腳、吃元宵與歌舞百戲等。
特別是點燈儀式，內聚民間、道教與佛教等習俗，是臺灣珍貴的文化資
產。質言之，元宵節「燈意象」包括多種元素，例如：古老社會有庭中燃
燎炬（火把）的習俗，在寒冷春夜，為迎新、夜遊作樂帶來光明，增添溫
暖，此其一；道教有三元節，即：上元、中元、下元。分別是天官（職責
賜福）、地官（職責赦罪）、水官（職責解厄）。正月十五，上元日，為
天官誕辰，民間舉辦齋會燃燈，祈求天官賜福，此其二；印度佛教傳入中
土後，正月十五燃燈表佛的習慣，從佛寺流傳到民間，此其三。

　　這些元素積累成為點燈儀式的深層結構，也豐富了節日的內涵。之
外，據說古代私塾放寒假是從春節前到元宵節，開學日，每個學生都攜
帶一盞精美手工燈籠到私塾，請老師替他點燃，俗稱「點燈」或「開學
燈」，象徵點亮智慧的心燈，帶來光明的前程；學生提著燈籠返家，懸掛
門口，提醒自己，結束「小過年」，努力向學。這毋寧又為點燈儀式注入
另一層肅穆的信息（見圖2-1-6）。

　　臺灣燈會，年年熱鬧喧譁，科技炫麗，人潮匯集，加上各種媒體推波
助瀾，而馳名國際。但主其事者對於節日涵藏的豐富元素卻相當忽略，欠
缺挖掘與整合，藉境教引領大眾看清「門道」，遑論開出怎樣的民俗節慶
大格局。

　　二〇一四年，國藝會董事長施振榮曾提出「庶民燈節」理念，呼籲大
家找回傳統元宵節的意義，並推出「燈燈鄉印，元宵采風」活動，深獲

圖2-1-6　傳統的元宵節有點「開學燈」的儀式。（作者／提供）

十五位企業家認同與贊助，願意返鄉共襄盛舉。雲門舞集藝術總監林懷民特別以「回家，灌溉故鄉的文化」為題，發表演說，期許營造有地方特色的節慶文化。我在接受專訪時指出，相對追逐聲光熱鬧的燈會，冷靜思考找回傳統元宵燈節意義，值得鼓勵。並建議重現元宵燈節的原味，宜積極挖掘涵藏於節慶的多樣元素。庶民燈節連續舉辦三年，不僅重拾傳統人文趣味，也贏得各地鄉親的熱烈參與，更深化節慶的內涵，確實為原味元宵節提供一個思考的範例。不過，由於人事改組，活動也隨之停止，令人扼腕。

　　臺灣燈會二十八屆，已型塑為重要節慶。年年燈會，人山人海，走進臨時構築的場域，似乎被淹沒於熱鬧喧囂的聲浪裡，走馬看花，吃喝玩樂一場，無暇思索節慶的原始意義。主其事者倘能用心思索節慶內涵，縝密規劃，推出原味的元宵燈節，對社會大眾當有正面的意義。

　　也許，庶民燈節的理念是值得加以重視的。

第四節 三月「迎媽祖」的深層訊息

臺灣民間社會一向以黃曆的時間計數系統（即歲時節氣）作爲生活的依據。三月有清明、穀雨、立夏等節氣，而清明節、上巳、保生大帝誕辰、註生娘娘生、媽祖生等，接踵而來，可說是既忙碌又熱鬧的季節。其中又以媽祖（960～987）生最具代表。媽祖姓林，世居福建興化府莆田縣湄洲嶼。宋太祖建隆元年（960）三月二十三日生，至彌月不聞啼聲，被名爲默。十三歲，道士元通傳授祕法。十六歲，與女伴戲於井邊，神人自井中賜以銅符寶笈，能布蓆海上救人，驅邪濟世。二十八歲，於重陽節升天成神。莆田人爲之立祠膜拜，由於神威顯赫，信眾漸多，遂由地域性神祇成爲全國性信仰，且是海防、水運、漁業的守護神。明清之際，閩粵移民來臺，爲渡過險惡的黑水溝，乃在船上供奉媽祖，安抵後，建廟膜拜。長期以來，各地遍布媽祖廟，被列爲古蹟者約有二十餘座，可見媽祖的信仰力。

俗諺云：「三月迎（ngiâ）媽祖。」意指三月二十三神明誕，成群結隊抬著媽祖神像遶境遊行（迎神賽會）的儀式。但由「迎」變成「瘋」、「痟」，意味著此一「非常」的嘉年華會，全臺狂熱的盛況，例如：白沙屯媽祖北港徒步進香、大甲媽祖遶境進香、北港媽祖遶境、南瑤宮媽祖潦溪、旱溪媽祖巡十八庄、南屯老二媽回娘家、臺南迎媽祖、土城媽祖割香、澎湖媽祖海巡等，並帶出多采多姿的文化特色。在上述活動中，包括：進香、刈火、遶境，因語彙不同其語境也有所差別。進香，指神明拜會友廟的宗教活動，關涉神與神、信徒與信徒之間的聯誼；刈（割）火，又稱刈香，指分靈或地方神明前往祖廟或威靈廟宇舀取香灰，帶回放入主爐，象徵香火、靈力相結合；遶境，則指神明年度例行性巡視轄區，以保闔境平安。

「三月迎媽祖」的宗教活動累積相當厚實的文化底蘊，成爲臺灣民俗文化的珍貴資產。二〇一一年，文化部公告「白沙屯媽祖進香」、「大甲

媽祖遶境進香」與「北港朝天宮迓媽祖」為國家指定重要民俗，證明了臺灣民間宗教的軟實力，舉世罕見。

　　基本上，遶境、進香是一項單純的宗教活動，屬信徒自發性行為（不分男女老少、貧富貴賤）。參與的動機，包括：還願、贖罪、祈求平安……等，藉由長途跋涉（苦行）以祈福消災、淨化心靈。這裡特別以三大重要民俗為例證。

　　苗栗通霄拱天宮（1863～）白沙屯媽祖，每年信眾以徒步前往北港朝天宮進香，全程四百公里，歷時八、九天。香路由媽祖神轎以「踩轎」（轎夫扛轎遇到岔路，立即停下，靜心感受轎桿指示的方向）方式決定行走路線與停駕、駐駕地點，年年不同，十分神祕。我曾寫了一首詩，作為見證：

白沙屯媽祖遶境／香路駐駕隨緣定
幾戶人家驚喜膜拜／素樸容顏泛著意外的光采（2012）

　　抵達朝天宮後，進香客先拜天公，於子時舉行刈火儀式；回駕安座後第十二天再開爐合火，為進香活動劃上句點。信眾透過漫長香路的跋涉，以考驗體力、毅力、祈求庇佑、淨化心靈，對白沙屯年輕子弟而言，毋寧也是一種成年禮。

　　「大甲媽祖遶境進香」，是指一九八八年大甲鎮瀾宮媽祖與信眾以徒步前往新港奉天宮的進香活動。廟方縮合遶境與進香，成為宗教活動的新語彙。全程三百多公里，跨越四縣二十一鄉鎮市，歷時九天八夜，並訂定十大典禮，儀式相當莊嚴。而參與的信眾數十萬人，被視為世界三大宗教活動之一。值得一提的是，沿途民眾誠摯準備各式餐飲、點心，提供香客飲食、沐浴、休息，在信仰道路上展現最溫暖、純樸的人情風景。

　　「北港迓媽祖」，是北港朝天宮（1694～）的媽祖遶境活動。朝天宮歷史悠久，為島內分靈最多的媽祖廟。迓（yà，即迎的意思）媽祖，以笨港溪為分界，因南街、北街，而有南巡與北巡之分。遶境隊伍有陣頭、

藝閣、花車，與眾多隨香隊伍，綿延四、五公里。其中藝閣數量稱冠全臺，而「炸轎」（又名「吃炮」、「虎爺吃炮」）與元宵節的臺東炸寒單爺、鹽水蜂炮被視為全臺三項鞭炮聞名的活動。北港迓媽祖是媽祖巡視轄區的活動，清代以來，早已聞名遐邇，規模盛大，場面壯觀，堪稱遶境的典範。

三月迎媽祖，既瘋狂又熱鬧，為臺灣宗教展現不可思議的信仰力。不過從民俗學、心理學、文化人類學的觀點都可以找出較為深度的解讀。媽祖是航海神，也是臺灣的守護神，透過遶境、進香活動，展現寺廟的凝聚力與組織動員能力，此其一；在漫長香路歷程，既是對香客的虔誠信仰表現，也是人際無差別的交流，展現溫馨的人情味，此其二；人身是道場，憑體力、毅力徒步跋涉全程，宛如行禪，除了淨化心靈，也再次完成自我，此其三。這些由「迎媽祖」變成「痟」、「瘋」的「非常」行為，其深層訊息，值得正視。

第五節　一條豐厚多元的新香路

一、

在臺灣的民間宗教信仰中，媽祖信仰占有相當重要的地位，其歷史源遠流長，信仰區域廣闊，而且信徒眾多，堪稱臺灣宗教奇蹟。

媽祖信仰源自宋代，迄今已有一千多年。明清兩代，大陸移民渡海來臺，在驚濤駭浪中，生死未卜，為堅定信心，於船上供奉媽祖，祈求神靈的庇佑。安全抵達後，為了感恩，乃立祠膜拜，並尊為航海的守護神。媽祖的祠廟，遍布臺灣各地，被列為古蹟的就有二十二座，於歷史、文化、宗教與建築各方面，都可看出媽祖信仰與臺灣人文的密切關係。

媽祖本姓林，世居福建興化府莆田縣湄洲嶼，父親林愿，別號惟愨，官至宋都巡檢，與母親王氏皆樂善好施。林愿育有五女一男，男名洪毅，生來體弱多病。夫妻倆向觀音大士祈求，希望再獲佳兒。王氏夜裡夢見大

士，以其家向來敦厚和善，乃賜一丸，王氏服後有孕。宋太祖建隆元年（960）三月二十三日生下一女，取名九娘，出生滿月都不聞啼聲，所以又稱爲默娘。

據說默娘誕生時，滿室異香紅光，八歲進私塾讀書，能解奧義，喜歡焚香禮佛。十三歲那年，道士元通親至家中傳授祕法。默娘曾跟父兄渡浦南溪，意外翻船，她奮不顧身泅水救父親。十六歲時與女伴遊戲井邊，有神人從井中升起，賜給默娘銅符寶笈。從此能在海上布蓆救人，驅邪濟世，被眾人尊崇爲神明。默娘二十八歲於重陽節升化成神。

媽祖信仰先有莆田人的崇祀，之後有朝廷的多次敕封，使媽祖成爲全國海防、水運、漁業的守護神。袖的名號由民間相傳的神女、聖女，到朝廷敕封的夫人、天妃、天后、天上聖母。常民有感於袖的庇佑眾生，彷彿慈愛的母親、祖母，所以稱之爲媽祖。

二、

臺灣的媽祖廟群中，每年進香活動約在農曆三月，二十三日神明誕爲高潮，俗稱「迎媽祖」或「瘋媽祖」。例如：北港朝天宮迎媽祖、大甲媽祖遶境進香、白沙屯媽祖進香等，其中以大甲媽祖遶境進香跨越中、彰、雲、嘉四縣市，爲期八夜九天的活動最爲壯觀，香客信徒一路相隨，所到之處，鑼鼓陣頭喧囂，煙火爆竹齊放，熱鬧非常，號稱世界三大宗教活動之一。

彰化舊稱半線，文化底蘊豐富多元，俗諺「一府二鹿三艋舺」可以爲證。在社會驟變，傳統文化流失的當前，其民俗、宗教、戲曲、工藝、文學仍相當厚實，儼然是活化石，彌足珍貴。五年前縣府有意整合民俗資源，特別敦聘學者專家成立籌備委員會，大家有鑑於二十六個鄉鎮市，以媽祖廟群最多信眾普遍，決定推出彰化媽祖遶境的新香路。

籌備會議上我們提出四點建議：㈠宜與每年三月神誕有所區隔；㈡選定農曆重陽節林默娘得道升天，舉行彰化媽祖遶境賜福活動，以彰顯神恩普照；㈢十一鄉鎮市宮廟七天接力，典禮由起駕、駐蹕、朝聖、頌讚、成

道、祝聖、祝獻、聯合祈福，建立一套完整的科儀；㈣新香路宜結合鄉土特產、傳統戲曲與文創思考，再造廟會新契機。

三、

　　連續三屆的遶境活動，不僅凝聚十一座宮廟的向心力，也整合了地方文化資源，締造媽祖廟會的新境，更走出一條人神共構的香路。二○一一年縣府有意擴大深化活動內涵，經多次籌備會議後，決定活動主軸為彰化縣媽祖信仰文化祭，涵蓋三個面向，即：㈠民俗藝陣大車拚；㈡彰化國際戲曲節；㈢媽祖遶境賜福。前二者屬於整合民俗藝術的工作，彰化藝陣多元，文陣武館盛極一時。這次特別敦請藝陣研究知名學者吳騰達教授主持，透過臺灣獅、醒獅與跳鼓陣的全國競賽與觀摩，既可突顯陣頭文化，更可提升藝陣品質；獲得競賽入選的團體，將配合媽祖遶境，做定點表演，以增添香路的熱鬧氣氛。

　　至於彰化國際戲曲節，是為戲曲彰化發聲，由資深戲曲學者曾永義教授負責規劃，活動分動態與靜態，其特色兼具傳統與現代的反思，在地與國外傳統戲曲藝術的對話，藉由劇種的觀摩展演，以認識戲曲的獨特性質。期望在「南北管音樂戲曲館」的基礎上，建立國際傳統戲曲觀摩與交流的平臺，這次特別納入「南管整絃」與「北管排場」，既可讓本土傳統戲曲團隊和國外藝術家交流，又可增加民眾對國外傳統戲曲的認識。藉著系列的活動，累積傳統戲曲資源，充實館藏，型塑傳統戲曲的新地標。

　　戲曲學術研討會二天六場，包括大陸、韓國、印度、越南、日本與國內學者二十多位菁英，大家聚焦傳統戲曲，透過對話激盪出智慧的火光。國外傳統戲曲表演有日本、印度、韓國、印尼、越南、新加坡與大陸等七個優質團隊，各團莫不使出看家本領，表演拿手、精采的劇目。活動期間除了南北管演出、布袋戲大匯演外，更安排明華園總團於駐蹕寺廟廣場演出，將活動推向高潮，在酬神娛人的同時，共同感念神恩、圓善自我。

　　研討會分兩天進行，由曾永義教授專題演講〈戲曲藝術的本質〉開場，連續五場十二篇論文發表，作者涵蓋國內外與大陸學者，例如：新加

多音交響美麗島——臺灣民俗文化的入門書

坡蔡曙鵬〈新加坡的校園戲曲：藝術教育的實驗〉、越南阮蘇蘭〈越南劇劇目概述〉、日本陳貞竹〈世阿彌能劇表演理論中所見表演之創造性再現過程〉、韓國田耕旭〈韓國山臺戲假面劇的歷史和傳承情況〉、吳德朗、印度卡拉曼德拉‧許朱〈印度卡塔卡利舞劇〉；大陸學者杜桂萍，或談蔣士銓或論中國傳統音樂形態特徵及其美學基礎。

至於臺灣學者五人：李國俊〈試論南管樂師蔡添木的九甲戲後場參與〉、徐麗紗〈從消逝到重現：談節慶活動與戲曲藝術之活化〉、蔡欣欣〈兩岸豫劇交流的回顧與展望〉、吳明德〈霹靂布袋戲電影〈聖石傳說〉的表演策略探析〉、朱芳慧〈西方名家「跨文化劇場」研究〉（見圖2-1-7～2-1-9）。

這些論述都聚焦研討會設定子題，作者依據理論，援引經驗，深刻論述，並且進行精采的對話，深獲現場參會人士的共鳴。

最後綜合座談為大會劃下完美的句號。這場由我主持，議題是「傳統戲曲表演之現況與展望」，邀請廖瓊枝、陳益源、劉美枝與黃文姬等人從五個面向陳述看法，他們都以實務經驗，為傳統戲曲表演的現況把脈，發

圖2-1-7　一連兩天的國際傳統戲曲學術研討會邀集國內外學者一同為戲曲發表意見。（作者／提供）

圖2-1-8　明華園總團於芬園寶藏寺演出 圖2-1-9　100年彰化縣媽祖遶境祈福活
　　　　〈周公法鬥桃花女〉。（作者　　　　　　動，現場人山人海。（作者／
　　　　／提供）　　　　　　　　　　　　　　　提供）

出切中時弊的建言，並爲出路提供可行的策略，能新人耳目。難得的是，大家共識，彰化傳統戲曲豐富多元，應有系統累積資源，充實館藏內涵，加強薪傳工作與學術活動，使之成爲傳統戲曲新地標。

四、

　　彰化縣媽祖信仰文化祭，在全臺「瘋媽祖」的熱鬧中別開生面，以林默娘重陽節得道升天爲訴求，結合十一座宮廟，舉行遶境賜福活動，內聚民俗、戲曲、鄉土特產、文化創意等元素，成爲一條豐厚多元的新香路；並透過國際戲曲學術研討會、觀摩與傳統戲曲文物展，深化活動內涵，藉以引領大家既看熱鬧又看門道。

　　個人親自主持計畫，半年來深深感受到，新香路不僅詮釋人文彰化的內涵，也爲臺灣民俗藝術的整合，提供一種較新的思考與履踐的模式。

第六節　中元節涵藏的多重元素

　　人類因爲神話巫術思維，加上綜合變化生命觀，從而產生泛靈信仰。所以，儘管幽冥異路，人鬼兩隔，卻能發揮大想像創造神祕的鬼世界，例

如西方的萬聖節（Halloween Day）與東方中元節。前者又稱鬼節，於每年十月三十一日舉行，節慶期間，小孩們穿上節慶服裝，戴著怪異面具，拎著南瓜燈，挨家挨戶討糖，說：「不給，就搗蛋。」（Trick or Treat）後者為農曆七月，俗稱鬼月，在二十四節氣中屬立秋、處暑（處，有退隱之意；處暑，即炎熱將退去），是農作物收成的季節，民間有酬謝土地、祭祖的習俗，充分表現儒家禮經的祭法精神。後來加上道教中元節、佛教盂蘭盆節，內聚成為豐富多元的祭祀活動。

臺灣民間社會，從農曆七月初一凌晨，地府開鬼門，到最後一天或八月初一關鬼門，這期間，所有的孤魂野鬼會從陰間到人間找東西吃，因此普度應運而生，並且衍生出一套極為特殊的節慶文化（包括社會實踐、儀式、節慶活動），如：雞籠中元祭、頭城搶孤、宜蘭放水燈、雲林口湖牽水轆（音同狀）、民雄大士爺祭典等，當中雲林口湖牽水轆已在二〇一〇年被文建會列入重要民俗活動；而中元普度（Ghost Festival Pudu），也被政府於二〇一二年依據UNESCO《保護無形文化遺產公約》列入目錄標準，選定為臺灣非物質文化遺產潛力點。而古城鹿港傳唱已久的〈普度歌〉，不僅詮釋民間「輪普」的風俗，也展示人／鬼的互動關係，更留下鹿港人的歷史記憶。從民間文學的觀點來說，毋寧也是一首珍貴的民俗歌謠。

七月十五，是民間的一個重要節慶，不過長期以來因結合道、佛教義，成為底蘊豐饒的慶典。魏晉南北朝，道教已有祭祀天、地、人三官的三元習俗，中元為地官—清虛大帝神誕，慶讚中元也是地官赦罪之辰，所以稱為中元節。而佛教，則以七月十五日為盂蘭盆節。盂蘭盆一詞來自佛經中的目蓮救母故事，梵語即Ullambana，原意為「救倒懸」——解救在地獄裡受苦的鬼魂。文獻資料顯示，早在南北朝就已有盂蘭盆的習俗。中元節是鬼月的重要民俗活動，幾乎儒釋道總動員，其終極關懷是普度眾生。民間通過這個節慶，以維繫孝順、博愛的命脈於不墜。

中元節是鬼月系列祭祀活動的高潮，民間祭祀境內無主的孤魂野鬼（俗稱拜好兄弟），表現對於鬼魂的怖懼；而佛教、道教則各賦予宗教

的意義，形成盂蘭盆節與慶讚中元的祭祀活動。道教有三官大帝，天官賜福，地官赦罪，水官解厄，七月十五日爲地官的誕辰，當天下午舉行普度，家家戶戶在門口、與廟埕擺上豐盛的牲禮祭拜，在圓形燈籠或三角旗上寫著「慶讚中元」，其對象顯然是地官——清虛大帝的「聖生」（神誕），原意乃在祝頌（慶祝、頌讚）地官中元聖誕，並於地官赦罪之辰，祈求赦免罪過，普施十方孤魂，其意義自是莊嚴、肅穆的（見圖2-1-10）。

　　民間受到鬼月的影響，產生一些禁忌，許多人不願在此月內搬家、購屋、結婚、游泳、旅行等。不過，有趣的是，在鬼月裡，還有七夕、秋褉、七娘媽生、魁星爺生等祭典，七月七日的晚上，又叫七夕節，是有關牛郎、織女相會於鵲橋的神話傳說，又稱爲情人節；七月十四日爲秋褉（即祓除，在水邊舉行洗滌身心的儀式，這也是男女相會的場域）。它們共同特徵都牽涉兩性相關的儀式，爲陰森多忌的鬼月，帶來浪漫、歡愉的元素，充分顯示民間二元倚伏的思維。至於七娘媽（兒童守護神）與魁星爺（文人守護神）的誕辰，頗盛行於民間，毋寧也豐富了七月節慶的內涵。

圖2-1-10　中元普度時插在供品上的三角旗，上書「慶讚中元」。（作者／提供）

第七節　從市定古蹟邁向國定古蹟

　　清康熙五十四年（1715），諸羅知縣周鍾瑄（1671～1763）倡建嘉義城隍廟。三百多年來，歷經多次重修。一九八五年，被政府指定爲第三級古蹟。二〇〇九年，管理委員會委託學者進行嘉義城隍廟調查研究，計畫主持人引用聯合國教科文組織（UNESCO）對於世界遺產評估架構，指認城隍廟具有特殊的歷史、區位、建築、人文社會、文物、管理等多元價值，其重要性質得再次了解認知，並給予合宜的評價。次年研究成果出版，並作爲申請國定古蹟的說帖。二〇一五年，終於翻轉成功。此例一開，立即引起知名寺廟的反思，例如艋舺龍山寺、大龍峒保安宮等，莫不用心整合宗教文化，試圖爭取名副其實的冠冕。

　　當中，臺南市大觀音亭祀典興濟宮的表現非常積極。二〇一二年，廟方開始與學界合作，舉辦每年一次的學術研討會，期望在信仰場域注入人文元素，以充實寺廟文化內涵。二〇一七年，我在「寺廟文資保存與社會貢獻國際研討會」上專題演講，題目是〈從市定古蹟邁向國定古蹟〉，針對大觀音亭祀典興濟宮的文化資產與永續經營，提出一些看法，曾引起學者的熱烈討論與媒體的聚焦報導（見圖2-1-11～2-1-14）。

　　臺南又稱府城，四百年來，積累無限珍貴的無形、有形文化資產，素有「文化古都」之稱。就傳統建築而言，其國定古蹟與直轄市定古蹟總數位居臺灣第一。大觀音亭（1678）與興濟宮（1679）同列於直轄市定古蹟，兩廟平行，坐北朝南，中間爲官廳，三個建築形成佛道並列的廟貌，建築美學獨樹一幟，而官廳更是全臺傳統祀典宮廟，唯一僅有的證物。

　　大觀音亭興建於明永曆年間，在臺澎金馬主祀觀世音菩薩四十座寺廟中，歷史最爲悠久，典藏的文物相當豐富，包括：匾額十八方、楹聯十八幅、碑揭十五面，例如：「大雄寶殿」（1835）、「大觀在上」（1862）、「以祈甘雨」（1872）……不僅記錄歷史也見證神祇的威靈。有一副楹聯：「現月相珠瓔滿珞薰脩三昧成摩地，湧金波寶網交羅

超度眾生出愛河。」（1815）由欽命提督福建水師軍門子爵世襲王得祿（1770～1842）拜題，相當難得。

　　祀典興濟宮是臺澎金馬主祀保生大帝較具代表的十二座廟宇裡，歷史悠久，文物也甚爲豐富，包括匾額五十三方、楹聯十四幅、石碑七

圖2-1-11　大觀音亭的龍堵。（作者／提供）

圖2-1-12　大觀音亭的虎堵。（作者／提供）

圖2-1-13 大觀音亭有豐富的文物，上書「大觀在上」的匾額為其中之一。（作者／提供）

圖2-1-14 臺疆祖廟大觀音亭暨祀典興濟宮。（李乾朗／手繪）

面，例如：「保安民生」（1694）、「保愛生民」（1835）、「醫道聖神」（1868）……一方方古樸的匾額，既呈現歷史的演繹，也傳釋神祇靈蹟。楹聯有一副：「秉筆陋元臣醫藥神靈宋史漏收方伎傳，熙朝修祀

典馨香朔望清時合祭觀音亭。」（1882）為前臺灣知府周懋琦（1836～1896）撰、書，陳述宋史漏收醫藥神，與佛道廟貌並列的現象。尤其是上、下兩邊小字，既寫吳真人小傳，又敍開山撫番、神祇解疫活人的史實，在楹聯體製上堪稱別出心裁。

這些都是場域的文物，宛如裝置藝術。至於門神、泥塑、彩繪，更是國寶級大師作品齊聚，蔚為壯觀，例如：陳壽彝（1934～2012）於一九七三年的彩畫繪製，包括：三川殿門神——秦叔寶、尉遲恭、三十六宮將等；剪黏大師葉進祿（1931～2016）在大觀音亭拜殿龍虎兩壁堵的巨大泥塑彩繪，栩栩如生，是極為難得的傑作；名家蔡草如（1919～2007）在臺灣廟宇古寺留下許多佳作，而興濟宮前殿龍虎堵下方的花鳥瓷磚彩繪，與大觀音亭神神房內的巨幅磁磚彩繪，正是他的大手筆；彩繪家潘岳雄（1943～），系出名門，筆觸熟練，雅逸沉穩，大觀音亭樑坊有許多是他得意的彩繪。

管理委員會執事們在信仰／人文／學術的多元辯證中取得共識，於是在二〇一二年與成功大學人文社會科學中心合作，舉辦相關信仰的國際學術研討會，迄今六屆，有系統地累積寺廟文化資源，成果斐然。尤其是透過在地／國際對話，擴大視野，為臺灣文化奇蹟——宗教軟實力，做了最佳的詮釋。

大觀音亭祀典興濟宮的歷史悠久，人文底蘊豐富多元，其典藏與場域裝置的文物，琳瑯滿目。個人曾建議宜敦請學者進行深入調查研究、論述，統整其蘊含的諸多人文元素，提出亮麗的成績，以作為堅實的說帖，期能翻轉直轄市定古蹟，爭取國定古蹟的認證。

第八節　型塑王爺總廟形象　締造文化資產

一九八五年十一月二十七日，政府公告南鯤鯓代天府為國家二級古蹟，這種身分認證的判準是依據其內含有形、無形文化的程度。當中包

括：祭祀禮儀、信仰習俗、建築藝術、神話傳說、匾聯籤詩、佛像雕刻、寺廟彩繪、民間信仰論述，與社區宗教、觀光等元素。三百多年來，歷屆南鯤鯓代天府執事們秉持累積、充實人文資源的理念，接力型塑「王爺總廟」的形象，締造深厚豐饒又多元的宗教文化資產。

一九六八年，南鯤鯓代天府曾舉辦三百年建醮儀式，屬五朝清醮，當時前來參與建醮的廟宇多達百餘間。之後，南鯤鯓代天府相繼完成多項重大建設，形成現在的「宗教文化園區」，如一九八三年的擎天大山門牌樓、一九九二年的榔榔山莊、二〇〇八年的古蹟修復、二〇一二年的凌霄寶殿、二〇一三年的鯤鯓王會館和近期竣工的萬善堂整修工程。二〇一四年，王爺指示謝土、慶成與祈安的醮典，並定名為「甲午科護國慶成祈安羅天大醮」。

南鯤鯓代天府侯賢遜總幹事表示，羅天大醮活動涵蓋十項，分別是：1.「平安鹽祭」；2.「臺南府城巡禮會香」，「嘉義諸羅巡禮會香；3.「醮典期」，「入醮」，「海、陸普度」；4.神佛鑑醮；5.人丁消災獻疏；6.大型綜藝表演、傳統藝陣表演；7.光照五府千歲祈福大道（包括：燈海區、主題花燈區、燈海光廊區）；8.創意花燈比賽、彩繪燈籠比賽、全國攝影比賽、米其林綠色旅遊指南三星級景點攝影展、全國詩人大會、創意花藝展、認識南鯤鯓代天府古蹟文化研習營、國內外語解說駐點服務，以及二〇一四南鯤鯓代天府羅天大醮學術論壇；9.煙火秀；10.其他慶祝活動等。

基本上，醮典可分三大類型：一為普天大醮，屬帝王級；二是周天大醮，為親王等級；三為王侯將相等級的羅天大醮。其中的「羅天大醮」是道教齋醮科儀中最隆重的大型宗教活動，也是規制最高、格局最大、含義最深與祭期最長的醮典活動。羅天大醮遵循古代科儀，包括焚香、開壇、請水、揚幡、宣榜、蕩穢、請聖、攝召、順星、上表、落幡、送聖等流程。

二〇一四年南鯤鯓代天府的羅天大醮透過多元活動，落實在信仰場域建構人文城堡的理想，有系統積累王爺信仰的文化厚度，為民間宗教信仰

開出新路向，可說是寺廟文化的典範。

第九節　王爺信仰的一些新發現

臺灣現有的宗教類別，共有二十七種，在三萬六千平方公里的島嶼上，矗立著將近三萬三千多個供信徒膜拜、聚會的場所，其密度之高，舉世少有。特別是各教派，各自營造多元而且深厚的宗教文化，更是世界宗教史罕見的現象。

當中，王爺總廟——南鯤鯓代天府的表現十分亮眼。三百五十年來，代天府歷經四期的擴建，逐漸形成一座宗教文化特區，山水布局與潛藏的八卦、五行觀念，依神明指示，由各家設計，形成獨特的「建築年輪」，令人嘖嘖稱奇，也贏得無數的獎勵，例如：一九八五年，獲頒國定古蹟；二〇一一年，被評選為「米其林旅遊三星級景點」；二〇一三年，「南鯤鯓代天府五府千歲進香期」榮獲「國家重要民俗及有關文物」認證。

代天府執事們為永續寺廟文化，強調在信仰場域建構人文城堡。於是在二〇〇七年，希望基金會結合專家學者承辦學術研討會。我們共推李豐楙教授擔任召集人，進行系統性的規劃，並以「宗教學術論壇」作為平臺，陸續推出相關的活動。

二〇一六年九月，代天府執事參加山西師範大學歷史與旅遊文化學院主辦「臺灣南鯤鯓代天府文化交流」座談會，首次為李府千歲進行顯影；並決定二〇一七年，舉辦「李府千歲兩岸學術研討會」。我們立刻擘劃議程，與廟方選在五月十九日（農曆四月二十六日），李府千歲誕辰舉辦。

代天府五府千歲，即李王、池王、吳王、朱王、范王，最早有姓無名（尊其姓而諱言其名），個個神威顯赫。大王即李府千歲，是五王的領導神祇，祂智勇雙全，精於觀天文測良辰，其神蹟與靈驗，讓信眾驚奇而口口相傳，例如：渡海採買建材興廟、北狩嘉義威懾知縣、祭溪築造五王堤等。一九六六年前後，史貽輝（1912～2001）發表〈五府千歲傳略〉（依據鸞堂扶鸞）正式賦予歷史人物身分：「稽諸史乘，神生於隋唐之

季，李公諱大亮，涇陽人。」

　　從此，李府千歲、李大亮、隋唐、涇陽，產生連結，也引發踏查、探索的學術歷程。為了讓這次的宗教學術論壇的議題更具周延性，我們決定名稱為：李府千歲暨王爺信仰兩岸學術研討會。論述面向包括：宗教、本事、衍變、信仰，共十一篇論文。開始由李豐楙教授撰述〈從行瘟到代巡〉，為五府千歲的神格定調。林玉茹的〈潟湖、歷史記憶與王爺崇拜〉，藉著文獻爬梳，為臺南地區的王爺信仰尋根索源；徐明福運用相關契約書，配合影像辨識系統，探討日治時期南鯤鯓代天府重建用石材來源與打石司阜門派。

　　接著，王玉來、劉麗、侯慧明、霍斌四人根據新、舊《唐書》本傳與陳寅恪、岑仲勉等人的觀點，進行李大亮家世、事蹟的考述並為之造像：李大亮（588～644），雍州涇陽人。父李充，為隋文帝開國功臣之一。唐太宗貞觀年間，李大亮以涼州都督為西北道安撫大使，主張「臣而不內」的控撫策略，眼光宏遠。他一生廉潔奉公，其人格特質集政、略、仁、忠、智、義、孝、禮、廉於一身。霍斌於文獻、田調雙重驗證，提出李大亮籍貫是涇陽，但出生地當為山西省朔州市，是道地的山西之子；其葬地在唐太宗的昭陵。至於衍變部分，楊學勇通過新、舊唐書〈李大亮傳〉的解讀，找出李大亮具備為神的諸多高尚人格，其代天巡狩也有跡可循。洪瑩發則思考臺灣王爺神明分類與神格建構的過程，重現王爺信仰的樣貌。最後涉及信仰，黃文博聚焦李府千歲轉變為歷史人物的歷程、成神成聖現象，以及信仰的傳布路徑，並指出這些議題，還有待更多文獻的支持與深化的論述。

　　這次兩岸學者聚焦於信仰的溯源與流變，對李大亮／李府千歲的顯影工作，當有一定的助益。而其他論述，於代天府王爺信仰的人文思考，也有相當程度的啟發。論述加上現場觀察李府千歲進香的盛況，以及圓桌會議的溝通，讓會議的議題更為堅實、豐富。特別是李豐楙教授的論述，從根源與衍變論證五王「行瘟與解瘟」的雙重性，為神格定調，也解決王爺總廟存在已久的問題。

第十節　籤詩，是人神互動的符碼——爲南鯤鯓代天府籤詩校勘而寫

　　籤詩是人神互動的神祕載體，也是信眾解惑釋疑的宗教符碼。根據宋人釋文瑩《玉壺清話》的記載，籤詩起源當在五代時期，迄今一千多年。明馮夢龍《警世通言》、曹雪芹《紅樓夢》等，都出現靈籤的蹤跡，可見籤詩存在於雅俗層面，而且影響深遠。

　　籤詩種類繁多，大概有一百套之譜，其中甲子籤六十首（「日出便見風雲散」）在全臺寺廟廣爲使用，這套籤詩隨先民渡海來臺，大概已有二、三百年的歷史（見圖2-1-15～2-1-17）。

　　南鯤鯓代天府籤詩在甲子籤原型上加以改易（外加籤首），結合寺廟、神靈的場域氛圍，型塑另一種籤詩文化特色。以第一首「甲子」籤爲例，籤面主要結構元素，包括：籤詩、依附典故（或稱卦頭故事）、解曰（籤詩解）以及處世箴言。當中依附典故大都爲正史、古典小說或戲曲，相當多元；解曰則包括：婚姻、求財、生理、功名、官事、耕作、討海、行舟、行人、建居、子息、病者等面向，能契合地緣特性，爲信眾開示明路。最爲特別的是六十則處世箴言，充滿智慧，能警惕人心。

　　經過漫長的歲月，籤詩內容可能因一再地修改、抄寫，或在印刷過程中遭到增刪，或文字脫落，造成籤詩內容有所差異，馴至窒礙難通的現象，因而在籤詩文句上出現不少別字，例如：第十九籤癸卯「病中若得若（苦）心勞」，第三十五籤戊午「虎落平洋（陽）被犬欺」……；解曰部分，有二十二個「不要」宜改爲「不畏」；至於依附典故也與其他宮廟有所出入，主祀媽祖的北港朝天宮與臺南鹿耳門天后宮都使用甲子籤（或稱媽祖籤），但排序法不同（南鯤鯓代天府採取干支序），卦頭故事也有很大的差異。例如第一籤甲子，南鯤鯓代天府爲「唐太宗坐享太平」，北港朝天宮爲「包文拯審張世眞」，臺南鹿耳門天后宮則爲「包公請雷驚仁宗／包文極審張世眞」。就整體卦頭故事而言，與北港朝天宮僅有己卯一首相近，而與臺南鹿耳門天后宮也僅壬戌一首相似，其餘皆不同。值得注

多音交響美麗島——臺灣民俗文化的入門書

意的是，在卦頭故事方面，約有十二個故事沒有相應的出處，成為懸疑，例如：第三十八籤乙未「李干戈往武當山求嗣」，經追索當依《明季北略》：李十戈因妻子石氏久未懷孕，而上武當山求嗣的故事，所求的子嗣為李闖，也就是李自成；第四十九籤己酉「乙貼金走路遇鬼」，其他版本或作「一貼金蘭（攔）路朱文魁遇鬼」、「朱文走鬼」、「朱文魁遇鬼」、「朱文王走兔」，不一而足，然此卦典故出自梨園戲《朱文走鬼》，文獻資料確鑿，當予修訂。

　　長期以來，基金會一再建議南鯤鯓代天府宜在信仰場域注入人文元素，並執行多次宗教論壇學術研討會，成績有目共睹。這次接受廟方委託，進行籤詩校勘工程，我們擬以南鯤鯓代天府籤詩為底本，廣泛蒐集不同版本的甲子籤，作為校勘之參考，終極指向是，推出籤詩校訂版本。因此，特別敦請民俗、宗教、易學、文學等各領域之專家學者共同參與，以

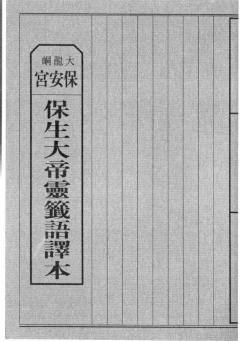

圖2-1-15　霞海城隍廟所出的《百首籤詩 心解》。

圖2-1-16　大龍峒保安宮所出的《保生大帝靈籤語譯本》。

嚴謹的態度審訂籤詩文本、解曰、依附典故、處事箴言，最後附上白話籤詩。

南鯤鯓代天府為王爺總廟，具有古蹟、國定重要民俗雙殊榮，信眾分布海內、外，分靈廟兩萬六千餘座。《六十甲子靈籤》的校勘，既可使宗教符碼，得到哲學義理的徵信，更可作為分靈廟王爺籤詩的依據。

多年來，個人曾多次參與宮廟籤詩校勘，如大龍峒保安宮《保生大帝靈籤語譯本》（1997）、臺北霞海城隍廟《百首籤詩心解》（2002），無非想「在信仰場域建構人文城堡」的理念下，盡些心力，此次校勘工程亦可作如是觀。

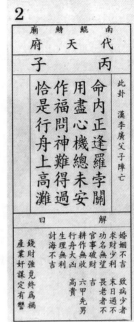

圖2-1-17　2018年南鯤鯓代天府抽出的國運籤為丙子。（作者／提供）

附錄：最近四年南鯤鯓代天府所抽出之國運籤

年份	籤序	籤詩內容／卦頭故事
2015	癸卯	病中若得苦心勞，到底完全總未遭 去後不須回頭問，心中事務盡消磨 **卦頭故事：武則天坐天**
2016	辛丑	一年作事急如飛，君爾寬心莫遲疑 貴人還在千里外，月中音信漸漸知 **卦頭故事：劉智遠邠洲投軍**
2017	庚戌	一重江水一重山，誰知此去路又難 任他改求終不過，是非到底末得安 **卦頭故事：聞仲西征遇十絕陣後逃**
2018	丙子	命內正逢羅宇關，用盡心機總未安 作福問神難得過，恰是行舟上高灘 **卦頭故事：漢李廣父子陣亡**

第十一節　爭取潛力點邁向世界遺產

　　我曾在文化詮釋與批判的論述中多次提到，臺灣眾神蒞臨，宛如一座神仙島，並進一步解讀，此一現象不外是，憲法賦予人民信仰宗教的自由，與人民不分男女、宗教、種族、階級、黨派，在法律上一律平等，加上海洋文化型塑包容的性格，以及自由、民主的落實，爲各種宗教提供發展的基礎。

　　二〇一五年，內政部統計臺灣地區現有宗教類別，包括歷史悠久的與新興的，共有二十七種之多。在三萬六千平方公里的土地上，矗立將近三萬三千多個供教（信）徒膜拜、聚首的場所，平均每一平方公里，就有一座寺廟或教會，宗教建築密度之高，在世界上恐怕是罕見的。尤其難得的是各種宗教所發展出來的文化特色，不僅造成千彙萬端的景觀，更是臺灣傲人的一項軟實力。

　　一九九〇年代，我呼籲「在信仰場域建構人文城堡」，供寺廟香火鼎盛的執事者思索如何締造寺廟文化新景。並開始執行了系列計畫，包括：典藏保安宮之美、勝世安邦文化季、南鯤鯓代天府學術研討會等。其中南鯤鯓代天府更是持續舉辦多屆，有系統地積累豐饒多元的資源，例如：南鯤鯓五王信仰與鹽分地帶文化資源研討會（2008）、古蹟修復與代巡信仰（2011）、凌霄寶殿慶成學術論壇（2012）、南鯤鯓代天府羅天大醮學術論壇（2014），多面向論述以索隱信仰符碼，共有論文三十九篇約百萬字，加上四次圓桌會議與四場古蹟導覽，爲代天府有形、無形文化資產做了深層的挖掘與整合。我在〈南鯤鯓代天府的人文底蘊〉特別指出，寺廟歷經四期的擴建，已形成一座宗教文化特區，在臺灣一萬二千餘座寺廟（正式登記）中顯得相當特殊，堪稱宗教文化的奇蹟。特別是風景秀麗、建築古雅、場域寬廣、宮闕殿堂樓亭臺牆齊備，玉皇、五王、囝仔公、觀世音聚集，蔚爲奇觀，因此陸續獲得多次殊榮，例如：國定古蹟（1985）、米其林三星級旅遊觀光景點（2011）、國定重要民俗（2013）等。並且進一步探索其人文底蘊的魅力，例如：五府千歲、

觀音菩薩與萬善爺囝仔公共祀的神話傳說；南鯤鯓代天府布局的深層結構——巧妙的建築年輪；匾聯文化——室內戶外的書法展場；檳榔山莊典藏琳瑯滿目的書畫；凌霄寶殿的新內涵，鎮殿之寶——金玉旨、青田玉石的百神朝天圖；人神互動的載體——籤詩。其目的無非是引領大家諦觀一座寺廟的綜合美，積極為「在信仰場域建構人文城堡」的命題覓尋新例證。

今年九月，南鯤鯓代天府的執事告知，希望二〇一六年的學術研討會能朝向在地與國際的對話（見圖2-1-18）。我與李豐楙教授多次討論，決定名稱為南鯤鯓代天府亞太學術研討會，並以文化、宗教、觀光為主要論調，邀請中國、日本、韓國、新馬等地學者，共同解析王爺信仰與奧祕，希望在本土與國際展開對話中，透過異視野的激撞，進行深入的反思，為南鯤鯓代天府爭取臺灣世界遺產潛力點，邁向世界遺產的國際認證，提供

圖2-1-18　2011年古蹟修復與代巡信仰學術研討會文宣。（作者／提供）

一些看法。

　　會議分四場十篇論文，包括國外學者於非物質文化遺產與聯合國教科文組織（UNESCO）相關論述，對應臺灣學者於南鯤鯓代天府有形、無形文化遺產論述，加以對話、參證。計畫中特別撰寫〈爭取潛力點邁向世界遺產〉專文，同步推出英、日、法譯本，替南鯤鯓代天府打開國際視野，增加能見度。

　　這是一種新嘗試，也是臺灣寺廟文化追求的標竿。二〇一二年，文化部依據世界遺產協會的十項審查標準（2005），決議臺灣世界遺產潛力點，包括文化遺產與自然遺產共有十八處。經過多年多次有系統的研討會，我們不僅挖掘南鯤鯓代天府的文化資源，也發現其豐繁的底蘊。我們認為在籌畫亞太學術研討會之際，宜同時考慮寺廟的調查研究，以亮麗的成績，具體事例，為爭取潛力點，邁向世界遺產認證做充分的準備。

第十二節　重現鶯歌的一些土地記憶

　　歲末，基金會夥伴共同完成了《鶯歌仙境碧龍宮》，個人覺得深具多重的意義，既貫徹基金會的宗旨——挖掘族群人文、整合民俗藝術，又為鶯歌重現土地記憶，更替臺灣宗教文化增添史頁。

　　二年前，和成資政邱弘茂發願想為龜公廟出書，特別委託基金會執行。我們立即成立籌備委員會，擘劃幾個論述面向：歷史沿革、神明祭祀由文學博士李建德負責，建築藝術由李乾朗教授負責；多元的人文底蘊由我負責，攝影則由金成財負責。經過兩年的實地踏查與訪談，終於完成一項「無中生有」的文化工程。

　　提起鶯歌，一般人的印象立即會浮現兩句諺語：「鶯歌出碗盤，三峽出鱸鰻，大溪出豆干。」「好天著块，歹天著膏。」鮮明地指向鶯歌陶瓷產業與歷史形象。然而，對於龜公廟之於鶯歌，恐怕是令人無法想像的關聯。

碧龍宮在鶯歌區建德里的牛灶坑山上（今名建德山）。日治時期，曾明紅在山上墾殖，發現大樹下一塊兩尺見方的石頭，好像一隻背部呈現八卦圖紋的神龜。他敬奉為神明，虔誠膜拜，沒想到哮喘痼疾，不藥而癒。靈驗事蹟驚動鄉里，大家跟著前往山上參拜龜形石，並在周圍搭設草棚，尊稱靈石為「龜公」；後來，就地取材，以石頭修築小型廟宇。

龜公的神異與靈驗，名聞遐邇，本地、外縣信眾絡繹於途，大家搭乘西部幹線火車來鶯歌，再以徒步或乘坐人力車抵達山腳下，接著攀爬崎嶇小路上山朝拜。廟小香客多，地方仕紳便發起募捐，為龜公改建廟宇，於是成立籌建委員會，公推和成欣業創辦人邱和成為主任委員。由於山勢陡峭，建材都由信眾徒手搬運到山上。一九四八年十二月竣工。因為龜形石背部有八卦紋理，符應古籍「伏羲見白龜出而畫卦」的記載，耆老倡議將龜公聖號與八卦祖師、伏羲大帝相結合，擲筊獲得允許，正式命名為「碧龍宮」，不過民間信眾依舊稱為「龜公廟」。

龜公聖誕為三月十六日，鶯歌全民總動員，廟會活動、神像遶境，家家戶戶擺設流水席招待親朋好友與外地前來參拜的信眾。耆老林根成曾將當年廟會場面拍成紀錄片，為「三月十六龜公生，鶯歌鬧熱到半暝」留下珍貴的民俗采風。

碧龍宮的靈驗與信眾的凝聚，使信仰場域逐漸成為鶯歌的「公廟」。但由於廟體狹小老舊，不敷使用，加上較少配祀神祇，不符信眾的「綜合需要」，經主其事者擲筊獲得聖允，於一九九○年成立重建委員會，公推和成欣業公司董事長邱弘文為主任委員，他是邱和成先生的長子，父子兩代投入碧龍宮建廟、重建大任，一時傳為佳話。

碧龍宮的龜公神祇屬於臺灣道教信仰的「原生種」，其配祀神祇有福建湄洲島的天上聖母與浙江普陀山的觀音佛祖，以及關聖帝君。一九九五年，新廟竣工，包括前、後殿、左右配殿護室全完建在一座五層樓（依山勢地形）的方形大臺座之上，眾神齊聚一廟，守護鶯歌。正殿懸掛一方匾額，題曰「鶯山巖碧龍宮」，儼然是廟宇的身分證。

碧龍宮廟貌雄偉，整體建築配合自然地形，以建德山為屏障，前臨大

漢溪,對岸西邊有朝山「尖山」,南方與三峽、鳶峰相對,可遠眺石門水庫,屬於襟山帶水的好地理。李乾朗教授曾讚嘆:「在臺灣可謂極為難得之風水寶地,猶如洞天福地之仙境。」其外貌遵循臺灣傳統寺廟的形式,屋脊作燕尾式,後殿則融入中國北式屋頂,屋脊改為龍吻,加上左、右配殿護室,成為一座融合南北寺廟元素的廟宇(見圖2-1-19～2-1-24)。

圖2-1-19　碧龍宮廟貌。(金成財/提供)

圖2-1-20　往碧龍宮的路上會遇到神龜石。
(作者/提供)

圖2-1-21　碧龍宮的藻井。(金成財/提供)

圖2-1-22　碧龍宮的門神與對聯。（金成　圖2-1-23　碧龍宮廟志書影。
　　　　　財／提供）

圖2-1-24　基金會董事們拜訪碧龍宮廟方人員。（作者／提供）

值得一提的是，在重建過程，碧龍宮執事們以三峽祖師廟為借鏡，在信仰場域注入許多人文元素，為寺廟充實內涵。他們敦聘一流匠師，經過五年才完成宛如藝術般的殿宇。例如：正殿一對雄偉的蟠龍柱、多樣的石垛雕刻造型、屋頂斜脊龍鳳的裝飾；正殿內威武的門神彩繪、精細的「網目斗栱」，與莊嚴玉觀音、玉媽祖神像，營造出一種神聖的場域氛圍。之外，碧龍宮以文字作為裝置藝術的元素，契合龜形石背部八卦紋理，透過匾聯、詩詞與處世箴言，型塑文字神宮，這恐怕是全臺唯一僅有的。特別是正殿後方整面牆壁，共有二十五幅文字，復刻《格言聯壁》、《禪淨要旨》、《淨土大經解演義》、《菜根譚》警句，書法名家齊聚一壁，且五體書兼備，宛如書法展場。

經過兩年的踏查，我們不僅為龜公解密，也完成了《鶯歌仙境碧龍宮》，重現鶯歌的一些土地記憶。最後，感謝邱弘茂的支持，與受訪者的幫忙。

第十三節　搶救百年古剎普安堂

近年來，總覺得生命深處彷彿出現某種聲音，讓我挺身積極投入搶救民俗藝術的行列，對了，那是土地記憶的召喚。於是，為搶救民俗曲藝、傳統工藝、民間文學等而奔波南北；田調、研究之餘，撰文呼籲大家正視一些瀕臨滅絕邊緣的人文資產。三年來，感受最深刻的，莫過於搶救百年古剎普安堂了。

個人與普安堂結緣於一九九七年的全國文藝季。當時我受邀擔任文建會的評審評員，活動由土城區承辦，名為「土城朝山桐花節」（開各縣市桐花祭之先）。活動空間包括承天禪寺、新北市文化中心與普安堂，粗俱土城文化園區的規模，其中普安堂的宗教舞蹈表演與文化中心的「李應彬先生回顧展」，可說是土城深度文化的展現，相當引人入勝。

二○○二年，老友李長俊教授邀我參訪普安堂，讓我有進入堂奧的感覺，齋堂楹聯：「普救施恩拯盡五州黎庶，安神養氣脩成萬劫金仙。」

與佛龕楹聯：「普陀山佛祖能布化慈雲法雨，安樂地仙人常降臨醒世警民。」兩副均為一九一四年的作品，楷書陽刻，流露佛道雙修的訊息，讓人不自覺泛起肅穆之情。

閒聊時，才驚覺發現，原來龍泉老人李應彬先生是長俊的父親，齋堂的茱姑則是他的姊妹。告辭時刻，我讚嘆說：「普安堂不愧是一座小小的人間淨土！」

二○一一年十月，我在臺中文資局開會，突然接到長俊的告急電話：「普安堂面臨拆屋還地的命運，能不能幫忙想想辦法？」面對急促求助的聲音，我當下想到李乾朗、林美容等教授，以及一些常為弱勢發聲的立委。

其實新北市政府曾在二○○八年，委請乾朗教授調查新北市重要文化資產景點，土城媽祖田普安堂和悟源紀念步道也被列入。因此他認為茲事體大，刻不容緩，建議提報普安堂為古蹟。可是因為歷史糾葛，遭受到強烈抗議，這個案例使《文化資產保存法》必須面對嚴厲的考驗與挑戰。三年來，基金會敦邀學者、專家從各面向挖掘普安堂的人文內涵，陸續發現新事證，作為搶救普安堂的憑藉，經過整合、再現，大家莫不驚訝其底蘊之豐厚，更確信真相只有一種，真理越辯越明。

普安堂座落於土城芬園崎，早期是媽祖田原墾戶利用農舍土埆厝作為自家持齋拜佛的廳堂，也是媽祖田村民的信仰中心和部落所。日治大正三年（1914）由王文彬創建，隸屬齋教先天派，迄今是大臺北地區唯一僅有的齋堂，深烙歷史、宗教與文化的印記，特別是一九六四年前輩藝術家李應彬接任第五任管理人之後，歷經三十多年的修為與努力，把普安堂營造成為一座集宗教、藝術、文化三位一體的空間。

李應彬（1910～1995）出身於民間寺廟彩繪藝師，在純粹美術領域自學成功，有「雙刀流」的美譽，曾以西洋畫和東洋畫（即膠彩畫）進軍日治時期與光復初期的學院派沙龍美展，在多次獲獎，聲譽日隆之際，毅然決然退出畫壇，專心投入日常美學的創造，成為生活藝術的實踐家。他中年開始信奉宗教，為了修行，離家前往偏僻的土城媽祖田庄，並擔任普

安堂管理人。他開壇講經說法，還親自營造齋堂園區，使之成爲自然又典雅的修行空間。他以齋堂爲故鄉，孜孜矻矻於繪畫、書法、雕塑與庭園的建構。之外，他也保存不少大正年間的手抄鸞文與線裝經典畫冊，豐厚土地上的歷史記憶。

在齋堂存亡絕續的時刻，我們本著知識分子的天賦言責，提出「土城普安堂學術研討會」的構想，邀請學者、專家就歷史脈絡、宗教文化、建築藝術、環境生態與土地法制等面向進行探索、論述。議程分兩天（六月二十九～三十日）六場十一篇論文，以及實地參訪與圓桌會議（見圖2-1-25～2-1-32）。

面對拆廟還地的案例之前，我們期望將這些論述內聚成爲新事證，喚

圖2-1-25　李長俊爲搶救普安堂四處奔走。（李長俊／提供）　圖2-1-26　普安堂學術研討會。（作者／提供）

圖2-1-27　普安堂的山門。（李長俊／提供）　圖2-1-28　普安堂舊堂。（李長俊／提供）

圖2-1-29　普安堂舊堂楹聯。（李長俊／　圖2-1-30　普安堂學術研討會論文集書影。
　　　　　提供）　　　　　　　　　　　　　　　（中華民俗藝術基金會／提
　　　　　　　　　　　　　　　　　　　　　　　供）

圖2-1-31　李應彬。（李長俊／提供）　圖2-1-32　龍泉老人雕塑的地藏王菩薩
　　　　　　　　　　　　　　　　　　　　　　　像。（李長俊／提供）

醒社會大眾對「媽祖田」的土地記憶，珍惜「新北市最後一座臺灣齋教的
宗教文化園區」，以及留住「大臺北自然生態文化園區」的一線希望。並

且化爲行動一起搶救百年古刹普安堂。

第十四節　搶救稀有的文化資產——普安堂的修行與儀式

　　普安堂與新莊慈祐宮纏訟多年，瀕臨拆廟還地的命運。二〇一一年，首次向地方政府提報古蹟，經過幾番波折，終於被市府公告爲歷史建築。沒想到今年十月七日臺北高等行政法院判決撤銷登錄歷史建築的處分，群情嘩然。這毋寧是對《文化資產保存法》的挑戰，也讓保存再現危機。這裡想透過新事證《百年古刹普安堂》，嚴肅地呼籲地方、中央政府正視一座稀有的文化資產（見圖2-1-33～2-1-35）。

　　普安堂座落於土城芬園崎，日治大正三年（1914），由王文彬創建，隸屬齋教先天派，迄今是大臺北地區唯一僅有的齋堂，深烙歷史、宗教與文化的印記，特別是李應彬先生接任第五任管理人之後，歷經三十多年的修爲與努力，把普安堂營造成宗教、藝術、文化三位一體的文化園區。李先生（1910～1995）年輕時即投入寺廟彩繪，二十九歲曾和前輩潘春源先生（1891～1972）「對場」爲艋舺龍山寺後進大門彩繪門神。他也投入沙龍美術圈，先後入選臺灣府展及省展獲獎，被定位爲臺灣前輩藝術家。一九六四年，他隻身到偏僻的土城媽祖田普安齋堂常駐，以美術來表達個人的宗教感動和修行境界。

　　李先生與齋教先天派的淵源，可以追溯到光復初期從中國大陸引進「至聖先天老祖大道紅卍字會」。該會是一九一六年由吳福永在山東省創立「道院」開始的。信仰「先天大道」、供奉「至聖先天老祖」、主張「五教合一」，並以「扶乩降鸞」等仙佛的訓示來教化社會百姓。一九二二年，濟南成立「世界紅卍字會」，隨海外華僑而開枝散葉，分布東南亞。

　　「紅卍字會」的信仰、教義和運作，讓人聯想到臺灣的民間宗教齋教，尤其是「先天派」齋教，以及「一貫道」。李先生加入「紅卍字

圖2-1-33 日治普安堂鸞堂文物。（李長 　圖2-1-34 普安堂曾是大臺北地區唯一僅
　　　　　俊／提供）　　　　　　　　　　　　　　有的齋堂。（李長俊／提供）

會」，熱中於他們的參禪打坐。後來在大稻埕「基礎組佛堂」求道，成為一貫道信徒。

　　他曾在佛堂和家裡講經說法，講授內容包括佛教、道家和儒家經典。為探求「全眞」和「金丹」的精髓，經朋友介紹到三峽先天派齋堂元亨堂尋道。他以對先天派教義的領悟，並付諸行動，前後十年普安堂進行四周整體園區的造景建設。首先著手整修已經荒廢的觀音堂，這是一座結合民宅與佛堂的磚造三合院式建築。

　　接著募款修築媽祖坑古道，

圖2-1-35 普安堂學術研討會的海報。（作者／提供）

作為普安堂登山石階步道，並請名師廖石成先生為普安堂登山步道建築外山門。為配合山門的建立，他在步道旁的大石上刻寫雙關語「至上之道」，也在觀音堂西側巨石上，完成

兩件摩崖石刻書法：右邊爲巨大的草書「佛」字，左邊則爲隸書「靜氣養神」四字，以強調先天齋教「佛道雙修」的教義，也就是道家所謂的「性命雙修」。

在觀音舊堂後山，他親手雕塑地藏佛像，在地藏菩薩道場原址建造「地藏寶殿」新佛堂。地藏寶殿完成後，除了增加九華山地主閔公和兒子道明之等身大塑像作爲菩薩脇侍外，又在菩薩像背後彩繪山水圖畫，象徵九華聖境，成就了古今中外難得一見的、最完整的圖像學表現。

先天派教義是透過禪定的方式，讓人回到未出生前的狀態（本性）。齋堂在禮佛上有一套儀式，佛桌的擺設，都象徵道家修練坐禪的功夫，例如：老母燈代表人的玄關，是生死的源頭；敬茶淨飯是呈現陰陽調和宇宙開展的狀態；供奉「五果」是代表心、肺、胃、脾、腎的五氣調和；而「五齋」則是以金針、木耳、海帶、紅棗、香菇，代表金、木、水、火、土的五行相生。

李先生很重視先天派第九祖黃德輝的法門——性命雙修。所謂「性命雙修」，先煉「性」，屬於佛教的功夫；次煉「精氣神」，其過程從「下手」到「了手」，最後則「煉神還虛」，稱爲「撒手」，則屬於道家「金丹派」的功夫。如能煉到性功、命功合一，即是性命雙修，這次序都包含在先天派進道科儀的「採取、火候」裡面。

他獨鍾於濟公禪師的表現，在民間信仰裡，濟公是李鐵拐仙祖、降龍尊者、伏虎尊者、達摩祖師和布袋和尙的轉世。藉由宗教人物畫題材來抒發個人的修行體悟。他依循先天派齋教所尊崇的呂純陽祖師等的金丹教義，如呂仙祖的《太乙金華宗旨》，都是他研讀的經典。

學者指出，普安堂，內含三個身分：㈠是教友持齋拜佛的佛堂；㈡是鸞堂文化的傳承點；㈢是地方私塾教學的所在。我們從普安堂供奉呂仙祖、關聖帝君和王天尊三位恩主可以獲得證實；普安堂還保存了日治大正年間鸞筆鸞具及手抄本鸞文十餘冊。鸞文中包括有佛、仙及儒宗聖賢，如南海佛、釋迦佛鸞降。

他努力鑽研先聖先賢的經典，期能達到「自渡渡他」的大乘精神。這

無疑是一條艱辛而孤獨的修行之路，因此濟公禪師那種跳脫體制，以獨特風格來引導大眾的路徑，是他所仰慕和效法的對象。

李先生深知先天道是修行最好的路，以數十年的藝術造詣和宗教修行的心得，胼手胝足在土城媽祖田荒郊山野裡的普安堂，構築他心目中的理想淨土，有人稱讚是座宗教文化園區。無庸置疑，普安堂是他留給我們的瑰寶，也是斯土斯民的共同歷史記憶，除有形文化資產外，還有更遼闊且深邃的無形文化資產——哲學境界。經過多面向挖掘與整合，讓我們重新發現：普安堂不愧是稀有且珍貴的文化資產。而新事證《百年古剎普安堂》，就是最好的說明。（本文撰述過程，李長俊、李榮台兄嫂提供不少資料，特此誌謝。）

第十五節　例證臺北市宗教軟實力

基金會（1979～）自創立以來，在挖掘人文資源，整合民俗藝術上，投入不少的心力、人力與物力。同仁長期把握民俗脈搏，締造契機，期望能有系統地積累文化資源，覓尋民俗活動的新方向，引領國人諦視並鑑賞民俗藝術之美，於是，調查研究、技藝保存、文化交流、研習講座、專書出版，同步推動。其終極指向則是再現臺灣圖像，重塑鄉土情懷。

二〇〇一年開始，基金會多次舉辦「社區民俗文化種子教室——認識臺灣民俗」研習課程，經過學員反映與成效的評估後，決定自二〇一二年，籌辦例行性的「民俗藝術講堂」，結合學者專家開出系列的民俗教育推廣課程（見圖2-1-36～2-1-37）。我們依據民俗藝術範疇，有系統地推出年度活動主軸，將宗教、建築、藝能、工藝美學、飲食文化等面向規劃成為課程內容，透過文化教室、體驗學習，與參訪活動，提供學員一個優質的進修環境，藉以提升對民俗藝術的鑑賞力。六年來，師資、課程，與學員彙整出一張張亮麗的成績單，三千多學員的數據，不僅給我們很大的鼓勵，也獲得文化局與民間基金會的肯定與支持。

圖2-1-36　2001基金會舉辦民俗課程，培養社區的文化種子。（作者／提供）

圖2-1-37　2018年大家藝起來以臺北市的宗教軟實力為主軸，規劃一系列課程。（作者／提供）

　　二〇一八年，同仁希望民俗藝術講堂能有所突破，以獨特的專題吸引有心人的參與。我拋出臺北市的宗教軟實力，並鎖定光明淨域龍山寺（1738～）、真人所居保安宮（1804～）兩個例證點。臺灣族群多元，眾神齊聚，宗教近三十種，寺廟、教會三萬餘座，密度之高，舉世少有，而共同譜寫的交響神曲，更是聞所未聞的奇蹟。龍山寺與保安宮為當地信仰圈、生活圈之中心，也是臺北市宗教旅遊勝地。涵藏相當深厚多元的底蘊，包括歷史記憶、民俗文化、寺廟建築、科儀音樂等，無形有形聚焦，可謂藝術殿堂。其主祀神一佛一道，不過為符應信眾的心理需求，已各自發展為儒釋道多神共祀的寺廟，這是了解臺灣民間信仰最好的案例。

　　其實，說臺灣是一座神仙島，也意味著宗教是一種軟實力。而寺廟作為宗教載體，其蘊涵的元素，雖早已被解說導覽，但常流於浮光掠影，未

能讓群眾獲得門道，來一趟「靈魂在傑作中冒險」的深度文化之旅。三月，文化部宣布正式啓動大龍峒保安宮、艋舺龍山寺等六座直轄市定古蹟指定國定古蹟的審議程序。這更堅定我們以兩座寺廟爲例證，探究臺北市宗教軟實力的決心。

經過同仁多次腦力激盪與細心擘劃，終於完成計畫，包括室內講座八場，戶外導覽二場。前者由八位學者專題論述，後者由兩位專家現場導覽。首先前置作業，培養識照；接著現場踏查，專家指證鋩角。落實到課程，我們設定「走進信仰殿堂」、「百年香火綿延」爲室內課程，而「聽寺廟說故事」爲戶外踏查，專題、踏查構成堅實的講堂主題內涵。

八場專題演講，包括建築、彩繪、雕刻、剪黏、儀式、音樂、道教科儀、藝陣文化，與文字古蹟。我們敦邀的專家學者，有李乾朗、李奕興、呂錘寬、李豐楙、趙郁玲等，陣容堅強，共同詮釋兩座藝術殿堂的富美。值得注意的是，專題指涉有形（物質）、無形（非物質）文化相關論述，試圖開拓學員視野，深入了解寺廟文化的元素與有機組合，重現信仰場域的厚實度與莊嚴性。

二○○二年，我曾經爲保安宮提出「典藏保安宮之美」計畫，包括七個子題：歷史、宗教、傳統建築、音樂、雕刻、文學、攝影、錄像，多元內聚，以呈現寺廟豐富的人文底蘊，型塑保安宮成爲大龍峒的地標，也成爲廟宇文化的典範。今年，我特別統整過去的經驗，進一步反思，另闢蹊徑，提出新計畫，希望民俗藝術講座，成爲民俗藝術交流與推廣的平臺，開風氣之先，讓民俗文化獲得新契機。

兩場聽寺廟說故事，是深度踏查課程，即：光明淨域龍山寺與眞人所居保安宮。前者由傳統建築學者李乾朗教授負責，他沉潛傳統建築五十年，著作等身，採用偵探的眼睛來鑑賞古建築，既看透一座古蹟的前世今生，也發現傳統建築的奧妙。他跡近龍山寺，細心觀察，提出論述，由他現身說法，必定能引人入勝。後者邀請保安宮廖武治董事長擔任，他集藝術、建築、宗教於一身，在保安宮修復過程，兼顧傳統工法與現代科技，成爲古蹟修復的典範，並贏得聯合國教科文組織（UNESCO）亞太文化

資產保存獎的肯定，邀請他來導覽，對保安宮文化之產價值的經驗，相信能新人耳目。

　　這次系列講座，我們透過實例詮釋，希望的預期效果是：新舊思維的碰撞，活絡民俗文化，推廣、傳承民俗藝術，提供多元的文化視野。想要了解臺北市宗教軟實力「真相」的朋友，歡迎蒞臨二〇一八民俗藝術講座。活動詳情請見基金會官網http://folk.org.tw/

第十六節　尋找學術會議的新路向

　　南鯤鯓代天府位於臺南北門的鹽份地帶，創建於明末，迄今三百多年，是臺灣最早的王爺廟，分香廟遍布海內外，臺灣一地就有萬餘座，夙稱「王爺總廟」，學界則稱為「王爺故鄉」。由於景觀秀麗，建築古雅，香火鼎盛，信眾雲聚，一九六九年，省政府核定為「臺灣省宗教紀念物觀光區」；一九八五年，行政院文建會評列為「臺閩地區第二級古蹟」。近年來，古蹟修復竣工，凌霄寶殿即將落成；宮闕殿堂、樓亭臺牆齊備，已形成一座氣勢宏偉的宗教文化特區。

　　我與南鯤鯓代天府結緣於一九九〇年代，當時受邀鹽份地帶文學營演講，或調查區聯文化，或參與寺廟文化會議，一步步跡近代天府，探索其奧祕。印象最深刻的是，正殿石柱、楹聯，以及後面硓𥑮石砌成的金錢壁了（據說撫摸了可以心想事成）。「代天府與澎湖關係相當密切，這些就是見證。」我向黃文博提出一些解讀與發現。二〇〇八年，廟方依循歷史傳統，舉行「鯤鯓王戊子年出巡澎湖」，重現兩地海上交往的共同記憶，一時傳為美談。

　　二〇〇四年，廟方執事們北上拜訪中華民俗藝術基金會，侯總幹事開門見山地提出訴求，希望幫忙規劃人文系列計畫與活動。個人認為因緣俱足，特別回應「在信仰場域建構人文城堡」的概念，以為合作的基礎，逐一開展系列活動，甚獲廟方執事們的認同。

於是，我們成立籌備小組，敦請副董事長李豐楙教授擔任主持人，負責規劃。大家開始思索科儀、祭祀空間、籤詩廟誌、文化館建置、宗教觀光、文化產業與王爺信仰學術研討會等面向，並在二〇〇八年推出「南鯤鯓五王信仰與鹽分地帶文化資產研討會」。這是廟方三百多年來的創舉，意義自是非凡。十五篇論述加上綜合座談，為代天府有形、無形文化資源作了一次挖掘與整合，一冊三十餘萬字的論文集，可說是建構人文城堡的礎石。

　　二〇一一年，廟方委託基金會規劃小型學術研討會，擬為二〇一二年國際研討會暖身。豐楙兄認為可以重新思考學術研討會的形式。他強調參與國內外學術研討會四十年，議程如出一轍，主持人、論文發表人與特約討論人三位擔綱，時間緊湊，而論文發表人往往限於時間，無法暢所欲言，提出論述的菁華。可以考慮主持人負責介紹與簡評，論文發表人每篇四十分鐘，充分表述，並與大家對話。我十分贊同他的看法，並且進一步思索學術會議／寺廟導覽／生活境教的有機模式。議程二天七場，包括五篇論文，一場古蹟導覽，一次圓桌會議（見圖2-1-38）。

　　論文由李乾朗〈南鯤鯓代天府建築布局與大木結構之特色〉開始，他解讀代天府建築的深層結構與五行的關係，言人之所未言，能新人耳目，

圖2-1-38　2008年南鯤鯓五王信仰與鹽分地帶文化資產研討會。（作者／提供）

特別指出王錦木設計建造的木造大牌樓，可能是傳統建築的最後傑作，而正殿前亭圓形結網與後拜亭的八角形結網，更屬罕見，是本府珍貴的文化資產。曾國恩〈國定古蹟南鯤鯓代天府修復精要〉，以修復負責人現身說法，他指出名匠王益順在細木作與建築造型上，擅於利用暗藏的草架（暗厝）來調整屋脊造型，其大木構架細處理極為精緻，透過圖片引導大家進入這座藝術的殿堂。

南鯤鯓代天府古蹟廟宇導覽，由李乾朗主持，在熱鬧喧嘩的「平安鹽祭」中，他循序漸進，引導大家看門道，彷彿是一場心靈在傑作中冒險，驚喜往往寫在眾人的臉上。

李豐楙〈行瘟、代巡與王船〉，以比較宗教學的觀點，詮釋從臺灣到南亞的瘟疫解除的歷史記憶，深入淺出，頗能開拓與會者的視野。〈南鯤鯓代天府的籤詩文化〉由我撰寫，這是寺廟文化系列探索之一。籤詩是人神互動的神祕載體，也是信眾解惑釋疑的醫療符碼。本文先做校勘，追求籤詩本相，至於依附典故的索隱、詮釋，則有待進一步的論述。洪瑩發〈臺灣王爺「代天巡狩」儀式初探〉，是從微觀基礎建構的宏觀思維，他指出代天巡狩的信仰與習俗是臺灣重要的文化資產，更是漢人宇宙認知與心理需求的投射與建構，透過儀式回應這些需求，充分表現其尋求核心價值的用心。至於圓桌會議，集廟方、學者與大龍峒保安宮廖武治董事長於一桌，多面向提出觀點，大家聚焦於古蹟修復與寺廟文化的締造，形成扎實又具體的建議，特別是廖董事長的經驗論，既實際又前瞻，為會議注入活力，也指出願景。

兩天的會議，廟方溫馨地安排食宿，來自七縣市一百二十人，透過酣暢的論述，境教生活與古蹟導覽，宛如一趟知性、感性兼具的宗教文化之旅，個個凝神關注，共同完成別出心裁的學術會議，也為二〇一二年的國際會議提供一個新路向。

第二章

表演藝術

第一節　歌仔戲與心靈淨化——以臺灣幾齣名作爲例

一、前言

　　歌仔戲是一種通俗的「民間歌劇」，屬於臺灣民俗文化的結晶，因此，向來有臺灣農業社會的「土產」之稱。

　　一百年來，此一劇種興衰循環於民間，卻深受社會大眾的喜愛，無形中已成爲文化底蘊，而浮現於族群的心靈世界。不過，長久以來，由於政治的干涉、審美觀念的偏差，導致對文化資產歌仔戲的了解，有了很大的落差，而學界往往僅止於表層印象，遑論學術研究。

　　近年來，本土文化意識的覺醒，與文化資產維護的呼籲，才漸漸對歌仔戲加以正視，有了較爲落實、積極的研究；一些有心的學者專家長期投入文獻蒐集與田野調查，成績極爲斐然，其研究也蔚爲風氣，儼然是臺灣學界的新焦點。

　　然而，檢視歷來歌仔戲研究的專著、散論，大概不外是歷史演變、音樂聲腔、戲團組織、社會意義、演出風格等等，我們確信這是相當重要的基礎研究，但是，有關歌仔戲的美學思考卻相當貧乏，恐怕還有待大家去經營、探索。本文可說是這種觀念下的嘗試，希望在解讀歌仔戲的魅力上，提供一些思考的面向。

二、歌仔戲與心靈淨化

　　從臺灣歌仔戲的發展史上看，它「既能承襲傳統大戲的表演形式，又能用最生活化的舞臺語言表現戲劇效果」。在傳統戲劇的表現形式上，另

關蹊徑，成為深具特色的新劇種。追蹤箇中魅力，有人認為不能不考慮傳統歌仔戲的音樂成分——唱腔，特別是「哭調」所扮演的腳色，其種類繁複，可分為「大哭」、「艋舺哭」、「臺南哭」等二十七首，大概來自既有的民歌曲調與藝人編作，其音樂速度緩慢，因悲痛、哀傷而唱，往往能娓娓道盡心中的辛酸，引人同情共感。

「哭調」成為傳統歌仔戲的「基調」，由來已久，推敲其原因，可能有三方面：一是日治臺灣族群的悲情反映；二是票房考慮，由於觀眾以女性居多，「哭調」頗能招徠心理脆弱、多愁善感的婦女們；三是女性旦角的出現，以天賦的歌喉演唱哀傷曲調，其聲情委婉，既能感動觀眾，又能賺人眼淚。

臺灣社會由農業進入工商後，國民生活步調與審美觀念，起了相當大的改變，無疑地，對歌仔戲（形式與實質）也造成若干的影響，因此，捨連本戲就單元劇，輕唱腔重情節的劇型，應運而生，「明華園」新編三十多齣的單元劇，可為例證。值得一提的是，新劇型仍然堅持歌仔戲的特質與戲劇效果；對於主題的經營、情節的安排，更見用心。

基本上，「歌仔戲」的動人心魄，無關劇型新舊，主要在戲劇特質，更確切的說，是淚（哭）與心靈淨化上。這裡，我們擬透過相關理論，例證五齣新舊名作，一窺歌仔戲的魅力。

(一)理論依據

劉鶚（1857～1909）《老殘遊記・自敘》云：

> 哭泣者，靈性之現象也，有一分靈性即有一分哭泣，而際遇之順逆不與焉。……靈性生感情，感情生哭泣。哭泣計有兩類：一為有力類，一為無力類。癡兒騃女，失果則啼，遺簪亦泣，此為無力類之哭泣；城崩杞婦之哭，竹染湘妃之淚，此有力類之哭泣也。

顯然，哭泣是人的天性，但有力類的哭泣，必須呈現人類悲痛（哀、懼）的基型，才能引起共鳴，而同哭同悲。劉氏的哭泣論屬於印象式的觀點，

欠缺理論依據，但多少觸及淚（哭）與心靈淨化的事實，對歌仔戲「哭調」與「基調」的了解或許有些幫助。可是，進一步的探討，恐怕需要整合西方美學、心理學的「淨化說」（Katharsis）來參照、探索。

亞里斯多德（Aristotle, 384B.C.～322B.C.）是開出「淨化說」的學者，他在《詩學》曾說：

悲劇爲對於一個動作之模擬，其動作爲嚴肅，且具一定之長度與自身之完整，……引發起哀憐與恐懼之情緒，從而使這種情緒得到發散。

「發散」（Katharsis）一詞爲希臘語，內含有三種意義，即：1.病理學上的解釋：悲劇刺激起哀憐與恐懼，使我們淤積胸中的各種類似之情緒得以發散；2.倫理上的解釋：去惡從善，使人情緒獲得倫理上的淨化；3.宗教上的解釋：透過宗教的「清潔式」，使人情緒上的不潔成分得以洗滌。

然而，「淨化」的眞正解釋必須從他的《政治學》卷八去印證，他曾說：

音樂應該學習，並不只是爲著某一個目的，而是同時爲著幾個目的，那就是：一、教育；二、淨化（關於『淨化』這一詞的意義，我們在這裡只約略提及，將來在《詩學》裡還要詳細說明）；三、精神享受，也就是緊張勞動後的安靜和休息。……有些人受宗教狂熱支配時，一聽到宗教的樂調，就捲入迷狂狀態，隨後就安靜下來，彷彿受到了一種治療和淨化。這種情形當然也適用於受哀憐、恐懼以及其他類似情緒影響的人。某些人特別容易受某種情緒的影響，他們也可以在不同程度上受到音樂的激動，受到淨化，因而心裡感到一種輕鬆舒暢的快感。因此，具有淨化作用的歌曲可以產生一種無害的快感。

他的論點不僅爲悲劇建立積極的意義，同時替美學、心理學開了路向，例如佛洛伊德（Sigmund Freud, 1856～1939）認爲我們心靈深處都存有原始慾念，特別是性慾，此種慾念不見容於文明社會，被迫沉澱於潛意識，形成「情意綜」（Complex），他透過發散治療（Cathartic Cure），使之得以正常發散。這種主張顯然是受到亞氏的啓迪。

一九三三年，朱光潛《悲劇心理學》一書對各種悲劇快感理論進行批判研究，特別是〈憐憫和恐懼：悲劇與崇高感〉、〈淨化與情緒的緩和〉兩章，反覆辯證，並提出三個概念：

1. 悲劇可以導致情緒的緩和，使憐憫和恐懼得到無害而且愉快的宣洩；
2. 悲劇可以消除憐憫和恐懼中所引起痛感的成分；
3. 悲劇通過經常激起憐憫和恐懼，可以從量上減少憐憫和恐懼的力量。

這些觀點毋寧是亞里斯多德「淨化論」的進一步發揮，而且自成系統，將是本文論述的依據。

附帶一提的是，淚（哭）與心靈淨化存有微妙、互動的關係。這裡且從字源說起。淚，是淚腺的分泌液，當結膜、鼻腔膜遇到刺激或精神受到感動時，分泌量遞增，淚管不能完全蘊於淚囊，使囤積眼球、眼瞼間，而滴落面頰。哭，是哀聲，大聲爲哭，細聲有涕有泣。可見哭之與淚，難分難捨。哭泣既是人的天性，透過有力類的哭泣，必能釋出人類哀懼的情緒基型，得到心靈淨化，甚至引起共鳴，同哭同悲。這麼說來，劉鶚印象式的哭泣論，自有他的特識。

(二)戲劇分析

1. 五齣名作的本事

(1)《梁山伯與祝英台》，由廖瓊枝編劇，共十二場，是一齣複雜情節的悲劇，其主題乃透過愛情的歷練，證明愛情的永恆（見圖2-2-1）。

祝英台女扮男裝，與梁山伯義結金蘭，同往杭州讀書。三月初三遊西湖時，刻意透漏身分，卻被躲在一旁的馬俊窺見，並搶先向祝家訂了婚。英台拒婚不得，等山伯趕來樓臺會，為時已晚。之後，山伯得相思，臥病不起，死葬南山嶺。馬俊娶親，路過南山嶺，英台藉故下轎，哭於山伯墓前，忽然一陣狂風，山伯接英台入墓，旋即化為一對蝴蝶飛出來。

圖2-2-1　廖瓊枝有臺灣歌仔戲第一苦旦之稱。（廖瓊枝）

⑵《什細記》，由廖瓊枝編劇，共十七場，分前後兩部分，以第八場〈靈堂〉為分界，是一齣複雜情節的悲喜劇。

　　明代邊關總兵李大平，在一場邊戰中，父子雙雙殉國。遺孫李連福、李連生，隨母逃難，流落福州，後來母亡，連福哥代母職，賣什細（雜貨）為生。偶然遇見小時指腹訂親的沈玉倌，欣喜若狂，但家道中衰，無力迎娶，憂心如焚，遂染重疾。

　　連生趕到沈家報告此事，無奈沈重卿嫌貧愛富，竟想逼女兒改嫁。玉倌以「節女不配二夫」加以拒絕，並願意「為君守節」。當她趕到李家時，連福已奄奄一息，臨終託孤。從此玉倌守節為李家

人，嫂代母職，教小叔讀書識字。

六年後，連生仍以賣什細爲生，遇見白相爺女兒白玉枝前來買什細，一見鍾情。玉倌擔心小叔步連福後塵，要他改行，可是沒有效果。連生、玉枝一場樓臺會，被白相爺發現，想把他給殺掉，玉枝求情，暫時囚禁柴房。經白夫人設計相救，放兩人逃走。

後來連生應考中狀元，偕玉枝回家請罪，白相爺不計前嫌，並將玉倌守節照顧小叔事稟報朝廷，玉倌受封爲「節烈夫人」，李家重振家聲，名揚天下。

(3)《陳三五娘》，由劉南芳修編，共十一場，是一齣複雜情節的愛情悲劇。

泉州書生陳必卿送嫂嫂廣南會兄長陳必賢。路過潮州，巧遇黃家五娘。佳人親手拋荔枝贈書生，結下情緣。爲了接近佳人，書生喬裝磨鏡陳三，並故意弄破寶鏡，賣身黃府當長工償抵寶鏡。

這時林大來黃家催婚，決定八月十五娶親。陳三無奈，準備返鄉結婚生子，益春前來留傘，與小姐設計逃婚，三人同往泉州。他們在公差追捕下趕路，苦難同當，並立下海誓山盟。五娘的驚夢，正好說明了他們的深深愛戀。

有天，陳三在街市聽見兄長被人告貪汙，查封家產，人抓厝拆，宛如晴天霹靂，當場昏倒。危急之際，陳三往西川求救於叔父。五娘自嘆「禍從天降，命運捉弄人」，在親情、婚姻的掙扎裡，自己選了一條死路：投井。

帶著好消息回來的陳三，看到這樣的結局，惱恨萬分，決定與五娘生死同行，做一對苦命鴛鴦，也跟著投井而死。

(4)《紅塵菩提》，由陳勝國編劇，共八幕，是一齣情節複雜的神仙道化劇。主題多元，焦點卻在透過人性對名韁利索參悟。

故事跨越兩代二十年。

嶺南大狼王宗缺攻破廣州，殺廣州王，占領七府三十二縣。宋王趙構親自領軍討伐，兩軍對峙，陣前兩位夫人生產，分別是宗武

環、趙伯敬。兩軍在廝殺之際，趙王搶奪狼王之子，卻喪命狼王槍下，臨終叮嚀王后：「要戰勝狼族唯獨一個『愛』字。」

二十年後，狼煙再起，趙伯敬、趙武環領兵應戰。宗缺生擒伯敬，武環返宋登基。不過，趙武環的名字，引起宗缺夫婦的疑竇，決定進宋京尋兒；伯敬落難，幸賴鳳鳴春冒險救出，輾轉抵達靈隱寺，巧逢燒香祈願的新君。兄弟突然見面，讓武環驚慌失措。

伯敬在濟顛的指引下，與鳳鳴春藏身於乞丐寮。武環受濟顛亂罵後，一把怒火想燒死濟顛，卻讓靈隱寺成了焦土。

濟顛神通廣大，醉語禪機，讓呂惠嫻母子相會，不過宗缺夫婦的尋兒卻一波三折，一方充滿喜悅，一方心理衝突：認狼王捨君位與親情的掙扎。

最後，狼王夫婦澈悟，誠心懺悔，歸還大宋嶺南七府三十二縣，懇求武環認祖歸宗。但武環戀棧，不為所動，在戰飛蓮急怒攻心、口吐鮮血，濟顛趁機點出：「你才是野狼中的野狼。」宗缺絕望地說出：「我……不認了！」一連串的情況下，矛盾的武環，眼淚奔迸，當下叫出：「爹……娘……」他放棄名利，得到親情、愛情與尊敬，為紅塵菩提劃下完美的句點。

(5)《濟公活佛》，由陳勝國編劇，共十二場的重疊情節，天上人間同步。藉神話的框框詮釋人性的可貴。是一齣神仙道化劇。

燕昭王墓內千年狐狸化成男子胡偉冠，墓外五百年桃花樹變為小女子桃九妹，兩人動了凡心，出現紅塵。

三月十一日，寶南鎮前朝廷總兵官葛天松，為愛女葛彩霞在二郎廟前搭招親擂臺。偉冠陰差陽錯地當上擂臺主，成為葛家女婿。乍見彩霞，驚為天人，泛起「只要結連理，不想做神仙」的慾念。

呂純陽命令徒弟葛陵棍下山收妖，解救家族，並提供妙計——討三項聘禮，讓妖怪知難而退，此即：①燕昭王墓內的一隻純白色千年狐狸皮；②墓外桃花樹連頭帶根；③西湖靈隱寺濟顛身上那件破僧衣。

偉冠沒有遲疑，爲情偷寶、犧牲，經過靈隱寺竊衣、千年狐狸剝皮、桃九妹成全，終於感動了濟顛，幫他成「人」，圓他願望。

　　聘禮齊備，葛家卻悔婚。由於彩霞的「眞情」，對夫郎心意堅，陪他走上風霜的人生旅途。偉冠用心讀書，有朝一日，高中狀元，回家團圓。

　　有趣的是，人間美滿，天上卻是一場混戰。佛門濟顛與道教呂純陽，還爲胡偉冠酣戰於天上與地獄。

2. 魅力的解讀

　　上述五齣名作，都屬於單元劇，戲劇特質卻有顯著的差異。前三齣與《呂蒙正》一齣，故事膾炙人口，主題歷久彌新，向有臺灣四大齣之稱。基本上，這三齣都具備傳統歌仔戲的特色，重視唱腔，特別在關鍵處——主角遭遇不幸，「哭調」音樂推波助瀾，使情節達到高潮，刹那之間傳釋飽滿的悲情，臺上臺下聲息互動，同情共感，哭悲交迸，使情緒得以完全宣洩。例如：廖瓊枝《梁山伯與祝英台》十二場，南山〈哭墓〉，承續十一場山伯〈歸天〉的哀傷情調，英臺呼叫「梁哥啊！梁兄！啊！梁哥啊！」同時跪行到墓前，連續唱了〈宜蘭哭〉與〈艋舺哭〉，悲情瀰天漫地，讓人無所逃遁：

〈宜蘭哭〉：
　　一拜梁哥跪墓前，二拜梁哥淚淋淋，三拜梁哥哭不幸，四拜梁哥帶悲聲，五拜你我難得結駕盟啊！六拜，唉唷哭繪停。
〈艋舺哭〉：
　　七拜梁哥同結拜，八拜哭叫哥不知，九拜咱三年同學內，十拜回想在樓臺，十一拜哥咱相愛，十二啊，拜哥咱樓臺見尾擺。

透過十二拜細訴衷情，追蹤緣分，其纏綿悱惻，教人哀憐。

　　又如：《什細記》第八場〈靈堂〉，沈玉倌、李連生面對李連福的死亡，一無緣一家變，透過〈宜蘭哭〉與〈艋舺哭〉營造悲傷悽慘的氣氛，

加上歌詞的哀訴，使臺上臺下瀰漫飽和的哀痛氛圍：

　　玉倌：〈深宮怨〉靈前弔喪聲悽慘，一對白燭剩半欉。一對鴛
鴦難成雙，茅內一兒成孤雁。
　　〈宜蘭哭〉一聲哭君啊二聲苦咿——
　　你死放我要如何啊——（連福——夫啊——夫啊）
　　連生：兄死我無人啊——通照顧啊——悲傷悽慘叫大哥啊——
　　玉倌：
　　放我啊——歸陰都——啊——我君。啊唷，我苦啊——
　　〈艋舺哭〉
　　玉倌：千聲萬叫君未應——我比孤雁有誰憐——
　　連生：兄死放我最不幸——舉目無兄無雙親，啊……
　　玉倌、連生：傷心對傷心人啊……我君啊，阿兄啊，悲聲哭不
停。

雙腳色合唱「哭調」，其悲慟令人同情，其聲情引人哭泣。
　　再如：劉南芳《陳三五娘》第十一場〈投井〉，五娘藉〈都馬調〉唱
出進退不得、孤絕情境的心聲，為了不想連累陳三，甘願走上死路。陳三
惱恨蒼天太殘忍，叫聲「五娘啊！」接著唱〈大哭調〉與益春的〈艋舺
哭〉，前呼後應，似招魂又像控訴，造成悲劇的高潮：

　　益春：小姐，你怎麼這麼傻！
　　陳三：五娘啊！
　　〈大哭調〉我哭聲五娘啊，淚哀哀，這樣來死不應該，如今陰
陽來隔界，千聲萬叫你未轉來，——心肝，五娘啊！
　　益春：〈艋舺哭〉叫聲小姐淚漣漣，有何心事該明言，如今環
境來改變，你枉死他鄉太可憐。

這些實例，都是戲劇的重要情節，配合「哭調」聲詞，締造高潮，撼人心弦，馴至哭泣，使人不知不覺經歷一次心靈淨化。

至於後兩齣，屬於新劇型，是「明華園」典型戲碼，自推出以來，戲路不斷，野臺劇院，雅俗共賞，既爲臺灣歌仔戲注入活力，也開拓不少觀眾。

這種劇型注重故事、人物、情節、對話、場景，以及主題意識，不同於以唱腔爲主的傳統歌仔戲。然而，其戲劇之效果則頗爲一致。例如：《紅塵菩提》第八幕〈紅塵菩提〉，是該劇的情節高潮。武環經過皇位名利、認祖歸宗的痛苦掙扎、濟顛的棒喝，終於頓悟，心生智慧（菩提），而放下一切，回歸人倫，尤其是那聲二十年來第一次喊出的「爹……娘……」，眞教人震撼心酸。在背景音樂的伴奏下，他唱出：

> 吶喊出孽子懺悔，
> 帝王淚至尊下跪，
> 我的娘心肝欲碎，
> 我的娘再叫一回，
> 我的娘再叫一回。

臺上喜極而泣，臺下更是盡情發散，眼淚不禁。因爲這是隱藏二十年的「心聲」！這時，他既爲人類的高貴心靈作見證，也爲佛門詮釋了一則紅塵菩提傳奇。

再如：《濟公活佛》第九場的靈隱寺〈竊衣〉，可謂該劇的戲劇關鍵。千年狐狸化成人形的胡偉冠，爲愛情戀紅塵，甘願接受愛情煉獄的考驗。牠的行爲打動濟顛，替牠剝皮成「人」。偉冠的劫難正好說明了人性的可貴。此一嚴肅主題，發人深思，也情不自禁，爲之淚下：

> 濟顛伸手揭起胡偉冠狐皮。
> 胡偉冠在地上翻滾，狀極痛苦。

旁唱：

霏霏遙鈴添人愁，千年道行何時修？

道行啊！何時修？

桃九妹悠然醒來，見胡偉冠如此痛苦，趕忙上前扶住。

桃九妹：「大哥，有要緊無？」

胡偉冠：「我……還忍得住，聖僧，狐狸皮可曾揭下？」

濟顛：「揭起來了，胡偉冠，恭喜你了。」

胡偉冠：「恭喜我？」

濟顛：「揭狐狸皮，失你道行，但是反過來，你已經變成凡夫俗子，從今以後你可以大聲向人說：『我是人，不是畜牲了。』」

胡偉冠：「啊！我是人了，我是人了！」

這時，梆子腔的背景音樂也適時映襯氣氛，一種喜悅、慶生的情調瀰漫全場。

三、結論

歌仔戲生發於民間，是民間文化的結晶，也是臺灣本土戲劇的代表。從農業社會到現在一直扮演相當重要的角色，它寓教（忠、孝、節、義等道德規範）於樂，而且雅俗共賞，尤其是哀懼情緒，入人意內，充分表現人類的某些情緒基型。

儘管歌仔戲的形式內容有新舊之分，但它的藝術特質與感人的力量，卻是一致的，儼然是臺灣群眾的精神食糧。對那些弱者或隱忍折辱的生命心理，歌仔戲經常釋放影響力，使他（她）們的情緒得以緩和。顯然地，歌仔戲與心靈淨化問題，是值得肯定，並且積極探索的。

透過戲劇特質的了解、淨化理論的整合與觀照、戲劇分析與魅力解讀，我們嘗試一種美學與心理學上的思考，並且詮釋歌仔戲的「奧祕」。

第二節　孫翠鳳的戲劇世界

一九二九年，「明華園歌劇團」立足屏東潮州，巡演全省。七十多年來，大力推廣歌仔戲表演藝術，也締造歌仔戲的奇蹟，更寫下臺灣歌仔戲的輝煌史頁。

「明華園」的金字招牌，由老團長陳明吉打造，第二代團長陳勝福精心擘劃，拓展戲路，再造表演高峰。其中關鍵在於家族劇團的同心協力。不過，主要靈魂人物，不能不說是孫翠鳳了。她二十六歲與歌仔戲結緣，令人覺得不可思議，三十歲全心投歌仔戲，當祖師爺的女兒，更令人敬佩欣羨。她的傳奇性值得探索。這裡特別透過林明德教授與孫翠鳳小姐的精采對話，建構孫翠鳳的戲劇世界。

林明德：

孫翠鳳是「明華園」的靈魂人物，她既得意於劇場表演，也風靡於現實人生。爲了解讀「孫翠鳳」，我們擬試從幾個層面來對話：

1. 歌仔戲的因緣；
2. 舞臺經驗；
3. 得意戲齣；
4. 歌仔戲的期許。

先談第一個問題。

一、歌仔戲的因緣

孫翠鳳：

很高興來參與這場精緻可愛的座談，這是我第一次跟林教授坐得這麼靠近，而且是「單獨」，通常中間都會隔一位陳勝福。許多人常問起我，怎麼會嫁給陳勝福這「其貌不揚」的人？爲免多費唇舌跟人解釋陳勝福的才華洋溢，所以我們現在都很少一起出現。不過，陳勝福眞的是位很有才華的人，所以才能拴住我這優質的女性！

今天我就針對林教授給我的這些問題來對談，我跟歌仔戲的因緣可能比較特殊一點，我是因為結婚的緣故，把我帶進歌仔戲的世界。如果說我這輩子沒有遇到陳勝福，我不可能站在舞臺上，不管是歌仔戲的舞臺或是其他表演舞臺，完全都不可能，因為我自己不知道我有表演的潛能！我只知道我在高中時代很活潑很好動，常參加許多社團。不過我以前參加樂隊，已經可以看出一點點的表現慾，可是我沒有想到我可以做到這樣的程度。所以，我的潛能真正被激發出來應該在「明華園」，再追究其原因，應該是陳勝福。

因為「明華園」是個大家族，要讓一位在大都會長大的現代女性，完全投入一個完全陌生的傳統大家庭，老實說，我在前兩年非常不能適應，每次過年過節要回這大家庭，是我心理壓力最大的時候；而且我覺得大都會女性嫁入這個大家族，應該會有她的優越感與自信心，可是我發現在這個家族裡，我完全像個隱形人，這個家族有沒有我孫翠鳳，一點影響都沒有，所以我都用逃避的心情回去。因為大家族濃厚的家族觀念造成了生活上的不適應。印象最深刻的是過年發壓歲錢，我第一次回去的時候還問陳勝福：「是不是該表示一下？」因為，我不會唱歌仔戲沒有什麼貢獻。結果陳勝福說：「我們家不用包紅包，我們等著領紅包！」我後來才發現他們家是把所有的收入全貢獻給這個家族（劇團），然後由老爹、媽媽去應付，所以每一房的生活起居都沒有問題，柴米油鹽醬醋茶你都不用擔心，只要好好地演歌仔戲就是了。

所以，在這個家族裡，不管你年紀多大，只要你有需要都可以伸手跟老爹要錢，也由於各房無私的貢獻，所以老爹也讓他們沒有演戲之外的其他擔憂。各房只要把歌仔戲演好，把戲金領回來交給老爹，讓這個劇團可以繼續地運作。

當年，我拿到第一個紅包心裡覺得很慚愧，因為每一房無論是演小生、演小旦，大家幾乎都在「明華園」的舞臺上奉獻，他們得到這個紅包是一年辛苦累積下來應得的獎勵，而我這個「外省婆仔」也得到相同價碼的紅包，一視同仁，這一點就是這個家族讓我感動的地方，在這個「人盡

其材」的「明華園」家族，它等於包容了一個外來的異類。

　　其實，當初我嫁進「明華園」家族時，我替他們整個家族只從事一種工作（演歌仔戲）感到擔憂，因為當初歌仔戲的社會價值還不被重視，可以說是黃昏事業。我很擔心萬一歌仔戲沒有明天，整個家族都將瀕臨失業。後來從長輩口中得知，歌仔戲最艱苦的時候應該是在物力艱困的草創期，戲服、頭片都需要靠自己手工完成，一穿出場就是「俗擱有力」，儘管沒有如京劇般的綢緞、繡工，卻更激勵了從業人員積極努力。因為只有讓觀眾肯定、支持，才能走更長的路程！

　　「明華園」從一九二九年老爹創團以來，經歷了許多艱苦時期，從草創初期缺乏物資到思想控制的日治時代，例如：日治時代演歌仔戲由於思想被控制，歌仔戲被迫演「日本戲」，也就是拿日本劇本、穿日本和服、唱日本歌謠，傳統本土的歌仔戲只能「偷演」，這對傳統文化的傷害很大。一直到現在都還留下它的產物──烏撇仔戲（Opera）。在我不知道歌仔戲這段滄桑歷史之前，我總覺得內容不倫不類，而排斥她。可是，知道這段歷史真相之後，我只有傷痛的感覺，自己的文化竟然在外來民族統治之下，產生了這麼巨大的改變與影響。

　　除了我個人的婚姻關係之外，了解「明華園」這些歌仔戲從業人員的心路歷程，與他們對於歌仔戲所投入的熱情心血，也是促動我去學習歌仔戲的主要原因。

二、舞臺經驗

林明德：

　　這段因緣的確是孫翠鳳人生中最重要的一個轉捩點，如果沒有進入到歌仔戲世家，她的潛力也無從發揮。所以，她也提供了範例，某些潛力在機緣之下是可以被激發的。從投入到現在，她演過的戲碼不計其數，而且深受好評，接著我們來聽聽她的舞臺經驗。

孫翠鳳：

　　提起我的第一齣戲，讓我覺得那是一個非常青澀又溫馨的時期，也是

人生中漂亮的火花。

其實，「明華園」整個家族從沒有一個人強迫我去演歌仔戲，反而是我自己覺得對這個家族沒有任何貢獻，有點不好意思。我的那些妯娌不是小生就是小旦，都是舞臺上的佼佼者，偏偏第三房的陳勝福是歌仔戲的逃兵，因此也就特別容許他娶一個對歌仔戲沒有貢獻的人！一開始由於我的閩南語太「破」，只有看戲的份。當時能在臺下看戲的只有四個人，一位公公、一位婆婆、一位陳勝福，另一位就是我。在這看戲的過程中，我被這個家族的熱情所感動，這團體有個不成文的規定，就是老爹的七位兒子都可以帶領一個副團出去表演，但是大公演時必須全部聚集回來。通常主角都是媳婦，而這媳婦的來源就是從「明華園」的各期招考學生中來物色，然後再將這些未來的名角娶進門，這樣就永遠成為陳家人。而且陳家的家教特別地嚴格，這大概跟「明華園」常演出忠孝節義的劇碼有關，老爹、媽媽都以身作則，所以老爹娶了六個老婆，這些不同媽媽的小孩們卻同樣願意共同為「明華園」奮鬥。

我一直在思考這個問題，追根究柢，可能只有一個原因，那就是老爹的肚量。他讓每一房的小孩都感同身受，認為自己是老爹最重要的孩子。後來我們在回憶的時候才發現一個祕密，老爹都會偷偷地塞錢給每個孩子，並且說一些悄悄話：「這一百塊只有你們這一房有，別房沒有哦！」結果是每一房都有。但是也因為他自己不享受而且深具包容心，讓他的子女妻兒大家過得安穩，所以我們才這麼同心協力地為「明華園」打拚！

(一)戲劇與現實

話說，我剛嫁入「明華園」家族的時候，所有的媳婦都是各劇團找來的佼佼者，幾乎是隨時可以上場的少團主、少夫人。我第一次看戲是老六帶團出去的戲，當天六弟妹（潘金蓮）是演苦旦，這是戲份很重的角色，尤其是早期歌仔戲苦旦單獨唱一個鐘頭都沒問題。那天的劇目是〈沉香救母〉，苦旦演的就是被關在華山風火洞的三聖母，她的孩子沉香（鄭雅升）一上臺便說：「阿母你在何處？」我就聽到潘金蓮小姐在後臺說：「啥人在找阿娘？啥人在找阿母？鹽拿給我！」我那時候以為她臺詞說錯

了，風火洞裡哪有鹽？結果我到後臺才發現她身著古裝正在煎魚，而且耳朵還專注聽著前臺的風吹草動，這讓我十分震撼，原來陳家媳婦的工作與生活是分不開的。那時我只有一個僥倖的想法：「還好我老公不會唱歌仔戲。」後來我才知道劇團當天劇碼竟然也決定了當天的菜色，演王寶釧苦守寒窯，演員們當天就有滷肉可吃，因為王寶釧寫血書一段大概可演半個鐘頭，下場之後便有香噴噴的滷肉了。

(二)潮州劇團，北部發展

其實，這都只是生活的歷練而已。最辛苦的是生小孩期間，因為戲班人手不足，所以孕婦也得演出，陳勝福就是我婆婆唱梁山伯祝英台時在鑼鼓點中出生的。到了我們這一代雖然都有坐月子，但是都沒坐滿，這對我的娘家而言簡直是不可思議的事情。這樣為歌仔戲付出的家族讓我十分感動，但真正促成我加入表演的是在一九八一年國父紀念館演出，那是歌仔戲第一次進入國家級藝術殿堂，所以「明華園」慎重地將所有的子弟兵召集回來，老爹認為「明華園」既是最後一個走出內臺的團隊，也要當第一個重回內臺的團隊！那時的藝文界還沒有像現在這樣重視歌仔戲，還好當初有林教授這一批為歌仔戲請命的學者專家力保，歌仔戲才有機會繼續在專業的劇場舞臺上演出。但是，那時候的經費只有二十萬，而「明華園」卻又是大布景大製作，初步估計就要一百二十萬，相差一百萬元，「明華園」沒有任何一房能負擔得起。這時候老爹就發揮他過人的指揮能力，將成本分攤給每一房，每個人都被賦予工作與任務，而祖師爺也在這時候點名點到我了。

(三)第一齣戲

當時因為缺少一名女婢，所以團員們主動幫我化妝梳頭，讓我對自己的扮相滿意，引起我的興趣，然後就硬著頭皮上臺表演，這也是我第一次為「明華園」盡力。不過，那時我還不會說臺語，北京腔調很重，所以第一次就是以顫抖的蘭花手演「啞巴」丫鬟，也是第一次舞臺經驗。

演了第一次的丫鬟之後，點出漂亮的火花，劇團對我的期待突然變高了，十分看好我，甚至還開會要我回家族來演歌仔戲，連我先生也來說服

我。他們提出了三點來說服我；第一，記憶超好，第一次走位都正確；第二，膽子夠大；第三，有自創能力。但最重要的是第三房都沒人爲「明華園」盡一點心力，就這樣，我回到了「明華園」。當時，我已二十六歲。不過，我足足跑了三年龍套，三年都是演不能開口的角色：奴才、女婢、太監、旗軍仔、禽獸，即使有口白也絕對不超過三個字。

所以我就開始練習臺語，解決語言上的致命傷；我絕口不說國語，就這樣磨了好幾年，終於有個山賊的角色可以表演，不僅有口白「手夯單刀走天下」可說，還有押韻的四句聯：「路我開，樹我栽，石頭我輪過界，欲過此寨留下買路財！」結果因爲聽不懂「草寇」的臺語唸法，而鬧出許多笑話，才發現臺語眞的是門深奧的學問，從此以後我又被冰凍了。

㈣演出前的準備

在這開口與不開口的表演過程，歲月忙裡過，我已經接近三十歲了，演文戲還過得去，但是武戲可就不行了。那時總有重重的挫折感，但我喜歡歌仔戲，我想成爲專業演員！對一個三十歲的人而言，要投入一個不被看好的職業，從零開始需要多大的勇氣？不過，我喜歡「明華園」那種生命共同體、一起奮鬥的感覺，所以經過深刻反省，我決定加入。於是我告訴自己，不能再坐冷板凳了。我跟劇團前輩要求練功，希望終有一天我要演樊梨花。當時劇團沒人看好我，第一堂課「拉筋」就讓我嚐到五馬分屍的感覺，痛到眼淚狂流，當下想打退堂鼓。但一想到站在臺上演出的感覺——我好喜歡，還是咬著牙堅持下去，甚至還比一般演員花數倍時間，也因此造成了許多強迫性的傷痛，至今無法痊癒；可是我只要站上舞臺，聽到鑼鼓點，看到觀眾對我的肯定，這些痛楚就全拋到腦後了。

三、細數得意的幾齣戲

終於，臺北社教館的那場《劉全進瓜》讓我演了第一次的女主角，那時「明華園」要徵詢還要考試，劉全妻李翠蓮的人選確定了之後，讓大家很訝異，因爲當選的人是孫翠鳳，排演的時候我才發現原來我身上有那麼多的傷痕，在一場下地府的文戲裡，我有相當多的身段，但是「明華園」

沒有排練場，演員在廟口鋪著薄地毯便在不甚平坦的石頭地開始排演，連個遮風遮雨的地方都沒有。整整一個月下來，我的腰部一直隱隱作痛，後來還是我婆婆發現，才去讓拳頭師父幫我去除瘀血。我就是一個到達忘我境界的演員，也成就第一個得意的作品。

後來轉任「小生」是在《紅塵菩提》演趙伯敬，這雖然是第二小生，卻是我在「明華園」第一回演小生。之所以演小生，恐怕跟我的聲音有很重要的關係，天生粗獷的聲音加上俊美的扮相，成為我扮小生的重要因素；我想這「牛聲馬喉」將會破壞觀眾對小旦的整體印象。當年我要改變角色的時候，本身也是有些害怕，無論是臉型、身材都沒有一點男子氣概，不過勇於挑戰的個性，我還是決定要試試看。之後我就常常催眠自己，要從內心散發出男人的氣息，這樣走起路來才能虎虎生風，加上嗓門大，十足男人味，演出後果然還滿有架勢的！後來，劇團發現我的進步，所以他們也留了許多演出機會給我。在這三年的小生適應期之中，我開始觀察男人，並且變得很男性化，一直到我先生提醒我：「太太的影子不見了！」我才驚覺我竟然入戲這麼深、改變這麼大！但是我覺得我很幸運，這輩子當女人竟然還扮演男人，甚至走入男人的世界，那是一種很「爽」的感覺！

㈠進入角色的內心世界

林明德：

可以看得出來孫翠鳳對演出前的準備，要用心揣摩小生的一舉一動，她對角色的人格氣質怎麼想像、體會？在演出幾個重要的小生時，要如何進入角色的內心世界，以展現他們不同的氣勢？

孫翠鳳：

在歌仔戲的術語裡，「粗角」指的是文生、武生、老生、花臉之類的角色，這些大都難不倒我，讓我覺得落差比較大的就是小生與花臉，在我演楚霸王項羽之前，我都是演文生或文武小生，像劉全、皇帝將相，可是項羽是個年僅三十的一代梟雄，卻讓後代不斷傳頌，其中必然有他特殊的人格特質。當我在演出的時候，我用的是「軍官」的心態來表演，因為項

羽生長在世代爲將的家庭裡，所以他有著一股謹嚴的貴族氣質，不像「目眶掛時鐘」的小生一出場都帶著笑臉，馬上就能贏得如雷掌聲。可是，我所詮釋的項羽不苟言笑，除了遇到心愛的虞姬之外，幾乎沒有笑容，他的一生精力都用在國家大計，過得十分嚴肅！這也是我在「明華園」演項羽不同於其他劇團的主要原因。

(二)突破現狀

演了十多年的小生角色之後，我想突破現狀，在「明華園」編出《獅子王》的時候，馬上觸動我演花臉的念頭，這是我唯一遺漏的表演行當。結果，劇團的人全部反對，因爲花臉必須「勾臉」，這對喜歡愛斯文小生的歌仔戲觀眾而言，並不是一件容易接受的事，甚至從沒有人爲花臉貼賞金。於是我開始說服身邊的人，希望能幫我突破現狀，完成我這未表演的行當。後來，劇團終於答應，但是有一個條件，就是勾臉必須要有「美感」，只能象徵性的畫粗眉，不過我還是把眉毛畫成了暴眉，還用了紅、藍、綠等大膽色調，並且開始尋找許多有關花臉的素材。這時我才發現，花臉與武生要大刀的力道與動作是完全不一樣的，花臉是更甚於武生的粗獷耍法。那時只剩下意志力在支撐我，這當中也將我的健康給賠了進去。不過能讓我一償夙願，也獲得不錯的評價，所以觀眾才是我演出的最重要的評審。

四、對歌仔戲的期許

林明德：

就我的了解，一個演員如何去揣摩角色，進去他的世界，並非一件容易的事。《楚霸王》的確是參考了《史記》裡的〈項羽本紀〉，以嚴肅的造型爲虞姬而哭來詮釋愛情，而《獅子王》又改變了表演角色的慣例。以一個演員的投入觀點來看，恐怕非一般評論家或觀眾所能了解，這一點我覺得很難得。

孫翠鳳：

長期以來，觀眾的看戲習慣，是建構在婦女與婦女之間的情結，所以

婦女朋友特別比較喜歡看歌仔戲。其實，一個好演員不應該只是被定位在扮相漂亮英俊而已，應該是可以賦予角色的生命力，也應該改變觀眾的思考，不應該只看小生而已，畢竟劇團的成功是由所有角色營造出來的！我愛歌仔戲，從困苦的生活提煉堅毅的演藝生涯，我受到戲碼的感動全心演出楚楚可憐的劉全妻詮釋家暴、李鐵拐天仙美男子的驕傲、悲劇英雄西楚霸王。歌仔戲是我的生命、夢想與未來。

　　我對臺灣本土劇種歌仔戲的願景，感到樂觀，希望大家一道來關心、疼惜歌仔戲。

林明德：

　　歌仔戲是臺灣的本土劇種，百年來，她陪伴先民走過漫長艱辛的歲月，也撫慰無數受辱挫折的心靈。然而，二十世紀七〇年代，臺灣社會驟變，民俗藝術沒落，甚至瀕臨滅絕邊緣，幸賴一些學者專家的呼籲搶救，才出現新契機。一九八一年，「明華園」首次進入國父紀念館演出，掀起歌仔戲風潮，孫翠鳳躬逢其盛，締造史頁。透過這次對話，我們終於了解孫翠鳳這個人，也發現「明華園」的奇蹟。

第三節　舉世唯一僅有的劇種——臺灣布袋戲

一、臺灣意象

　　二〇〇六年，行政院公布二十四個臺灣意象票選結果，由布袋戲奪冠，第二至第五意象依序為玉山、臺北１〇１、臺灣美食，與櫻花鉤吻鮭。

　　在尋找臺灣意象過程，布袋戲能夠脫穎而出，充分反映了兩百年來，它已成為斯土斯民的集體潛意識。

　　從世界戲劇史上看，臺灣布袋戲是稀有的劇種，涵藏多樣元素、表演獨樹一幟、完整的文化底蘊，更帶出文創的新路向，從而型塑傲世的布袋戲藝術文化，且以軟實力鋪寫文化奇蹟。因此，被大家認定為「國家意

象」代表，其意義自是不凡。

二、布袋戲傳奇

　　布袋戲發源於中國閩南，隨移民傳到臺灣，經過長期傳承衍變，逐漸呈現深具本地特色的劇種，更發展出獨步全球的布袋戲文化。

　　臺灣布袋戲的發展歷程，密切結合社會趨勢，由早期的南管、潮調布袋戲，而北管布袋戲、皇民化布袋戲、反共抗俄布袋戲、金光布袋戲、電視布袋戲，到霹靂布袋戲。而布袋戲劇團分布各地，形成亮麗的布袋戲地圖，當中，以臺北「小西園」、「亦宛然」，雲林「新興閣」、「五洲園」最具代表，門派開枝散葉，風格別具（見圖2-2-2～2-2-3）。

　　布袋戲宛如一則瑰麗的傳奇，是臺灣子民的共同記憶。

三、綜合藝術

　　布袋戲含攝文學、戲劇、音樂、說書、雕刻、彩繪、刺繡、製作等元素，成為一種豐饒多元的綜合藝術。

　　布袋戲之美，大概有幾個面向，包括：戲偶、道白（口白）、音樂與

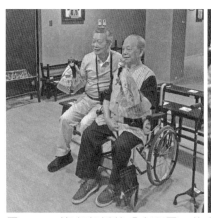 

圖2-2-2　筆者與新莊「小西園」的　圖2-2-3　許王專注掌中公偶。（許王）
　　　　　許王合照。（許王、金成
　　　　　財）

戲棚（戲臺）等。戲偶角色分生、旦、淨、丑、童、雜、獸；道白爲前場主演的看家本領，必須分清生、旦、淨、末、丑的口白音，能維肖維妙的聲腔表出；音樂指後場曲樂，分文、武場，配合劇情演奏；戲棚爲演藝舞臺，或精雕細琢的彩樓，或彩繪布景。

因此，布袋戲可說是一種小而美的戲劇藝術。

四、高難度的表演家

布袋戲分前、後場，前場爲主演，是演出的靈魂人物，全戲口白由主演負責，他必須五音分明，掌握八聲七情，熟記角色身分，唸出四聯白（定場詩），適時表達文學典故、俗話、諺語，以貼近常民生活經驗，引起共鳴，臨場即興表演說書人的眞功夫。

後場指音樂演奏，文場是悠揚的管弦樂，以襯托文雅、哀怨的氛圍；武場爲鑼鼓聲，以鑼、鼓節奏表達打鬥、急促的動作。

布袋戲由前、後場組合，而主演一人多藝的展現表演家風範，其高難度是舉世罕見的。

五、布袋戲的故鄉

雲林是臺灣布袋戲的故鄉，五洲園、新興閣兩大門派代代相傳，藝師輩出，全縣一百多個劇團，堪稱臺灣第一。

更難得的是，其表演形式多樣，傳統、金光、電視布袋戲，三者兼備，從而締造堅實的布袋戲文化。長期以來，關係且牽動布袋戲契機的當數黃海岱一家了，一門四代，瓜瓞綿綿，偶藝薪傳，後繼者獨闢偶戲表演境界，開出文創新路向。

「五洲園」是雲林的光榮符碼，黃門累積的布袋戲文化，不僅寫下臺灣戲曲的輝煌史頁，也締造偶戲的奇蹟，更擦亮布袋戲故鄉的金字招牌。

第四節　雲林是布袋戲的故鄉

　　一九九〇年，交通部觀光局規劃「臺北燈會」，以「民俗文化根，傳統國際化」作為活動訴求，同時整合傳統民俗元素，正式於元宵推出大型觀光盛會，從此，元宵節又稱觀光節。

　　前十年，燈會活動地點是在臺北市中正紀念堂，結合鄉土、傳統、現代與科技的展現，透過各式花燈展示與國內外民俗技藝表演，不僅締造了臺灣觀光的新契機，也打開國際旅遊的知名度。二十多年來，此一全國性的燈會，由臺北點亮，改名臺灣燈會，逐年傳遞臺中、高雄、臺南、嘉義、苗栗、彰化、桃園，一路風華，燈會成為聚集人潮，帶來商機的保證。因此各縣市極力爭取，例如雲林縣曾九次爭取舉辦，都宣告失敗，但他們鍥而不捨，終於「搶到」二〇一七年的主辦權。李縣長率團赴桃園接棒，高呼「雲林準備好了！」並期許明年臺灣燈會在雲林一定會成功、很出色。

　　接著媒體不斷出現籌備的相關報導：二〇一七年等你來，雲林燈會逗鬧熱，邀請長榮交響樂團演出，主燈選定兩地，就等著明年發光；燈會是雲林的「大代誌」，亟需志工八千名，縣府發號召令，希望全縣與旅外鄉親總動員；就交通、觀光，訂出雲林十條觀光路線與臺灣燈會七縣市整合行銷策略。

　　交通部觀光局表示，雲林縣府是最積極籌備的單位。凡事豫則立，雲林李縣長的團隊與縣民對臺灣燈會的積極投入與妥善的規劃，相信其成功自是可期的。

　　個人覺得，在群情激昂，預想熱鬧喧譁的情境，不妨冷靜、沉澱片刻，進行一些省思。

　　雲林位於臺灣中南部，是嘉南平原的最北邊，與南投、彰化、嘉義三縣接壤，西臨臺灣海峽，是典型的農業縣，人口約七十多萬人，縣內古蹟有振文書院、北港朝天宮、麥寮拱範宮；傳統藝術有粧佛、木雕、布袋戲；重要民俗則有牽水轤。當中，布袋戲一項尤其稀有可謂珍貴的文化資

產，在臺灣布袋戲發展史上，雲林有布袋戲故鄉之美譽。洲（五洲園）、
閣（新興閣）兩大門派，薪火相傳，藝師輩出，又開枝散葉，目前全縣有
近百個劇團，堪稱臺灣第一。其表演形式，傳統、金光、電視布袋戲，三
者兼有，加上布袋戲電影、卡通，多元展示偶戲文化。更難能可貴的是，
從傳統出發，締造霹靂布袋戲獨特的文化創意產業，這些亮麗的成績，毋
寧證明了傳統文化的活化與偉大，這是雲林獨步全臺的無形文化資產。

　　一九九○年，基金會執行「雲林國際偶戲節」，我們秉持「挖掘族群
人文，整合民俗藝術」的理念，經過兩年的籌備，為擴大、深化活動的內
涵，開出三個面向（見圖2-2-4～2-2-6）：

一、動態表演：風雲際會部分，敦邀三大洲八個團隊；臺灣偶戲大會師，
　　由布袋戲、皮影戲，與現代偶劇十一團擔綱。安排十九團於斗六、
　　古坑、西螺、虎尾、麥寮、褒忠、臺西、北港等八個鄉鎮市，輪流
　　演出，擴大表演空間，讓大家見識到國際偶戲的奧祕。值得一提的
　　是，同步出版雲林國際偶戲節
　　活動專輯《偶戲乾坤》，作為
　　導覽，觀眾一卷在手，按圖索
　　驥，尋幽訪勝。

二、世界偶戲之旅：除靜態的世界
　　偶戲文物展示外，現場又安排
　　動態workshop演出，呈現不同
　　國家劇團的偶戲形貌、戲偶製
　　作與表演環境，讓觀眾輕鬆愉
　　快的進入偶戲世界，留下美好
　　回憶。

三、國際偶戲學術研討會，這是臺
　　灣首度召開的國際性偶戲研討
　　會，我們邀請十九位國內外偶
　　戲學者專家及偶戲劇場工作者

圖2-2-4　《2004國際偶戲學術研討會論
文集》。

圖2-2-5 《1999雲林國際偶戲節活動專 圖2-2-6 《1999國際偶戲學術研討會論
輯》。 文集》。

對話、論述,藉由多元文化的接觸,爲本土偶藝注入活力並開拓視
野。爲了提高能見度,我們把地方性的活動延伸到都會,假臺大思亮
館舉行研討會,當時媒體聚焦,熱烈爲活動專論、報導。曾永義院士
還撰寫一副對聯敘述盛況:

偶戲大觀觀世界,
大觀偶戲戲人間。

基金會並推出《1999國際偶戲學術研討會論文集》,爲活動也爲雲
林更爲臺灣留下寶貴的紀錄。

臺灣燈會是元宵節的應景活動,其熱鬧喧譁是一時的,時過境遷,往
往只留下繽紛如煙火般的印象。而布袋戲則是雲林常民文化的結晶,珍貴

的無形文化資產。在臺灣燈會光照雲林時，期盼也點亮文化立縣的願景，積極挖掘布袋戲底蘊，建構優美的偶戲文化，讓雲林成爲名副其實的「臺灣布袋戲的故鄉」。

第五節　走過百年小西園

我與小西園的結緣是在一九七〇年代，屬於廟會戲棚下的觀眾，深深被許王的偶戲藝術所感動。一九八〇年代，我加入基金會，爲規劃民俗活動，安排出國演出，或推薦表演藝術獎項，對小西園才逐漸有更深刻的了解，眞正認識到布袋戲前場主演人偶一體與後場鑼鼓點所展現的藝術魅力。

在與小西園的認識基礎上，一九九七年元月，我被基金會推派主持文建會的「布袋戲許王技藝保存案」，爲期二年半，先後執行了藝師技藝的影音與文字紀錄、經典劇目、曲譜的整理，繳交五類型十四齣戲的成績。這段期間。由於密切的接觸、多方的觀察，追蹤戲路、深入訪談，在不設防的情境下，眞正見識到許王這個人，也解讀了小西園符碼。

一、第一代許天扶藝師奠基

許王的父親許天扶（1893～1955年）出身新莊，十五歲拜在南管師傅「金水師」門下學藝，十八歲到「錦上花樓」當頭手。一九一三年，買下板橋「四時春」戲籠，自組「小西園掌中劇團」，以俐落的動作、清晰的口白聞名臺北城，爲新莊「布袋戲窟」增添光采（見圖2-2-7～2-2-10）。

他熟諳南管戲文，也吸收北管戲的菁華，不僅文尪身段演得漂亮，且擅長跳窗仔、打藤牌等特技，與臺北盧水土「宛若眞」齊名，並稱爲「臺北龍虎籠」。天扶師的招牌戲碼爲三公戲——《濟公傳》、《施公傳》與《彭公案》，最能展現看家本領，讓觀眾爲之癡迷、陶醉。

一九二三年，日本裕仁皇太子訪臺，當局邀集臺北市各子弟軒社以各種戲曲、陣頭、藝閣五十三隊盛大歡迎，許天扶「小西園」曾受邀演出；一九三三年七月六日晚上八點，天扶師在臺北草山（今陽明山）為日本皇族久邇宮殿下演出《二才子》與《武松打虎》，細膩巧妙的偶戲表演，贏得觀賞者的高度肯定，當時的《臺灣日日報》也大幅報導。

圖2-2-7　許王2001年獲第五屆國家文藝獎。（許王／提供）

圖2-2-8　臺上賣力演出的許王。（許王）

圖2-2-9　1998年許王在臺灣民俗技藝節以人偶會演的方式演出《天水關》。（許王）

圖2-2-10　獲國家文藝獎的許王上臺致詞。（許王／提供）

　　一九三七年，日本在臺灣推行皇民化政策，全面禁鼓樂，戲曲界一片蕭條。天扶師為了謀生，於一九三九年，與夫人帶著三歲的次子許王及兩位後場樂師渡海到廈門發展，但並不得意，妻死異鄉，處境淒涼。

　　一九四一年，許天扶帶著太太的骨灰與幼兒返臺。許王曾回憶這段經歷說：「我四歲學布袋戲，五歲學打鼓，六歲站在板凳上當父親的助手。」

天扶師返臺後重新出發，憑著一身精湛偶藝展現亮點，成為「小西園人形劇團」演師，因風評甚佳，受邀進入「榮座」公演日本劇，如：《鞍馬天狗》、《黑頭巾》、《水戶黃門》。

二、第二代許欽、許王接棒

一九四三年，日本徵召臺灣藝人勞軍，組成「慰問隊」，「小西園」亦在編列之中，天扶師帶著長子許欽，隨慰問隊到各地日本軍團表演，走遍臺灣北、中、南。

一九四五年，臺灣光復，廟會活動再現生機，戲曲演出蔚為風氣，天扶師租用「金龍環」戲籠演出，稱霸臺北布袋戲界。他的演戲祕訣是：「一緊（快）二慢三休。」也就是情節該快就快、該慢就慢、該結束就結束，乾脆俐落。

他用心經營劇情，展現戲劇張力，因此能引人入勝。一九四七年，許天扶以一齣《武當劍俠‧斷電光手》，轟動士林、松山等地。次年，政府禁演外臺戲，布袋戲團紛紛轉入戲院。

一九四八年，許王十三歲，畢業於新莊國小，立即被父親安排擔任二手。一九五一年，布袋戲外臺戲全面開禁，「小西園」、「亦宛然」曾有幾次的「雙棚絞」，為布袋戲界帶來熱鬧與活力。這時，五十九歲的天扶師因聲音沙啞、年紀大，決定讓十六歲的許王接棒，擔任「小西園」頭手，自己則退居二手。次年，他正式退出布袋戲界，許欽、許王均分戲籠，許欽以「新西園」自立門戶，許王則接掌「小西園」。

一九五五年，天扶師病逝，享年六十三歲。他的布袋戲生涯五十年，從南管齣、北管齣到劍俠戲，一一親身參與，用心揮寫臺灣布袋戲的史頁，堪稱是一代藝師。

三、許王的傳承與發揚

許王在父親有意調教下，十六歲正式擔任主演，他的「破筆戲」（開戲）文戲是《二才子》、武戲則為《青龍關》，可說是深得天扶師的眞

傳，文、武兼擅。面對當時炫目的金光戲，他臨危不亂，運用他的編劇才能，改編歷史劇、平劇，為傳統布袋戲注入新血，留住忠實的戲迷，也吸引新的觀眾群。

一九六四年，他改編《三國演義》，將平劇的場次、情節、音樂運用於掌中戲，演出《古城訓弟》，奪得全省戲劇比賽的冠軍。

許王專心操偶，期望人偶一體，為求漢文口白精準的發音，他請教漢文先生；為安排情節，他聘請排戲先生吳天來傳授心法；為了吸收平劇的特點以豐富掌中戲，他與後場樂師一起學平劇，請平劇老師教鑼鼓、曲牌、身段及唱腔；閒暇時，他閱讀小說、書報，為編新劇尋找靈感。深厚的家學基礎，加上積學養氣與靈活的戲劇基因，終於讓他集編、裁、導、演於一身，在偶戲乾坤盡情揮灑。

他擅長各類戲碼，其傳家戲齣共五類數百種，包括：籠底戲（如《湯伐夏》）、改編歷史章回小說（如《魚藏劍》）、改編平劇（如《蕭何月下追韓信》）、北管戲（如《鐵板記》）、創作劍俠戲（如《龍頭金刀俠》）等，因此，戲迷誇他「滿腹戲文」，同行藝師稱為「戲狀元」。他超人的編劇才華與裁戲能力，不少同行主演遇到排戲難處時，只要一通電話打到他家，馬上化解困境，因而有「電話解幕」的趣事，一時傳為佳話。

四、小西園、許王屢獲獎項

一九七八、一九八〇年，臺灣地方戲劇比賽，許王再度以《古城訓弟》以及《華容道》分別贏得冠軍，由於演技精湛扎實，念白典雅優美，不僅建立獨特的身段與後場，更為布袋戲展現一種精緻的綜合美學。

一九八五年，「小西園」榮獲第一屆「薪傳獎」布袋戲團體獎；一九八八年，許王五十三歲獲頒第四屆「薪傳獎」布袋戲個人獎，這毋寧是對他的表演藝術的最高肯定與致意了。

一九八三年，小西園得到日本「人形劇協會」的邀約，巡迴演出二十天，正式以布袋戲開啓文化外交之門。後來陸續進行三十三次國際文化交

流，經歷亞、美、歐、澳、非五大洲，兌現了小劇團的大夢想。他以精采的劇目《武松打虎》、《白馬坡》、《桃花山》與《夫妻重逢》，所到之處，觀眾為之沉醉為之喝采，尤其是各國偶戲藝師紛紛到後場觀摩交流，為「內行人看門道」做了最好的示範。

五、第三代許國良設戲偶展示館

二〇〇一年，「小西園」慶祝八十八週年慶，許王的長子許國良並在新莊老街成立「小西園戲偶展示館」，以厚實布袋戲文化。

同年八月，許王六十六歲，榮獲第五屆「國家文藝獎」，成為傳統表演藝術類的得獎人，得獎的理由是：「他是一位臺灣傳統布袋戲重要演師，從藝六十年，技藝水準精湛，藝術風格圓熟，具有累積成就。近幾年來，於創作與傳承上均有卓越貢獻。尤其難得的是，他身為傳統藝術表演者，卻能與時代脈動同步前進，展現多元演藝與持續創作力。」

這個獎，代表至高的榮譽，更是一種冠冕，對投入偶藝六十多年的許王而言，可謂實至名歸。獲獎者援例要出版藝術大師的傳記，由於機緣，我被推薦為許王傳記的撰寫人，我從多年累積的《小西園偶戲藝術》（未刊稿）抽出部分並多面向整合後出版，書名《阮註定是搬戲的命》。

今年，適逢「小西園」百年，基金會決定出版典藏版《小西園偶戲藝術》，以作為賀禮。在重新校訂舊稿之際，忽然想起國良生前鼎力幫忙的往事與許王老師來基金會老淚縱橫的情景，內心泛一股悲愴，那是來自於臺灣布袋戲命運的撼動。

第六節　坐在輪椅上的藝師

二〇一七年八月二十六日，傳藝金曲獎公布今年得獎名單，「小西園掌中戲團」第二代團主許王獲頒戲曲表演類特別獎。他坐著輪椅以左手接下這個獎，而頒獎者正是帶領小西園進行五大洲國際文化交流（1983～

1996），兌現小劇團大夢想的曾永義院士，這個歷史鏡頭也帶出人生的種種巧合。

許王（1936～）出生於「北管布袋戲巢」的新莊，父親許天扶爲著名的北管布袋戲大師。他四歲學藝，五歲上場表演，十五歲擔任主演。「破筆戲」（開戲）文戲是《二才子》，武戲爲《青龍關》，文武兼擅，深得父親眞傳。《二才子》又名《養閒堂》，是天扶師的拿手戲，一九三三年七月六日晚上八點，他在草山（今陽明山）爲日本皇族久邇宮殿下演出，細膩巧妙的表演，讓觀賞者大開眼界。這齣戲儼然是小西園的看家本領。許王曾追憶：「跟父親學《二才子》的口白，他抄幾場次的口白讓我背；唸口白的方式、節奏都沒標在紙上，完全跟著他，自己暗記下來。」因此，深得眞傳。

許王二十歲時，天扶師逝世，他繼承父業，正式接掌「小西園」。他以戰養名練藝，透過多次戲劇比賽的總冠軍打造「小西園」金字招牌，並榮獲教育部薪傳獎團體獎、個人獎，國家文化獎……的肯定。

一九九七年，國立傳統藝術中心籌備處通過由我主持的「布袋戲小西園－許王技藝保存計畫」，二年多陸續執行了《晉陽宮》、《蕭何月下追韓信》、《二才子》、《魚藏劍》……等十四種的經典戲齣錄製與曲譜整理，既典藏小西園偶藝菁華，也留下亮麗又珍貴的文化資產。

臺灣布袋戲全盛時期，劇團大概有一千團之譜，目前只剩兩百多團，主要類型包括：傳統布袋戲、金光布袋戲與電視布袋戲，其中以金光、電視居多；傳統則屬少數，像「小西園」、「亦宛然」。傳統的表演形態，從戲棚、戲偶、身段、後場、唱腔，都遵循古法演出，延續傳統偶戲的命脈。許王進出野臺戲院、電臺廣播、電視錄製等表演場域，宛如臺灣布袋戲發展的縮影。他鍾情於傳統偶戲，擅長各類戲碼，傳家戲齣共有五類數百種。表演手法圓熟細膩，又集編、導、演於一身，因此，在布戲界有「戲狀元」之譽。

二○○四年十月，「小西園」執行長許國良在泉州洽公往生，年近七十的許王隱忍傷痛，仍奔波於戲路。十一月十四日，他在臺北大龍峒保

安宮搬演《東周列國志・哭秦庭》後，在戲臺中風倒了下來，爲六十年的演藝生涯劃上句點，也告別了他摯愛又熟悉的表演舞臺。從此，每天以左手操偶作爲復健療程的功課。他心繫小西園，關心門徒的演出，於是坐上輪椅，親臨現場指導。左手撐偶，力道、目光、表情加上簡單的語句，師徒有默契，進行一場場意在言外的「心傳」。

　　二〇一七年五月七日，大稻埕戲苑曲藝場有一場「小西園青年主演連本戲傳習計畫」成果發表，戲目是〈仁君與賢臣〉，由邱文科、邱文建兄弟主演，他們都是許王三徒弟陳正義的再傳弟子，文建爲小西團第四代掌中劇團團長。我獲邀觀賞，看到許王坐在輪椅上督促後場，左手撐偶，示意鑼鼓點配合，指導文建操偶動作的「鋩角」。當下讓我肅然起敬。想起昔日風光的戲狀元，今天是坐在輪椅上的藝師。情不自禁冒出一句讚嘆：許王藝師不愧是位勇者（見圖2-2-11～2-2-13）。

圖2-2-11　　許王與他的徒子徒孫。（許王、金成財）

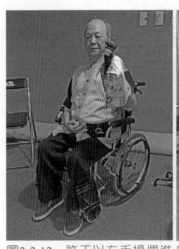

圖2-2-12　許王以左手操偶進 圖2-2-13　許王左手持偶配合音樂，心傳布袋戲的精
　　　　　行復健。（許王、 　　　　　髓。（許王、金成財）
　　　　　金成財）

第七節　覓尋薪傳新途徑——小西園掌中戲匯演

　　「小西園掌中劇團」由許天扶（1893～1955）創辦於一九一三年，是百年的劇團。許氏一門三代始終保持傳統布袋戲的表演形態，堅持精緻布袋戲的表演藝術，在戲臺、戲偶、後場、身段、唱腔上都遵循古制，爲傳統布袋戲延續命脈。

　　「小西園掌中劇團」團長兼藝術總監許王（1936～），十七歲接掌「小西園」，薪傳父親的偶戲藝術，演出一甲子，其精湛的技藝與表演，深獲學者、專家的肯定。

　　瑞典諾貝爾獎評審委員馬悅然（Nils Göran David Malmqvist）教授，是許王迷，只要人到臺灣，一定追逐戲路，在戲棚下凝神觀賞許王的演出。林柳新紀念偶戲博物館館長羅斌（Robin Erik Ruizendaal），爲荷蘭漢學家，精通臺灣民俗藝術，對許王的偶藝讚不絕口，推稱許王掌中戲，已臻出神入化之境。許王擅長各類型戲碼，包括：籠底戲、歷史章回小說、平劇、北管戲，以及自己創作的劍俠戲。家傳加上後天的努力，使他

集編、導、演於一身，特別是神妙的裁戲功夫，更令人驚嘆又佩服。

　　許王投入古典布袋戲藝術，數十年來演出場次超過兩萬場，表演足跡踏遍全球五大洲，累積的演出經驗、劇本手稿、影音資料及各式戲偶、彩樓舞臺，均成為臺灣最珍貴的布袋戲文物。基金會對小西園進行長期且深入的田野調查，並出版《阮註定是搬戲的命》。一九九七年，文建會國立傳統藝術中心籌備處委託我主持「小西園許王技藝保存計畫」，二年多整理十三齣經典劇目，例如：《天水關》、《二才子》、《晉陽宮》、《蕭何月下追韓信》等，內容包括：錄影、劇本、鑼鼓點，與生命史，輝煌的成果，毋寧例證了小西園布袋戲團是珍貴的文化資產。

　　許王除了自身所累積的藝術成就，更積極薪傳絕學，栽培後進，傳人遍及全臺南北。

　　一九五二年，許天扶六十歲，正式退出布袋戲界，將「小西園」戲籠均分給許欽、許王兄弟，每人分得戲臺一座、戲偶八十五尊。許欽以「新西園」自立門戶，許王接掌「小西園」。根據耆老楊振聲的回憶：「『新西園』是我命名的，意思是『新莊的西園』。剛成立時，需要老字號『小西園』在背後撐腰。」因此，他建議許天扶上後臺去坐「新西園」的戲籠，以示通關、認證，既可安定觀眾，又可鼓勵主演（見圖2-2-14～2-2-16）。

　　「戲籠坐陣」演變為小西園對徒弟技藝的認可傳統。許王傳有徒弟十三人，個個都能傳承「小西園」的偶戲技藝。而「覓尋薪傳新途徑——小西園掌中戲匯演」的活動，旨在於強調文化傳承，以認領、觀摩老師的經典劇目，經過純熟的排練，具體呈現小西園的傳統。表演期間，由許王藝師坐上後臺戲籠，重現那一幕六十多年前天扶師的身影。

　　活動以小西園許王「掌中戲」內蘊的偶藝為基礎，透過經典劇目的「薪傳匯演」具體實踐小西園偶戲藝術。個人預期的成果是：一、深入一系列精采的經典劇目，再現小西園偶戲風華；二、透過展演引起大眾對掌中戲的關注、鑑賞，並進一步對傳統文化的保存與發展加以重視，凝聚更多的思考與創意路向，以提升傳統偶戲藝術的價值；三、藉由門生認領、

圖2-2-14　許王與黃海岱。（中華民俗藝術基金會、許王）

圖2-2-15　許王擅長各類型戲碼，操偶的技術更是爐火純青。（中華民俗藝術基金會、許王）

圖2-2-16　位於新莊的小西園是傳統布袋戲劇團。（中華民俗藝術基金會、許王）

觀摩、演出，既可收入門須正、取法乎上（經典劇目）之效，且可內化老師精湛技藝於自身，充實自己，精進演藝品質，為傳統文化的「薪傳」開出新途徑。

　　一九七九年，許常惠教授創立財團法人中華民俗藝術基金會，以「維護民俗藝術，傳承民間藝人之精湛技藝，提高民俗文化的學術價值，充實國人精神生活」為宗旨。曾永義院士接棒，為民俗藝術開疆闢土，我接力往前衝，以「挖掘人文資源、整合民俗藝術、再現臺灣圖像、重塑鄉土情懷」為行動綱領，有系統地積累豐饒多元的人文資源。長期以來，基金會

多次獲頒臺北市、教育部社會貢獻獎，深受肯定。

二〇一二年，基金會獲選為臺北市譽揚藝文組織，感謝基金會對臺北文化藝術的貢獻。

為了進一步回饋社會，我們特別提出此一別出心裁的計畫，希望能獲得支持，共同兌現薪傳新途徑之夢想。

第八節　一個被忽視的文化工程 —— 全國學生創意偶戲比賽

一、前言

偶戲為世界共同的藝術文化，於戲劇發展史上，淵遠流長。在我國，偶戲向為民俗文化的結晶，其內涵多采多姿，能引人入勝，儼然是臺灣圖像的重要標幟。

偶戲，顧名思義，是由藝人操弄各種類型的傀儡或影偶表演者，這種戲劇形式，或稱偶人戲，或名偶戲，其偶戲的範疇概括皮影戲、傀儡戲與布袋戲等三種。臺灣偶戲傳自中國，早期的表演形態也多沿襲原有的特色；隨著臺灣社會的發展，偶戲逐漸在地化，形成特殊的藝術形象與趣味。

二、臺灣偶戲的昔今

偶戲在臺灣的發展過程頗為曲折，從清朝、日治到今天，三劇種經歷幾個不同階段。

一九三七年，中日戰爭爆發，臺灣總督小林躋造為控制臺灣，消滅固有文化，推動連串措施，例如：禁止各報中文欄、廢止農曆的行事曆、廢除祖宗牌位；至於民俗藝術，則禁止傳統戲曲演出，限制鑼鼓、嗩吶等樂器的使用（所謂「禁鼓樂」）。一九三九年，小林總督宣布治臺重點為皇民化、工業化與南進（即以臺為據地的南侵政策）三政策，規定日嚴，傳

統戲曲的演出形態遭受種種牽制，演師只好選擇轉業或歇業或另謀出路。

一九四一年四月十九日，總督長谷川為推行皇民化運動，成立了「皇民奉公會」，並增設「娛樂委員會」，禁止演出中國歷史故事與使用中國、臺灣語言的戲劇。

翌年，在「皇民奉公會」之下，成立「臺灣演劇協會」，作為管制臺灣戲劇的機構，包括皮影戲、布袋戲在內的四十多個臺灣戲班，都被納入旗下，演出皇民劇。

一九四五年，臺灣光復，戲曲恢復活動，偶戲重現民間各種場合的表演。一九四七年，發生「二二八事件」，國府為禁止民眾聚會，限制外臺戲的演出，傳統偶戲或轉入戲院演出，或暫停營業。

光復初期，皮影戲約有百餘團，但七十多年來，皮影戲團變化急遽，藝師凋零，劇團解散，目前傳統的皮影戲團，僅剩高雄幾團獨撐局面，如：大社的「東華」和「合興」皮影戲團、彌陀的「復興閣」和「永興樂」皮影戲團等。

傀儡戲的情況，與皮影戲極為類似。閩、粵地區的懸絲傀儡，隨移民到臺灣，以宗教功能，逐漸生根於南北，南部盛行高雄、臺南，北部則流行桃園、宜蘭。目前南部傀儡戲團有五個劇團經常表演活動，包括：茄萣「新錦福」、阿蓮「錦飛鳳」、路竹「萬福興」、湖內「添福」傀儡戲團與「圍仔內大戲館」。其中以「新錦福」的歷史最悠久，由梁萬、梁天成、梁寶全、梁光熊、梁富榮、梁異偉，一脈相傳，操偶技藝卓越。曾由國立傳統藝術中心籌備處進行《傀儡戲新錦福演師梁寶全技能保存計畫》，俾便薪傳；而薛家「錦飛鳳」以精湛技藝投入國小、中教學與推廣，成果斐然。至於北部傀儡戲重鎮則在宜蘭，有「福龍軒」、「新福軒」與「協福軒」三劇團共撐傀儡技藝。

至於布袋戲，則堪稱臺灣偶戲的異數。布袋戲發源於中國閩南，隨移民傳到臺灣，經過長期傳承演變，逐漸呈現深具本地特色的劇種，更發展出獨步全球的布袋戲文化。

臺灣布袋戲的發展歷程，密切結合社會趨勢，由早期的南管、潮調布

袋戲，而北管布袋戲、皇民化布袋戲、反共抗俄布袋戲、金光布袋戲、電視布袋戲，到霹靂布袋戲。而布袋戲劇團分布各地，形成一張亮麗的布袋戲地圖，當中，以臺北「小西園」、「亦宛然」，雲林「新興閣」、「五洲園」最具代表，門派開枝散葉，風格別具。布袋戲宛如一則瑰麗的傳奇，是臺灣子民的共同記憶。

雲林是臺灣布袋戲的故鄉，五洲園、新興閣兩大門派代代相傳，藝師輩出，全縣一百多個劇團，堪稱臺灣第一。更難得的是，其表演形式多樣，傳統、金光、電視布袋戲，三者兼備，從而締造堅實的布袋戲文化。長期以來，關係且牽動布袋戲契機的當數黃海岱一家了，一門四代，瓜瓞綿綿，偶藝薪傳，後繼者獨闢偶戲表演境界，開出文創新路向。「五洲園」是雲林的光榮符碼，黃門累積的布袋戲文化，不僅寫下臺灣戲曲的輝煌史頁，也締造偶戲的奇蹟，更擦亮布袋戲故鄉的金字招牌。

從臺灣偶戲發展史上看，偶戲隨先民來臺，結合本土，締造藝術形象與趣味，百花齊放，可謂第一次高峰；臺灣光復後，偶戲重現民間，展示活力，根據一九五八年省教育廳的調查顯示，臺灣以人演出的舊戲有二百二十五團，偶戲有二百團，其中布袋戲團僅次於歌仔戲團，為全臺團數第二多的劇種。這些數據正是臺灣偶戲第二高峰的最佳說明了。

一九七〇年代，臺灣社會急遽轉型，人民生活與價值觀念產生相當大的改變，直接衝擊到民俗文化的生態，也影響民俗藝術的命脈與生機，加上廟宇文化消褪，低級趣味流行，大眾對民俗疏離，造成陌生且鄙視，遑論其原始意義、美學與品味的正視了。

經過一場劇烈的鄉土文學論戰後，逐漸激盪出文化主體意識，從此，關懷本土文化蔚為風氣；在民間與官方的努力下，終於繳交一些亮麗的成果。不過，回顧過去，這項文化工程可說是曲曲折折的。一九七八年新象成立，次年中華民俗藝術基金會成立；一九八〇年，施合鄭民俗文化基金會成立，並發行《民俗曲藝》雙月刊；一九八一年文建會成立；一九八四年《文化資產保存法施行細則》公布施行；一九八五年教育部創辦第一屆薪傳獎（一九九五年停辦，共舉辦十屆，影響深遠）；一九九〇年教育部

主辦「北管歌仔戲傳習計畫」；一九九四年，文建會擬定「民間藝術保存傳習計畫」，積極保存瀕臨失傳的民間技藝；一九九六年國立傳統藝術中心籌備處正式掛牌運作；一九九六年，李天祿布袋戲文物館開幕，並展開教育部「布袋戲傳藝計畫」；一九九七年，《藝術教育法》通過、傳藝中心同時展開布袋戲——黃海岱、許王、鍾任壁，高甲戲，皮影戲許福能、林淇亮的技藝保存計畫，整理並典藏為數可觀的經典劇目。

　　近年來文化部文資局指定重要傳統藝術，包括：四個保存團體、十五位保存者，項目則有十七種（北管戲曲、北管音樂、布袋戲、說唱、歌仔戲、布農族音樂Pasibutbut、客家八音、竹編工藝、漆工藝、南管音樂、南管戲曲、相聲、客家山歌、錫工藝、傳統木雕、粧佛、排灣族口鼻笛等），琳瑯滿目，可見民俗曲藝之豐饒與多元了。

　　值得注意的是，在啟動文化工程的過程中，教育部國立臺灣藝術教育館所扮演的角色。自二○○六年迄今的「全國學生創意偶戲比賽」，不僅注入活力，培養文化人口，更有系統地累積相當豐厚的資源。本文擬以全國學生創意戲劇類中的傳統偶戲為例，探討此一珍貴的文化資源。

三、一個被忽視的文化工程—全國學生創意偶戲比賽

㈠構想與實踐

　　二○○六年，國立臺灣藝術教育館依據《藝術教育法》及國民中小學九年一貫課程綱要‧藝術與人文學習領域，為活化各級學校教育，推廣偶戲創意教學，以提升學生藝術與人文之統整能力，特舉辦全國學生創意偶戲比賽。

　　同時藉著學者專家的意見，建構實施要點，以為比賽的法源依據。我們透過「目的」之敘明，大概可以歸納出四點：1.為藝術與人文開拓學習領域；2.活化藝術教育，培養藝術趣味；3.認識偶戲的傳統，強調創意，為偶戲注入活力，開創新契機；4.在師生的充分合作下，由戲本、舞臺、口白、操偶、音樂與整體創意的規劃與落實，讓學生「做中學」，以提升其劇場表演的統整能力。

透過創意偶戲比賽，為藝術與人文課程提供範例，也就是為教學、教法、教材的整合、活潑性興趣性做了一種嘗試，結果展現不俗的成績，令人耳目為之一新。

　　創意偶戲的比賽類別分兩種：一是現代偶戲，一為傳統偶戲。前者包括：手套偶、光影偶戲與綜合偶戲三組；後者涵蓋：布袋戲、傀儡戲與皮（紙）影戲三組，該類特別強調配樂以傳統音樂為主，傳統戲偶演出時間需占較大比例，演出內容並得視演出效果酌加其他創意。

　　演出團隊的參賽學生（包括伴奏、燈光音響及道具操作人員）以十五人為限。表演的戲偶與道具得以任何方式自行準備，亦可自製，不限定使用的材料；表演的臺詞不限定使用何種語言；劇本以符合創作與創新為原則；演出時間，由各參賽團隊自行衡量，以十五分鐘為基準（不得低於十分鐘，也不得超過二十分鐘）。

　　至於評分方式，則配合特殊、最佳等獎項配分，現代偶戲與傳統偶戲兩類略有不同：

1. 現代偶戲類
　　⑴劇本：15%
　　⑵舞臺設計：10%
　　⑶戲偶設計：10%
　　⑷現場表演：40%（綜合考量表演形式，演出技巧成熟度、流暢度及臨場演出反應等。）

　　　在口白與配樂分三種形式，即：①全部現場表演；②配樂錄音但口白為現場（又分演兼口白及口白與演員各自獨立）；③完全錄音（含口白與配樂）。評審將斟酌表演形式的難易度評定分數。

2. 傳統偶戲類
　　⑴劇本：10%
　　⑵口白：25%

　　　口白分兩種形式，即：一、現場口白，又分演兼口白及口白與演員各自獨立；二、完全錄音。評審將斟酌表演型式的難易度評定分

數。

(3)操偶：25%

(4)音樂：10%

以傳統音樂為主，分兩種形式，即：一、現場演奏；二、完全錄音。評審將斟酌表演形式的難易度評定分數。

(5)現場表演：30%（綜合考量表演形式、演出技巧成熟度、流暢度及臨場演出反應等）。

評分方式探中間分數平均法（評審委員須單數人），以求比賽成績的客觀與公平性。依照總平均分數之高低，分三種獎勵，即：特優、優等與甲等。之外，現代偶戲另設最佳編劇獎、最佳舞臺設計獎、最佳戲偶設計獎、最佳表演技巧獎與最佳創意獎等；傳統偶戲另設最佳編劇獎、最佳口白獎、最佳操偶獎與最佳表演技巧獎等。

(二)多年決賽所繳交的成績

二○○六年，全國學生意偶戲比賽正式啟動，迄今（2018）已進入第十三屆。前四屆只有現代偶戲類，分手套偶戲、光影偶戲，與綜合偶戲三組；第五屆（2010）增設傳統偶戲類，分布袋戲、傀儡戲、皮（紙）影戲三組；第十屆增加舞臺劇。三類七組各包括國小、國中與高中職，參加決賽團隊呈逐年成長的趨勢，從下列數據可以獲得證明。

十三年來，參與決賽共有一千八百五十七隊，學生參加創意偶戲決賽約有三萬多人，他們個個都在「做中學」，循序漸進，深入各類組偶戲的世界，領略窾門。各團成員互相切磋，彼此觀摩，在導演的指導下，接受一年的戲劇訓練，從而展現獨特的表演風格。因此身上充滿「戲」胞，內心充實戲劇美學因素，更培養出高品味的文化觀照，誠如劉勰《文心雕龍·知音》所說的：「凡操千曲而後曉聲，觀千劍而後識器。」他們從實踐中體會箇中三昧。

眾多戲劇表演的種子，是人文藝術的生力軍。文化建設需要大方向，做有系統的累積，以展現豐厚的經驗與成果。十三年來，全國學生創意戲劇比賽決賽，以具體的數據例證不可能的任務，也帶出相當程度的意義。

這裡特以傳統偶戲為例，以窺其真相之一斑（見圖2-2-17～2-2-23）。

二〇一四年，大會規定，演出團隊的參賽學生（包括伴奏、燈光音響及道具操作人員）以二十人為限，劇本以符合創作與創新為原則；演出時間以十五分鐘為基準（不得低於十分鐘，也不得超過二十分鐘）。

評分方式則依劇本、口白、操偶、音樂與現場表演等面向的表現。結果分三種獎勵，即特優、優等與甲等。基本上，決賽參賽者都是來自各縣市初賽的特優團隊，經過密集培訓後，技藝更為熟練，因此，在全國競賽平臺，個個展現看家本領，精采的演出，往往令人嘆為觀止。例如：新北市三芝國小、國中布袋戲，連獲三年特優，其後場功夫之扎實，口白五音

圖2-2-17 三芝國小演出布袋戲《無敵洞》。（作者／提供）

圖2-2-18 三芝國小的後場。（作者／提供）

圖2-2-19 阿蓮國中的懸絲傀儡表演。（作者／提供）

圖2-2-20 益民國小的皮影戲偶。（作者／提供）

圖2-2-21　益民國小演出皮影戲《孫悟空 圖2-2-22　興糖國小演出布袋戲《羅漢降大戰紅孩兒》。（作者／提 龍》。（作者／提供）供）

圖2-2-23　羅東國中演出皮影戲《水鬼金安》。（作者／提供）

之清晰，操偶動作之熟練與肢體語言之細膩，加上現場表演所釋放的戲劇張力，深獲評審委員的肯定，今年分別以《無敵洞》與《三打白骨精》征服現場觀眾；彰化縣鹿港國中，近兩年以《奪玉璽》、《貂蟬》兩齣創意戲劇，後場結合在地特色——南管，加上清晰的口白，緊湊的情節，讓全場觀眾為之屏息，為之神往。而高雄市橋頭區興糖國小，也不遑多讓，一齣《羅漢降龍》，高水準的演出，令人為之側目。

　　傀儡戲一向是高雄市阿蓮國小、國中的拿手戲，在薛熒源團長夫婦的

調教下，連獲多次特優，堪稱常勝軍，去年國小《女兒泉》、國中《周董除三害》，今年國中《摩斯憨寶》，表現傑出，每位小小操偶師，個個雙手十指靈活操作十六根線，讓尊尊懸絲傀儡表現出維妙維肖的肢體語言，加上精采的劇情，真是難能可貴。

　　至於皮（紙）影戲，宜蘭縣羅東國中連續兩年獲得特優，劇本《阿嬤講古》、《水鬼金安》，分別取材民間傳說，配合影戲營造夢幻般的舞臺，加上純熟的操偶動作，能引人入勝。而臺中市大里區益民國中的《孫悟空大戰紅孩兒》，影偶鮮豔，操偶細膩，幕幕緊湊，整體表現創意十足。

　　二〇一八年傳統偶戲類共有八十六隊參賽，獲得特優有八個學校，分別是：一、布袋戲：高雄市橋頭區興糖國小、新北市三芝區三芝國小、臺北市士林區平等國小、彰化縣鹿港國中、新北市三芝區三芝國中；二、傀儡戲：高雄市阿蓮國中；三、皮（紙）影戲：臺中市大里區益民國小、宜蘭縣羅東國中。

　　這些團隊經過劇烈競爭後，脫穎而出，證明了表演的真功夫，特優的冠冕，可謂實至名歸了。

四、結論

　　一九七〇、八〇年代，臺灣社會相繼締造經濟奇蹟與政治奇蹟之後，國民生活水準為之提升，民主素養為之充實，人文意識也開始有了反思。於是，人文資源逐漸受到重視，調查、研究蔚為風氣，直接影響到偶戲發展的新契機。例如：一九九〇年，宜蘭縣立文化中心成立「臺灣戲劇館」，為臺灣戲劇的保存研究、推廣提供服務，促使臺灣戲劇在當代社會文化發展中，充分表現其藝術文化機能。一九九三年，高雄縣立文化中心成立「皮影戲館」，強調「通俗化、精緻化、本土化、國際化、存傳統、再創新」，為皮影戲注入活力。

　　一九九〇年代，中央政府正視臺灣偶戲處境，積極搶救文化資產，研究與傳習並行。例如：《亦宛然布袋戲傳習計畫》、《微宛然布袋戲傳習

計畫》、《臺灣古典布袋戲藝術人才培訓計畫》、《布袋戲黃海岱技藝保存計畫》、《布袋戲小西園——許王技藝保存計畫》、《布袋戲新興閣——鍾任壁技藝保存計畫》、《臺灣布袋戲女演師的研究與調查計畫》、《臺灣閣派布袋戲的傳承與發展研究計畫》、《皮影戲「復興閣」許福能技藝保存計畫》、《「福德皮影戲團」林淇亮技藝保存計畫》、《傀儡戲「新錦福」演師梁寶全技藝保存計畫》，以及連續五屆的「亞太偶戲節」、一九九九年雲林國際偶戲節等等。

這些措施針對臺灣偶戲的薪傳、研究、教育、觀摩與鑑賞，較之於過去，毋寧更為具體、落實，其終極無非希望能打開偶戲的困境，創造美麗的遠景。

在面對臺灣偶戲的困境，多方覓尋新路向之際，全國學生創意偶戲比賽的出現與啟動，似乎有些不可思議，而連續十三屆的努力與累積的經驗與成果，不得不讓人驚嘆為一項「文化奇蹟」了。

自古成功在嘗試，十三年的嘗試既為藝術與人文開拓學習的新教材與新視野，毋寧也證明了這是一條可行的、正確的路，因為它發揮了多項的功能，指出了大方向。不過，就多位評審委員多年的參與心得和共識，此一決賽還有努力的空間。

二〇一二年，我曾在論文指出，預估七年參與決賽共有六百九十六個團隊，參加學生一萬零四百多人，個個「做中學」，循序漸進，深入各類組偶戲的世界，領略窮門，加上各團成員互相切磋，彼此觀摩，在導演的指導下，接受一年的偶戲訓練，從而展現獨特的表演風格，因此一身「戲胞」，內心充實偶戲美學因素，更培養出高品味的文化觀照（看門道）。這一萬多位偶戲小表演家，也是未來人文藝術的生力軍。加上後六年，生力軍人數當在三萬人之譜，是一股絕對不能忽視的活力。

文化建設需要大方向，做有系統的累積，以展現豐厚的經驗與成績。十三年來，全國學生創意戲劇比賽無意間完成了一件不可能的任務，繳交亮麗的成績，也帶出相當程度的意義。面對臺灣偶戲的困境，多方覓尋新路向之際，全國學生創意戲劇比賽的努力與累積的經驗、成果，讓人嘆為

觀止。這不僅爲藝術與人文開拓學習的新教材與新視野，也證明這是一條正確可行的道路，更發揮了多項功能，指出了大方向。

　　不過，面對這些成果的後續作爲，似乎有中輟的現象，令人遺憾，個人特別提出有六點看法，以作爲改善的參考：

㈠讓決賽展演平臺成爲觀摩的空間，鼓勵同學進場觀賞，以培養興趣，提升藝術品味。

㈡發行每年全國學生創意戲劇比賽特優團隊DVD，既可分享成果又可作爲教材，讓新世代了解創意戲劇比賽的眞諦。

㈢特優團隊劇本的整理與出版，既可留下創意的精采腳本，又可累積資源，展現珍貴的創作智慧。

㈣篩選特優團隊，安排國內巡迴表演，通過戲路圓熟表演藝術，以拓展戲劇人口。例如二〇一二年，榮獲傳統布袋戲組特優獎的新北市三芝國小「學宛然」，七夕被安排到板橋林本源園邸演出，十分轟動，讓國人見識到小小演師（前場、後場）的精湛技藝。

㈤規劃出國表演，進行藝術交流。從每年誕生的特優團隊，選擇菁英代表出國訪問，讓國際社會看見臺灣偶戲文化的薪傳眞相，分享不一樣的偶戲美學。

㈥爲這批生力軍媒合進階的學習環境，或學校或職場，以維繫傳統藝術命脈於不墜。例如近三年表現卓越的高雄市阿蓮國小、國中的傀儡戲，新北市三芝國小、國中的布袋戲，雲林縣舊庄國小的布袋戲，臺中市大里區益民國小的皮影戲、嘉義縣大南國小安靖分校的皮影戲，……個個使出看家本領，令觀眾爲之驚豔。

　　這一股小小的文化活力，值得有關單位思考後續的發展，假以時日，使之成爲大大的文化奇蹟。

第九節　也是一種文化奇蹟──爲「全國學生創意偶戲比賽」喝采

偶戲，是一種具有普遍性與共通性的庶民藝術，在世界戲劇史上，是極爲重要的一章。由於不同的文化傳統與歷史背景，逐漸成就偶藝世界既豐碩且多元的面貌。偶戲隨先民到臺灣，於宗教、娛樂、教化，發揮潛移默化的功能，影響不可不謂深遠了。

一九六〇年代以來，臺灣社會急遽轉型，廟宇文化消褪，導致民俗活動沒落，傳統偶戲自不能例外。四十年來在民間與官方努力的搶救與維護下，總算繳交一些成績，不過這項文化工程可說是歷經許多的曲折。

二〇〇六年，國立臺灣藝術教育館依據《藝術教育法》及國民中小學九年一貫課程綱要·藝術與人文學習領域，爲活化各級學校教育，推廣偶戲創意教學，以提升學生藝術與人文之統整能力，特舉辦全國學生創意偶戲比賽。期能爲藝術與人文課程提供範例，也就是爲教學、教法、教材的整合、活潑性與趣性做了一種嘗試。

爲了因應世界偶戲的多元趨勢，創意偶戲的比賽類別分兩種：一是現代偶戲，一爲傳統偶戲。前者包括手套偶、光影偶戲與綜合偶戲三組；後者涵蓋布袋戲、傀儡戲與皮（紙）影戲三組。七年來，參與決賽共有六百九十六團隊，學生（包括國小、國中與高中職）參加創意偶戲決賽約有一萬五千多人，他們個個都在「做中學」，深入各類組偶戲的世界，從而展現獨特的表演風格。因此人人身上充滿「戲」胞，內心充實偶戲美學因素，更培養出高品味的文化觀照。他們不僅是偶戲表演的種子，也是未來人文藝術的生力軍。文化建設需要大方向，做有系統的累積，以展現豐厚的經驗與成果（見圖2-2-24～2-2-30）。全國學生創意偶戲比賽決賽，恰如文化列車，啓動後完成了不可能的任務，也帶出相當程度的意義。這裡列舉一些例子來印證。

九十九學年度參賽隊伍一百一十團，獲得特優三十團，其中現代偶

圖2-2-24　三芝國中學宛然演出布袋戲 圖2-2-25　嘉義市志航國小演出布袋戲
　　　　　《三打白骨精》。（作者／提 　　　　　《城隍夜巡》。（作者／提
　　　　　供） 　　　　　供）

圖2-2-26　三埤國小演傀儡戲《新白娘子 圖2-2-27　板橋中山國小演出布袋戲《鬧
　　　　　傳奇》。（作者／提供） 　　　　　龍宮》。（作者／提供）

圖2-2-28　阿蓮國小的傀儡戲後臺。（作 圖2-2-29　舊社國小演出皮影戲《魚我同
　　　　　者／提供） 　　　　　行，探險去》。（作者／提供）

戲類‧手套偶戲組—新竹市立三民國民中學的〈真相〉，描寫一位棄嬰的成長故事，好的劇本加上演員的默契，劇力強烈，讓觀眾情不自禁流下感動之淚。最佳編劇、最佳舞臺設計、最佳戲偶設計、最佳表演技巧與最佳創意五種獎項集於一劇，以表揚其藝術造詣。

傳統偶戲類‧布袋戲組——高雄市港和國民小學的《南遊記之華公收妖》，屬故事新編的折子戲，前後場默契十足，口白清晰，操偶有模有樣，榮頒最佳編劇、最佳口白、最佳操偶與最佳表演技巧等四種獎。

圖2-2-30　益民皮影劇團演出現場。（作者／提供）

一百學年度參賽隊伍一百一十二團，獲得特優三十五團，其中傳統偶戲類‧布袋戲——新北市三芝國民小學的《唐三藏西行取經遇難記》，「學宛然」深得李天祿「亦宛然」真傳，巧妙裁戲，聚焦於紅孩兒計擒唐三藏的經過，劇情緊湊，口白清晰，操偶有氣勢，加上前後場的默契，頗能展現新生代的活力。

現代偶戲類‧光影偶戲組—臺中市西屯區永安國民小學的《黑鬼與白鬼》，描寫黑森林裡，一對善心的白鬼和黑鬼的友情故事，有魏晉志怪鬼小說的氛圍，又有現代人對鬼世界的人性化想像。最佳編劇、最佳舞臺設計、最佳戲偶設計與最佳創意等四個特別獎加之於一劇，可見此劇的傑出表現了。

面對臺灣偶戲的困境，大家多方覓尋新路向之際，全國學生創意偶戲

比賽的出現既為藝術與人文開拓學習的新教材與新視野，也證明了這是一條可行的、正確的路，因為它發揮了多項的功能，締造一項文化奇蹟。不過，個人覺得此一決賽還有努力的空間，以求盡善盡美，例如：

一、啟動文化列車：讓各縣市接力承辦（2012・苗栗，2013・臺南，2014・臺中，……），傳承經驗，播種創意偶戲新種子。

二、讓展演平臺成為觀摩的空間：觀摩是充實自我的手段，在展演空間鼓勵老師、同學入場觀賞，以培養興趣，提升藝術品味，亦可發揮境教的效果。

三、發行每學年全國學生創意偶戲比賽傑出團隊DVD：以分享成果並作為教材，讓新世代了解創意偶戲的真諦。

四、篩選特優團隊，安排國內表演：既可展示特優團隊的藝術表演，又可分享國人，更可拓展偶戲文化人口，可謂一舉數得。

五、規劃出國表演，進行藝術交流：每年產生的特優團隊，選擇其中的菁英代表出國訪問或參與藝術節，讓國際社會了解臺灣偶戲文化的真相，分享不一樣的偶戲美學。

第十節　盤點文化資源的一個案例

就個人長期的投入與觀察，舉辦多年的「全國學生創意戲劇比賽」（2006～），可說是一種文化奇蹟，值得政府正視。

十三年前，國立臺灣藝術教育館依據《藝術教育法》及國民中小學九年一貫課程綱要・藝術與人文學習領域，為活化各級學校教育，推廣戲劇創意教學，以提升學生藝術與人文之統整能力，特舉辦此一比賽。開始，第一、二屆委由臺東社教館主辦，第三屆新竹生活美學館，第四屆改由臺灣藝術教育館主辦，決賽承辦單位則由各縣市教育局輪流承辦，如第五屆臺北市、第六屆臺北縣、第七屆苗栗縣、第八屆高雄市、第九屆臺南市、第十屆臺中市、第十一屆宜蘭縣、第十二屆雲林縣，今年第十三屆在桃園

市，未來接棒的縣市分別是彰化縣、嘉義縣、新竹市……。

這個活動像是文化列車開向各縣市，處處鼓舞士氣，帶來生機，更難得的是從沒有中輟過。創意戲劇比賽，開始鎖定創意偶戲，類別分兩種，即：現代偶戲與傳統偶戲。前者包括手套偶戲、光影偶戲與綜合偶戲；後者涵蓋布袋戲、傀儡戲與皮（紙）影戲三組。

二〇一四年，因應實際需求，增加舞臺劇組，使比賽類型更趨完備，同時改名為全國學生創意戲劇比賽。自二〇〇六年迄今，參加的各級學校，包括國小、國中、高中職，共有一千八百五十七隊，人數三萬人以上。數據會說話，這是一股不容忽視的存在，也是一股被忽略的文化軟實力。這裡特別以傳統偶戲為例，以窺其一斑。

大會規定，演出團隊的參賽學生（包括伴奏、燈光音響及道具操作人員）以二十人為限，劇本以符合創作與創新為原則；演出時間以十五分鐘為基準（不得低於十分鐘，也不得超過二十分鐘）。

評分方式則依劇本、口白、操偶、音樂與現場表演等面向的表現。結果分三種獎勵，即特優、優等與甲等。基本上，決賽參賽者都是來自各縣市初賽的特優團隊，經過密集培訓後，技藝更為熟練，因此，在全國競賽平臺，個個展現看家本領，精采的演出，往往令人嘆為觀止。例如：新北市三芝國小、國中布袋戲，連獲三年特優，其後場功夫之扎實，口白五音之清晰，操偶動作之熟練與肢體語言之細膩，加上現場表演所釋放的戲劇張力，深獲評審委員的肯定，今年分別以《無敵洞》與《三打白骨精》征服現場觀眾；彰化縣鹿港國中，近兩年以《奪玉璽》、《貂蟬》兩齣創意戲劇，後場結合在地特色——南管，加上清晰的口白，緊湊的情節，讓全場觀眾為之屏息，為之喝采。而高雄市橋頭區興糖國小，也不遑多讓，一齣《羅漢降龍》，高水準的演出，令人為之側目。

傀儡戲一向是高雄市阿蓮國小、國中的拿手戲，在薛熒源團長夫婦的調教下，連獲多次特優，堪稱常勝軍，去年國小《女兒泉》、國中《周董除三害》，今年國中《摩斯憨寶》，表現傑出，每位小小操偶師，個個雙手十指靈活操作十六根線，讓懸絲傀儡表現出維妙維肖的肢體語言，加上

精釆的劇情，眞是難能可貴。

至於皮（紙）影戲，宜蘭縣羅東國中連續兩年獲得特優，劇本《阿嬤講古》、《水鬼金安》，分別取材民間傳說，配合影戲營造夢幻般的舞臺，加上純熟的操偶動作，能引人入勝。而臺中市大里區益民國中的《孫悟空大戰紅孩兒》，影偶鮮豔，操偶細膩，幕幕緊湊，整體表現創意十足。

今年傳統偶戲類共有八十六隊參賽，獲得特優有八個學校，分別是：一、布袋戲：高雄市橋頭區興糖國小、新北市三芝區三芝國小、臺北市士林區平等國小、彰化縣鹿港國中、新北市三芝區三芝國中；二、傀儡戲：高雄市阿蓮國中；三、皮（紙）影戲：臺中市大里區益民國小、宜蘭縣羅東國中（見圖2-2-31～2-2-36）。

這些團隊經過劇烈競爭後，脫穎而出，證明了表演的眞功夫，特優的冠冕，可謂實至名歸了。

十三年來，全國學生創意戲劇比賽宛如行駛各縣市的文化列車，無意間完成了一件不可能的任務，既繳交亮麗的成績，也爲藝術與人文開拓學習的新教材與新視野，且發揮多重的邊際效應，更指出覓尋傳統偶戲新路向的可能性。我曾再三爲文呼籲，這是另類的文化奇蹟，也是一個被忽視的小小文化軟實力。在政府公布的文化政策，「盤點文化資源，全力推動一源多用」的落實上，也許是值得正視、考量的一個案例。

圖2-2-31 鹿港國中的戲臺與後場。（作者／提供）

圖2-2-32 鹿港國中演出布袋戲《貂蟬》。（作者／提供）

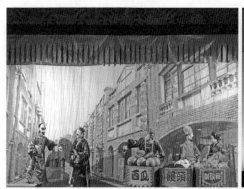

圖2-2-33 阿蓮國中演出傀儡戲《摩斯憨 圖2-2-34 羅東國中演出皮影戲《水鬼金
寶》。（作者／提供） 安》。（作者／提供）

圖2-2-35 興糖國小的戲臺與後場。（作 圖2-2-36 三芝國小學宛然演的戲臺與後
者／提供） 場。（作者／提供）

第十一節　一個被忽視的小小文化奇蹟

　　一九六〇年代，臺灣社會驟變，寺廟文化消褪，民俗藝術凋零，低級趣味氾濫。一九七〇至八〇年代，相繼締造經濟、政治雙奇蹟之後，國人開始反思人文意識，一些學者專家呼籲搶救民俗藝術，於是田調、研究、推廣，一時蔚為風氣，並引起政府的重視：教育部設置民俗藝術薪傳獎（1985）、宜蘭縣立文化中心成立「臺灣戲劇館」（1990）、高雄縣立文化中心成立「皮影戲館」（1993）並展開傳習工作。接著，國立傳統

藝術中心投入搶救文化資產，保存、研究、傳習兼顧，例如：亦宛然・微宛然布袋戲傳習計畫、古典布袋戲藝術人才培育計畫、閣派布袋戲的傳承與發展研究計畫……，而一九九九年，由文建會主導的雲林國際偶戲節，恰好為那個年代締造新的里程碑。

在面對民俗藝術，特別是傳統偶戲的困境，積極覓尋路向之際，湊巧出現一種被大眾忽視的新契機。二○○六年，國立臺灣藝術教育館推出「全國學生創意戲劇比賽」，迄今已有十三屆，是文化工程的小小奇蹟。該館依據《藝術教育法》及國民中小學九年一貫課程綱要・藝術與人文學習領域，特舉辦此一比賽，同時邀請學者專家提供意見，建構實施要點，作為比賽的法源依據，並揭櫫四個終極目標：一、為藝術與人文開拓學習領域；二、活化藝術教育，培養藝術趣味；三、認識偶戲的傳統，強調創意，為偶戲注入活力，開創新契機；四、在師生的充分合作下，由劇本、舞臺、口白、操偶、音樂與整體創意的規劃與落實，讓學生「做中學」，以提升其劇場表演的統整能力。

創意戲劇的比賽類別分兩種，即：現代偶戲與傳統偶戲。前者包括手套戲偶、光影偶戲與綜合偶戲三組；後者涵蓋布袋戲、傀儡戲與皮（紙）影戲三組。二○一四年，增加舞臺劇組，使比賽類型更趨完備。演出團隊的參賽學生（包括伴奏、燈光音響及道具操作人員）以二十人為限，劇本以符合創作與創新為原則，演出時間，以十五分鐘為基準（不得低於十分鐘，也不得超過二十分鐘）。評分方式，大概依劇本、口白、操偶、音樂與現場表演等面向。結果分三種獎勵，即特優、優等與甲等。之外，傳統偶戲另設最佳編劇獎、口白、操偶、表演技巧等獎。

二○一二年，我曾在論文指出，預估七年參與決賽共有六百九十六團隊，參加學生一萬零四百多人，個個「做中學」，循序漸進，深入各類組偶戲的世界，領略竅門，加上各團成員互相切磋，彼此觀摩，在導演的指導下，接受一年的偶戲訓練，從而展現獨特的表演風格，因此一身「戲胞」，內心充實偶戲美學因素，更培養出高品味的文化觀照（看門道）。這一萬多位偶戲小表演家，也是未來人文藝術的生力軍。加上後六年，生

力軍人數當在二萬人之譜，是一股絕對不能忽視的活力。

　　文化建設需要大方向，做有系統的累積，以展現豐厚的經驗與成績。十三年來，全國學生創意戲劇比賽無意間完成了一件不可能的任務，繳交亮麗的成績，也帶出相當程度的意義。面對臺灣偶戲的困境，多方覓尋新路向之際，全國學生創意戲劇比賽的努力與累積的經驗、成果，讓人嘆爲觀止（見圖2-2-37～2-2-43）。這不僅爲藝術與人文開拓學習的新教材與新視野，也證明這是一條正確可行的道路，更發揮了多項功能，指出了大方向。

　　不過，面對這些成果的後續作爲，似乎有中輟的現象，令人遺憾，個人特別提出有五點看法，以作爲改善的參考：

一、讓決賽展演平臺成爲觀摩的空間，鼓勵同學進場觀賞，以培養興趣，提升藝術品味。

二、發行每年全國學生創意戲劇比賽特優團隊DVD，既可分享成果又可作爲教材，讓新世代了解創意戲劇比賽的眞諦。

三、篩選特優團隊，安排國內巡迴表演，通過戲路圓熟表演藝術，以拓展戲劇人口。例如二〇一二年，榮獲傳統布袋戲組特優獎的新北市三芝國小「學宛然」，七夕被安排到板橋林本源園邸演出，十分轟動，讓

圖2-2-37　林明德老師擔任創意偶戲比賽的評審多年。（作者／提供）

圖2-2-38 益民皮影劇團演出皮影戲（102
學年度）。（作者／提供）

圖2-2-39 阿蓮國中演出傀儡戲㈠（103
學年度）。（作者／提供）

圖2-2-40 阿蓮國中演出傀儡戲㈡（103
學年度）。（作者／提供）

圖2-2-41 學宛然後場（103學年度）。
（作者／提供）

圖2-2-42 學宛然演出傳統布袋戲㈠（103
學年度）。（作者／提供）

圖2-2-43 學宛然演出人員㈡（103學年
度）。（作者／提供）

國人見識到小小演師（前場、後場）的精湛技藝。

四、規劃出國表演，進行藝術交流。從每年誕生的特優團隊，選擇菁英代表出國訪問，讓國際社會看見臺灣偶戲文化的薪傳真相，分享不一樣的偶戲美學。

五、為這批生力軍媒合進階的學習環境，或學校或職場，以維繫傳統藝術命脈於不墜。例如近三年表現卓越的高雄市阿蓮國小、國中的傀儡戲，新北市三芝國小、國中的布袋戲，雲林縣舊庄國小的布袋戲，嘉義縣大南國小安靖分校的皮影戲等，個個使出看家本領，令觀眾為之驚豔。這一股小小的文化活力，值得有關單位思考後續的發展，假以時日，使之成為大大的文化奇蹟。

第十二節　一個締造陣頭奇蹟的範例

陣頭，是指迎神賽會的前驅隊伍，種類繁多，依體裁屬性，大概可以分為樂舞（雜技）與歌舞小戲兩類。前者涵蓋獅陣、龍陣、宋江陣、高蹺陣、跳鼓陣、布馬陣、鬥牛陣、十二婆姊陣與八家將；後者包括車鼓陣與牛犁陣。就陣頭所展現的風格，又可分為文陣與武陣，一為陰柔一是陽剛。其中以「跳鼓陣」最為熱鬧，在民間廟會或各種慶典扮演相當重要的角色。

「跳鼓陣」的基本形態，以八人為一組，包括一人揹鼓、二人撐涼傘、四人持鑼、一人掌隊旗。表演時有一人胸前紮著鼓，且為全程活動的核心；表演以跳躍、扭腰的步法進行各種陣式的變化，因此稱為「跳鼓陣」；由於其表演「天真浪漫，爽然欲醉」，又名「弄鼓花」。

有關「跳鼓陣」的起源，因文獻不足，無法稽考，論者以為應與福建「大鼓涼傘」有密切的關係，早期隨移民傳到臺灣，這種「圍住大鼓，邊打邊舞」的陣頭，在農業社會曾風光一時。一九七〇年代，臺灣社會轉型，廟會文化消褪，許多民俗藝術失去表演舞臺而逐漸萎縮，並且瀕臨滅

絕的邊緣，跳鼓陣自不能例外。一九八〇年代，民間呼籲搶救民俗藝術，官方也有所因應，終於為民俗藝術保留一線生機，其中以芙朝國小跳鼓陣的表現最為出色，她不僅舞出光采，也締造了陣頭的奇蹟。

彰化，舊稱半線，為農業大縣，夙有臺灣穀倉之稱，轄區共有二十六個鄉鎮市，埔頭為其中之一鄉；而埔頭鄉包括十七個村庄，芙朝為其中之一村。芙朝村昔稱牛稠仔，因庄裡盛行養水牛而得名，一九四五年後，才改為今名。她沒有顯赫的身分，世世代代以農耕為業。過去牛稠仔曾有承傳三代的「振興館」，屬武館，以獅陣聞名，可以想見其風華。

一九九二年，芙朝國小（1930～）胡潮癸校長為鼓勵學生學習民俗藝術，提倡正當休閒文化，乃成立跳鼓陣，並由陳振誠等多位老師編隊訓練。經過三年的磨練，他們正式出陣參加比賽：一九九四年，獲得臺灣省民間藝能——跳鼓陣競賽第二名；一九九五年，榮獲觀光節民藝華會特優獎；一九九八年，獲得臺灣省跳鼓陣比賽第一名。這一連串的輝煌紀錄，毋寧打造了芙朝國小的金字招牌（見圖2-2-44～2-2-47）。

二十年來，歷經胡潮癸、張臺隆、邱鈺清與洪宗明四位校長接力推動，成果斐然，且獲邀參加各民間廟會、遊藝會、假日廣場、運動會或出國訪問，約有二百場次之多，例如：教育部選拔為青少年民俗訪問團親善訪問白俄羅斯、西德（1997）、新加坡粧藝遊行表演（2007）；國慶民

圖2-2-44　2010年芙朝國小跳鼓陣參加臺北鼓樂喧天匯演活動㈠。（作者／提供）

圖2-2-45　2010年芙朝國小跳鼓陣參加臺北鼓樂喧天匯演活動㈡。（作者／提供）

圖2-2-46　2010年芙朝國小跳鼓陣參加臺北鼓樂喧天匯　圖2-2-47　芙朝國小跳鼓陣
　　　　　演活動㈢。（作者／提供）　　　　　　　　　　　　二十週年專輯。

間遊藝表演（1998）、臺北國際打擊樂節首演（1999）、文建會藝術饗宴迎千禧表演（2000）、第十一屆總統副總統就職典禮表演（2004）、宜蘭傳藝中心第二至四屆青少年才藝逗陣表演（2009～2011）、臺北大稻埕藝陣大會師（2010）等，讓人見識到「節奏明快，律動優美」的魅力。基本上，跳鼓陣是屬於激烈運動型的陣頭，組員隨著鼓聲、鑼聲，使勁搖動身軀依節奏踩著獨特的舞步，在進退跳躍中展現活力。其表演陣式有：四門雄峙、龍門獻瑞、福氣盈門、金玉滿堂、連環同心、纏乾繞坤、寒梅花開與龍鳳呈祥等八式。

　　學員採自願，且經家長同意，才能參加，訓練時間則以課餘為主。師生勤奮研習，輔之以錄影帶教學，學員都能兼顧跳鼓與學業，個個以參加跳鼓陣為榮，五百多位畢業校友就是最好的見證。一九九五年，芙朝國小制定外出表演辦法、並成立獎學金以維護學生的權利，並作為永續經營的依據。尤其難得的是，他們將跳鼓陣的成功經驗回饋鄉親，與社區民眾相結合，讓陣頭扎根鄉土，以豐富村民的精神生活。

　　當然，一種持續二十年，功夫扎實、成績卓著的陣頭，除了歷任校長的支持外，陳振誠教練（1956～　）是位不能忽視的推手，他是溪州人，淡大保險系畢業後返鄉服務，並獲得臺東大學體育碩士，是專業成長的

實踐者，也是國內跳鼓陣的重要裁判之一，他的現代化教學，有系統的引導，讓學員成為懂得跳鼓陣「楣角」（門道），跳出陣頭的豐富語言，展現豪邁之美。其堅持與毅力，令人敬佩。

芙朝國小跳鼓陣從沒沒無聞舞出一片天地，傳承陣頭文化，建立跳鼓陣新的里程碑，這個成功的小範例，足以讓文化界人士反思：芙朝國小能，我們應該如何締造臺灣文化奇蹟？願大家共同正視、一起努力。

第十三節　為傳統藝術傳心燈 —— 為「向大師學習 —— 傳統藝術體驗營」而寫

二十世紀的七〇年代，臺灣社會面臨急遽轉型，造成國人生活與價值觀念的重大變異，不僅衝擊民俗文化的生態，也影響民俗藝術的命脈，加上廟會文化墮落，低級趣味流行，導致大眾對民俗逐漸疏離、陌生馴至鄙視，遑論其價值、原始意義與美學品味。

當時一場鄉土文學的激烈論戰，不啻是一次文化洗禮，既激盪出文化主體意識，且帶出本土文化關懷，更共識民俗是藝術的土壤。在民間與官方的努力下，終於繳交一張張亮麗的成績。回顧這段歷史，我們不得不承認這項文化工程的進展是頗為曲折的：一九七八年新象成立，次年中華民俗藝術基金會誕生，一九八〇年施合鄭民俗文化基金會設置，並發行《民俗曲藝》雙月刊；一九八一年文化建設委員會成立；一九八四年《文化資產保存法施行細則》公布施行；一九八五年教育部創辦第一屆薪傳獎（1995年停辦，共舉辦十屆，挖掘不少民俗藝術工作者），並於一九九〇年主辦「北管歌仔戲傳習計畫」；一九九四年文建會擬定「民間藝術保存研習計畫」，積極保存瀕臨失傳的民間技藝；一九九六年國立傳統藝術中心籌備處正式掛牌，次年展開布袋戲—黃海岱、許王、鍾任壁，高甲戲，皮影戲—許福能、林淇亮的技藝保存計畫，整理並典藏為數可觀的經典劇目。

二〇一〇年以來，文化部文資局統整業務，積極進行民俗藝術的搶救與維護，經指定的重要傳統藝術，包括一百個保存團體、一百四十二位保存者，項目則有數十種之譜，可見民俗曲藝內涵之豐饒與形態之多樣了。

　　值得一提的是，歷年被指定重要傳統藝術保存團體或保存者皆負責傳習計畫，並接受成果的檢驗，例如：廖瓊枝的歌仔戲、漢陽北管劇團北管戲曲、吳素霞南管戲曲、布農族音樂Pasibutbut等，特別是布農族長老突破禁忌，讓老中青三代參加，落實薪傳，一曲Pasibutbut，宛如天籟，讓現場的評審與觀眾為之驚豔不已，這毋寧例證了傳習的意義。文資局並同步舉辦「向大師學習——傳統藝術體驗營」，以喚起大眾正視傳統藝術的精湛技藝與本土美學品味（見圖2-2-48～2-2-53）。二〇〇九年迄今共舉辦五屆，讓學員親炙大師，透過近距離教學，充分體驗傳統藝術之精髓，而師生相悅以解，更引起熱烈的迴響，這種情景，為體驗營帶來無限的光采。先後參與傳藝的重要傳統藝術保存者（或稱人間國寶、大師），包括：廖瓊枝、施鎮洋、陳錫煌與吳素霞等人。今年聘請的三劇種大師是廖瓊枝、陳錫煌與吳素霞三人。

　　廖瓊枝（1935～）出生於基隆，從小就投入歌仔戲團，經歷歌仔戲外臺、內臺、廣播、電視與舞臺表演，儼然是歌仔戲發展史的縮影。她科班的基本功夫扎實，唱腔與身段俱佳，演藝精湛有名家風範，其「哭調」系列如泣如訴，能扣人心弦，有「臺灣第一苦旦」之稱。她集演、編、教、導於一身並致力於歌仔戲傳承，精神可感。

圖2-2-48　廖瓊枝老師與學員們分享歌仔　圖2-2-49　林吳素霞老師與學員們分享自己
　　　　　戲的演出經驗。（廖瓊枝）　　　　　　　的經歷和體悟。（林吳素霞）

圖2-2-50　廖瓊枝老師細心地指導學員身段。
（廖瓊枝）

陳錫煌（1931～），臺北人，為亦宛然布袋戲名家李天祿長子，從小成長於布袋戲世家，耳濡目染，熟悉二手業務與頭手的搬演技能。他操偶動作細膩，得阿祿師真傳，但精美的布袋戲工藝製作，則有待後天的學習與努力。他深諳傳統布袋戲戲齣與戲偶角色扮相，專精於盔帽、兵器、道具工藝製作，並擅長於材料組合與繡工，且手法精細。長期以來，他以藝傳人深獲肯定。

吳素霞（1947～），出身於臺南世家，四歲學唱腔，十歲學琵琶，十六歲拜徐祥、李祥石為

圖2-2-51　廖瓊枝老師與學員們合照。（廖瓊枝）

圖2-2-52　陳錫煌老師帶學員們練習拋 圖2-2-53　陳錫煌老師示範操偶。（陳錫
　　　　　偶。（陳錫煌）　　　　　　　　　　煌）

師，學習梨園戲，沉潛南管戲曲半世紀。南管爲歷史悠久的傳統表演藝
術，內含音樂與戲劇特質，具有地方性意義與文化藝術價值，吳素霞熟悉
南管流派，且技法、唱腔、身段亦十分優美。長期以來，她不辭辛苦，擔
負傳承工作，其教學有如春風化雨，霑漑無數的南管人。

　　今年營隊自七月一日至八月三十一日止，招收對象包括：一、傳統戲
曲相關學校系所在職學生或相關社團成員，二、國中小學「藝術與人文」
教師，三、對參與文化資產活動有興趣的民眾。顯然是希望大師於傳習計
畫之外，能現身說法，透過密集、情境的教學，爲傳統藝術傳心燈，帶領
大眾走入門道，發現傳統藝術的奧妙，領略文化資產的美學，積極開拓文
化人口。這麼說來，體驗營的意義自是多重的。

第十四節　親近大師

　　一九八四年，《文化資產保存法施行細則》公布施行，宣示政府對文
化資產的重視。一九八五至一九九五年，教育部連續舉辦十屆的薪傳獎並
甄選民族藝師，挖掘不少民俗藝術工作者；一九九七年，國立傳統藝術中
心展開布袋戲、高甲戲、皮影戲技藝保存計畫，錄製經典劇目，留住許多
文化資產。

　　二〇〇九年以來，文化部文資局積極搶救民俗藝術，指定重要傳統藝

術二十二項二十四案（包括十九位保存者與五個保存團體），以維繫民俗藝術命脈於不墜。二十四案可分：說唱㈣、戲曲㈥、音樂㈦、歌謠㈠、工藝㈥等六類。他們都通過評定基準——藝術性、特殊性、地方性及其他的檢驗，由地方提報、中央指定的嚴格程序產生的，所以，又有人間國寶或大師等別稱。他們一旦冠冕加身也負責傳習計畫與成果發表，可謂任重道遠了。文資局爲了分享國人，喚起大眾正視陌生的傳統藝術，品味本土的民俗美學，同步舉辦「向大師學習——傳統藝術研習營」（一～五屆），讓大師、學員近距離的教學與互動，充分體驗傳統藝術的精髓，這種人性場域曾引起熱烈的迴響，也帶出傳統藝術的活力。

　　二〇一四年，文資局爲落實「藝術與人文」這門課的宗旨——生活藝術化，藝術生活化，將體驗營改爲研習營，希望提供最精湛的傳統藝術，給授課教師最好的教材，藉著種子教師引導新生代認識斯土斯民代代相傳的重要文化資產。這屆擴大辦理，包括戲曲（歌仔戲、布袋戲、南管戲曲）、音樂（客家八音、客家山歌）兩類，聘請藝師五人共襄盛舉（見圖2-2-54～2-2-56），這裡嘗試速寫他們肖像：

　　廖瓊枝（1935～），基隆人，父林欽煌，母廖珠桂，小時由祖母廖黃蘭撫養長大。十二歲參加子弟班「進音社」學戲，十四歲在金山樂社當綁戲囝仔。歷經歌仔戲外臺、內臺、廣播、電視與舞臺表演；一九六四年，隨「牡丹桂歌劇團」赴東南亞公演。她科班的基本功夫扎實，唱腔優美、演技精湛，其「哭調」系列聲情合一，如泣如訴，有「臺灣第一苦旦」之名。一九八八年榮獲教育部「薪傳獎」，一九九八年獲頒「國家文藝獎」。她與學生籌組「薪傳歌仔戲團」，全心投入歌仔戲教學與推廣。二〇〇九年，文化部指定爲重要傳統藝術‧傳統表演藝術‧戲曲保存者。

　　林吳素霞（1947～），臺南人，父親吳再全爲府城南管名家。她四歲學唱腔，十歲學琵琶，十六歲拜徐祥爲師，學習南管戲各式身段、表演動作與小梨園戲劇目，後來又接受南管戲重要民族藝師李祥石的指導，習得許多劇目。她沉潛南管戲曲半世紀，熟稔其流派，口白、唱腔、身段、導演俱佳，且音色配合精妙。長期以來，盡心盡力於傳承工作，霑溉無數

圖2-2-54　林吳素霞老師帶領學員們唱南　圖2-2-55　趙彩雲老師向學員解說客家山
　　　　　管戲。（林吳素霞）　　　　　　　　　　歌歌詞之意境與韻味。（趙彩
　　　　　　　　　　　　　　　　　　　　　　　　雲）

圖2-2-56　廖瓊枝老師指導學員的身段。
　　　　　（廖瓊枝）

的南管人。一九八八年獲頒教育部「薪傳獎」；二〇一〇年，文化部指定
為重要傳統藝術・傳統表演藝術・戲曲保存者。

　　陳錫煌（1931～），臺北人，為亦宛然布袋戲名師李天祿長子，
十三歲跟隨父親演戲。一九五三年成立「新宛然掌中劇團」；一九八四
年，與弟弟李傳燦成立「亦勵軒工藝社」，專製戲偶、道具與盔帽。他操
偶動作細膩，又深諳傳統布袋戲戲齣與戲偶角色扮相，並以藝傳人，進入
校園傳授布袋戲技藝。二〇〇九年，文化部指定為重要傳統藝術・傳統表
演藝術・戲曲保存者。

賴碧霞（1932～），本名為賴鶯櫻，新竹竹東人，從小著迷客家歌曲，先後跟官羅成、賴廷漢、蘇萬松多位名師學習說唱、民謠、勸世文與三腳採茶；長期蒐集、出版客家歌謠，並製作客家電影《茶山情歌》，對於客家歌謠的推廣更是不遺餘力。二○一一年，文化部指定為重要傳統藝術・傳統表演藝術・音樂保存者；二○一二年，榮獲第十六屆國家文藝獎。

客家八音—苗栗陳家班北管八音團，一八九○年，由客家八音大師陳招三所創立。第三代陳慶松（1914～1984）接棒時，客家八音響遍竹、苗、高、屏與花蓮，不僅打造八音的金字招牌，也型塑一代宗師。一九八七年，榮獲教育部「薪傳獎」。曾多次遠赴美、荷、法、日、泰與中國演出，進行文化交流。客家八音經營五代，為百年團隊，以保存豐富曲目、類型多元、技巧風格細膩著稱；第五代傳人為鄭榮興教授（1953～）。二○一○年，文化部指定為傳統藝術・傳統表演藝術・音樂保存團體。

今年研習營分五個班別，自七月三日至二十八日，招收對象為國中、小學「藝術與人文」教師。五類課程規劃採循序漸進的方式，例如歌仔戲由〈說唱臺灣歌仔戲〉開始，接著進入實務教學，分歌仔戲教學、基本指法步伐、基本身段水袖、基本唱腔四大曲調與教案發表等子題。其目的無非引領學員進入門道，發現歌仔戲美學，以豐富其教學內涵。特別是跡近大師，一窺其「戲胞」，體會歌仔戲原味，宛如一種加持的場域。

大師內蘊豐富，是不容易解讀的符碼。今天，難得機會，現身說法，敘述他們的寶貴經驗，彷彿為我們打開塵封已久的臺灣傳統藝術史，讓我們一頁頁重新認識那塊麗無比的民俗藝術。

第十五節　蔡麗華的民族舞蹈夢——為「2014舞動臺灣情」而寫

傳統表演藝術是指流傳於各族群與地方的傳統藝能，其範疇包括戲曲、音樂、歌謠、舞蹈、說唱與雜技等。由於它們生發於民俗土壤，深具

常民文化的性質，所以能引起大眾的同情共感。

舞蹈是傳統藝能的重要環節，充分顯現民族的情感、思想與美感經驗。在臺灣舞蹈界，先行、中生兩代人才輩出，但能舞出臺灣情，展現豐富的舞蹈語言者，大概就是劉鳳學、郭惠良、蔡麗華、林麗珍、林懷民與樊潔兮等人了。

當中，「雲門舞集」、「無垢舞蹈劇場」的表現深受矚目，新舞碼一出，往往令人驚聽回視。而「臺北民族舞團」則扎根鄉土，以肢體語言舞出多元族群的風華，為文化臺灣發聲。該舞團創辦人蔡麗華教授（1946～），臺南新化人，臺灣師大學士、美國基督大學舞蹈表演藝術碩士。曾任臺北體育學院舞蹈學系主任、舞蹈研究所所長。投入舞蹈教育與創作四十餘年。一九八二年，榮獲教育部薪傳獎——民族舞蹈。

一九八八年，蔡教授為維繫民族舞蹈命脈，毅然決然，創立了臺灣第一個專業民族舞團——臺北民族舞團。將多年田調、研究的族群歌舞（包括原住民、河洛與客家），轉化為本土舞碼，不僅驚動臺灣，也飲譽國際，其舞作有《微笑》、《噶瑪蘭之歌》、《仕女圖》、《雅美飛魚祭》、《慶神醮》等，曾應邀四十餘國演出七百多場，並在國際知名劇院公演，如美國林肯中心、南非尼可馬蘭歌劇院，轟動一時，藝評家稱為「最具震撼力的東方舞團」、「精湛的舞藝彰顯臺灣文化特色最傑出的舞團」。

一系列的演出說明了蔡麗華舞蹈的潛在能力，也為舞蹈外交繳交亮麗的成績。

二〇一四年十一月，「臺北民族舞團」應邀中美洲巡迴演出，蔡麗華定調為「舞動臺灣情」，演出六種舞碼：一、《觀想》，取材敦煌、雲崗石窟眾菩薩觀想的神韻，透過舞者的修為，轉化成千手觀音的慈悲意象；二、《花布衫戀歌》，鋪敘客家男女採茶唱山歌，傳送戀情，以活潑的語彙，舞出動人的青春戀曲；三、《百合傳說》，取材排灣族頭目女兒的婚禮，舞碼分三段，宛如一首敘事詩。透過鼻笛、勇士舞、百合舞宴、情歌對唱、結婚歌舞等曲目，配合鮮明的服飾，舞寫排灣故事；四、《天龍八部》，即功夫，詮釋武者追求天人合一的最高境界，而舞者透過太極、八

卦掌、北拳、劍、扇、刀、槍、棍等八種武術的陰陽柔剛，展現修行舞蹈之美；五、《春燈》，透過亮麗的歲時節慶——元宵，燈影輝映的氛圍，舞出青春男女燈下許願的經歷；六、《慶神醮》，爲壓軸舞碼，這是蔡麗華一九九一年的舞作，十足臺灣味。本舞整合臺灣迎神廟會的藝陣，重新譜寫建醮謝神的祭儀、各種陣頭的出場，營造超凡入聖的場域，充分表現編舞的用心。

藝陣，俗稱陣頭，是指迎神賽會的前驅隊伍，也是含有技藝表演性質的民俗團體，依體裁屬性可分爲樂舞（雜技）與歌舞小戲兩類。前者涵蓋獅陣、龍陣、宋江陣、高蹺陣、跳鼓陣、布馬陣、鬥牛陣、十二婆姊陣與八家將；後者包括車鼓陣與牛犁陣。就陣頭所展現的風格，可分爲文陣與武陣，一爲陰柔一是陽剛，在民間廟會或各種慶典扮演熱鬧的角色。蔡麗華長期參與觀察民俗，親炙民間藝人，深探陣頭底蘊，或錄影身段，或歸納步法，或分析音樂，以解讀其奧祕，並從中尋找素材（元素），經過篩選、統整的精緻程序，創造舞碼，藉由舞者豐富的肢體語言重現舞蹈之美。她曾訪談、錄影西港車鼓老藝人黃阿彬先生（1942～），這位年過七十，車鼓生涯半世紀，舞藝俐落，讓她的團員大開眼界，深深體會車鼓的竅門。

我與蔡麗華認識三十多年，創辦人許常惠教授視她爲舞蹈後勁，鼓勵她投入田調，汲取民俗陣頭的元素，爲臺灣舞蹈史寫上輝煌的一頁；她成立專業民族舞團，培育優秀舞者，默默爲薪傳盡心盡力；而四十多國七百多場的表演，不僅舞出文化臺灣，也締造一次次的舞蹈外交，其抱負於此可見。二〇一四年「舞動臺灣情」的中美洲巡迴演出，相信舞團精湛熟練的舞藝，一定能征服觀眾，讓國際友人見識到臺灣的另一種軟實力（見圖2-2-57～2-2-58）。

舞蹈是蔡麗華追求的事業，舞團是她的心靈之家，爲顧這個家，她嚐盡千辛萬苦。但讓她安慰的是先生林正常教授無怨無悔地支持，加上兒子「林文中現代舞團」正式投入舞蹈行列。我說，這就是蔡麗華的民族舞蹈夢。

圖2-2-57 《觀想》。（作者／提供）　　圖2-2-58 《十二婆姊》。（作者／提供）

第十六節　舞動臺灣情

　　二〇一四年十一月，「臺北民族舞團」的中美洲巡迴演出，我臨急受命，擔當任重道遠的領隊，完成一趟風靡、驚豔與完美的文化交流。我想以參與、觀察者的身分，詮釋這趟美妙的經驗。

　　蔡麗華教授為維繫民族舞蹈命脈於不墜，毅然決然創立臺灣第一個專業民族舞團——臺北民族舞團（1988～），並將長期田調族群歌舞的豐饒元素轉化為本土舞碼，例如《飛魚祭》、《花布衫戀歌》、《慶神醮》、《拈花》等，不僅驚動臺灣，也飲譽國際。二十六年來，臺北民族舞團曾應邀五十國演出七百多場，從而打造她的金字招牌，並多次受邀於國際知名劇院公演，如美國林肯中心、南非尼可馬蘭歌劇院，轟動一時，藝評家稱為「最具震撼力的東方舞團」、「精湛的舞藝彰顯臺灣文化特色最傑出的舞團」。

　　這次應邀中美洲，包括巴拿馬、宏都拉斯與薩爾瓦多三國巡迴演出，定調為「舞動臺灣情」，表演六種舞碼，即：一、《觀想》；二、《花布衫戀歌》；三、《百合傳說》；四、《天龍八部》；五、《春燈》；六、《慶神醮》。顯然是透過族群的多音交響，以譜寫臺灣交響詩，其終極指向是展現文化臺灣的意象（見圖2-2-59～2-2-67）。為了這次巡迴演出，

整團已準備了半年，我特別到現場看走位、彩排著裝表演，被舞劇的張力震撼、感動得流下眼淚。第一站是巴拿馬的國家劇院，我們一團十五人，由駐外單位安排上電視直播，秀二分鐘《觀想》、《婆姊與家將》，精湛的技藝讓導播驚嘆不已。十一月八日晚上首演，冠蓋雲集，德國、多明尼加駐巴大使、中小企業部長、文化局長……八百席位爆滿。我們的團員六男六女，人人多藝，三十秒變裝，宛如魔術舞臺，熱鬧無比，節目始自《觀想》，優雅的蝶指與美妙的身段，引人遐思；終於《慶神醮》，帶出臺灣民間活力，掀起高潮，緊湊的民族舞劇在六十分鐘劃上句點，讓群眾為之感動，為之鼓掌、為之起立，表示最大的敬意。謝幕前，我上臺帶領團員深深一鞠躬致謝。內心泛起：「一場精采的演出！」十一月九日午後，大家到劇場進行走位、彩排、暖身、著裝與最後準備。我忙進忙出、

圖2-2-59　《功夫》。（作者／提供）

圖2-2-60　《車鼓》。（作者／提供）

圖2-2-61　巴拿馬國家劇院。（作者／提供）

圖2-2-62　《千手觀音》。（作者／提供）

圖2-2-63 表演結束合影。（作者／提 圖2-2-64 《家將》。（作者／提供）
供）

圖2-2-65 上電視臺團員扮相合照。（作 圖2-2-66 臺北民族舞團從臺北出發前往
者／提供） 中美洲。（作者／提供）

臺上臺下，捕捉團員的素顏、化妝、著裝，解讀一場表演的繁瑣過程，
眼看即將爆滿，周大使喜上眉梢地說：「舞動臺灣情，真的風靡了巴拿
馬。」邱參事在一旁表示：「臺北民族舞團締造巴拿馬國家劇場兩場爆滿
的奇蹟，尤其是週六、日又碰上連續假，真是不可思議。」

　　第二站是宏都拉斯，由軍事警察開道，首演於國家劇院。郭大使耳聞
風靡巴拿馬的盛況，早已安排國家電視臺立即轉播。十一月十二日，因宏
國人通常會遲到，權貴、市民爆滿劇院，帶來「遲到三十分鐘的驚喜」。
舞動臺灣情一小時，驚豔宏都拉斯，副總統到後臺來致意，說：「你們
的表演太奇妙了，非常感謝。」大使接受多家媒體訪問後，也趕上來，

笑著說：「舞說臺灣，直接打動觀眾，勝過千言萬語，真是感謝。」第二場在汕埠Saybe劇院，林總領事表示這是宏北最具水準的劇院，五百多個席位。主持人宣布請天主教大學校長引領大家同禱：天佑臺灣、觀眾平安、演出成功。六齣舞碼由冥想、戀情、婚俗、功夫、元宵與迎神廟會陣頭，在高潮戛然而止，劇院頓時掌聲響起，而且久久的。慶祝酒會上，團員著裝到現場，一時成為焦點，觀眾紛紛要求合影留念。劇院老董事長是位成功的企業家，緊握我的

圖2-2-67　宏都拉斯科馬亞瓜省的天主堂。（作者／提供）

手說：「太震撼、太完美了。」「樹木之屋」女主人，也是汕埠觀光協會主席雙眼看著我感動地說：「看你們的演出，我的心好像羽毛輕飄著，太神奇了。」

　　第三站是薩爾瓦多的國家劇院，我們一團到四家電視臺接受直播採訪與示範演出，純熟的身段立即引起導播與主持人的注意。

　　這座劇院設備較新、燈光、音控加上煙霧機，能營造氛圍，提升不少的演出效果。我預期演出必定征服薩爾瓦多，寫下完美的句點。團員視每一場的演出如首演，因此，走位、彩排、化妝、暖身、著裝、最後準備，照表操作。一場演出、六個舞碼、六十分鐘，舞劇緊湊、夢幻燈光、動人音效，加上豐富的語彙，純熟的身段，由《歡想》至《慶神醮》，一氣呵成，讓人目不暇給，既震撼人心，也征服了觀眾。李大使說：「臺灣文化

的魅力可以跨越語言國界，直接打動人心，這是我以前從沒想到的。眞是謝謝大家的演出。」

中美洲三國六場演出，我坐鎮四座劇場觀看「舞動臺灣情」二十多遍，進出臺上臺下、幕前幕後，以鏡頭用心探索舞者。我重新發現舞團的符碼，也分享辛苦血汗所帶來的完美。舞動臺灣情，風靡巴拿馬、驚豔宏都拉斯、征服薩爾瓦多之後，讓我對文化臺灣的路向，有更進一步的反思。

第十七節　二○一四年中美洲之行日記

一、風靡巴拿馬

(一)二○一四年十一月八日，巴京國家劇院的首演

08：40，全體大廳集合，前往國家劇院，這是一座巴國最佳表演小劇場，有歐式風格，座位分四層，可容納八百人，是二○○三年，由臺灣政府幫助維修的歷史建築。

09：00，演員開始走位、彩排，由怡潔現場指揮，我在臺下攝影。

午後突然傾盆大雨，14：00，大家雨中走到附近餐館（Casa Blanca）用簡餐。我點了鮭魚飯，有的點雞排、牛排……，加上鳳梨、桑甚果汁與咖啡、甜點。我是餐餐飯、水隔離，汁液都免了。

16：00～18：00，團員著裝彩排，進行現場調整。我發現駐巴外交人員，包括參事、祕書，以及眷屬，總動員參與盛會。

18：00，周麟大使來現場，邀我參加開幕酒會，我回應說：「我想待在現場，陪大家準備演出。」

18：50～19：30，臺上暖身；有觀眾陸續進場。我進出臺上臺下忙攝影。邱參事說：「可能會爆滿。」

貴賓席冠蓋雲集，德國、多明尼加兩國駐巴大使，巴國中小企業部長、文化局長……大家齊聚劇院，爲觀賞一場難得的民族舞蹈表演。

20：00，「舞動臺灣情」在巴國文化局長Mariana Núñez與周大使致詞後，正式演出。我坐在觀眾席凝神注目，觀眾群裡華人占少數，多數為巴國人，齣齣舞劇引人屏息靜氣，用心觀賞，掌聲隨著一齣齣響起，迴盪劇院，撼人心弦。

節目始於《觀想》，優雅的蝶指與美妙的身段引人入勝，最後以《慶神醮》作結束，掀起高潮，六十分鐘舞出臺灣情，讓觀眾當下為之感動，為之鼓掌、起立，表示最高的敬意。謝幕前我上臺帶領團員，向觀眾深深一鞠躬，表示謝謝。出人意外地安排了文化局長上臺獻花，令人驚訝。我把花束交給文慈，向觀眾揮手告別。內心突然從整日緊張中泛起一句：「一場完美的演出！」

返旅館途中，參事交代在一家超商暫停，讓團員下車補給充饑。我則待在車上假寐休息。為我們開車的司機，帶著妻女到國家劇院欣賞，一臉歡喜，聽說六歲的女兒還聞「跳鼓」起舞呢。

22：30到達旅館，我向團員說：「大家辛苦了，劇院爆滿的觀眾與掌聲證實我們精湛的舞藝，也表示風靡了巴拿馬！大家好好梳洗、休息，晚安。」

㈡十一月九日，第二場演出

08：40，大廳集合，搭巴士前往舊城區手工藝品區參觀，這是一條傍海的街道，兩旁設攤，主要有原住民工藝，包括：刺繡、拼布、編織……。原來是在文化局的旁邊。陽光熾烈，我一邊拍照一邊在幾家攤位翻找。特別拍了幾張巴國十年建築奇蹟——大廈林立的巴拿馬灣；這裡得天獨厚，沒地震也沒颱風。一路尋找當地工藝的圖像，卻是空手而回。

參事、祕書引導大家到Casa Blanca喝冷飲，店員要求與團員合照留念，聽說他們昨天到劇院觀看首演，很是感動。再次看到我們，大開雙手表示歡迎。我喝了一杯鳳梨汁加上一杯冰開水以解渴。

午餐是風味飯盒Casa Blanca，有粵菜味道。

12：30～15：30，進行走位、彩排、臺上暖身、著裝與最後準備。我除了臺下拍照外，試著到後臺捕捉十二位團員的素顏、化妝、著裝等步

驟，希望進一步解讀演出的歷程，特別是臺上暖身這一環節，讓我深入了解演出前的「肅穆情境」。原來一場成功的演出，是必須歷經如此繁瑣的過程的。

我來回臺上臺下，目睹觀眾扶老攜幼陸續進場，包廂還坐著多位修女；一場彷彿為巴國人民演出的舞碼。

參事說：「又爆滿了！」我在二樓燈光、音控區，大使夫婦在隔壁，喜上眉梢，我幫他們拍了一張手比 V 的相片，作為成功演出的見證。

今天的拍攝，居高臨下，視野開闊，熟練地捕捉許多精彩鏡頭。《慶神醮》結束前，我趕回舞臺邊，待命出列謝幕。大使夫人上臺捧來一束鮮花，祝賀演出成功。我把花交給政昱，帶領團員向觀眾深深一鞠躬，揮手致謝，當下陷於久久的掌聲中。

幕後合照了半個小時，觀眾有單獨、闔家要求合影的，我們都笑著說：「謝謝。」

17：30～18：30，服裝、道具裝箱，回旅館。

19：30，大廳會合，陳祕書引領大家步行到附近一家祕魯風味餐廳（Mar de Grau），參事建議喝紅酒、加水果的雞尾酒，以資慶賀「完美的演出」。我說：「舞動臺灣情，真的風靡了巴拿馬。」、「臺北民族舞團締造巴京國家劇場兩場爆滿地奇蹟，尤其是週六、日又碰上連續假，真是不可思議。」參事眉開眼笑的說。

寡言的燈光師阿琛提議說，來個 Button up。無庸置疑，他的豪爽充分說明了這兩場的演出是完美、成功的。我情不自禁喝了幾杯，也頻頻舉杯向夥伴致謝。文慈不勝酒力，歸途有人護持扶著，彷彿是醉觀音。

二、驚豔宏都拉斯

(一)十一月十二日

08：30大廳集合，由軍事警察開道引領我們到宏京劇場，進行走位、彩排。林禹貞祕書上網看了我的學經歷，親切地進一步介紹自己。她目前還在臺師大臺文所進修，是李勤岸教授的學生。她說劇院前右邊有一

家咖啡店（Mini Cafeteria），相當有名氣。以玉蜀黍為薄餅，內餡分紅豆、炒蛋、豬肉等，壓著燒烤，甚有味道。我們趁閒由一位扈衛帶領前往了解，禹貞簡單介紹我的身分後，兩位工作人員為我們操作示範，現場小口品味，「很有風味。」我說。三片一包加上一瓶可口可樂約新臺幣五十元，可當午餐。更妙的是小店只營業到中午十二點，時到立即拉下鐵門，歇業。

12：00禹貞安排一家百年老店Duncan mayan，主菜有牛排、魚排、雞排……。我點了牛排（還包括青菜、炒飯），分一半給威辰。聽說這裡經常有在野、藝文界人士來餐敘，現場禹貞還幫我介紹全國藝文總會前任會長，儀態斯文的老先生，是專欄作家，常為我國發聲。他說晚上會到劇院看表演，我笑著說：「歡迎您來指導！」

餐廳老闆娘與女兒很重視文化，善待藝術工作者，親切地與我們合影留念。還主動遞給我一張名片。我向禹貞說：「牛排烤得好，味道獨特。」接著安排參觀「國家認同博物館」，是一座由我政府補助維修的歷史建築。怡潔以時間緊湊，建議由我代表進館參觀，館方一位英語導覽員，引領我瀏覽一、二樓各展場，讓我對宏國歷有更深的了解。

14：00開始，一連串的功課：重點著裝、彩排、調整，梳化妝、晚餐（飯盒）、休息。

17：20臺上暖身。

18：00著裝、最後準備。我奔走臺上臺下，關心觀眾的進場，禹貞說：「這裡人通常會遲到半個小時。」

19：00左右，權貴、市民聚滿劇院，「遲到半小時的驚喜。」我腦裡閃出這麼一句話。

一小時六個舞碼，舞動臺灣情；我們的表演，動靜與剛柔兼有，音樂共燈光並重，讓宏國的觀眾為之驚豔。謝幕時，文化局長捧花上臺向我致謝，團員則人人一束花。副總統、大使等人紛紛趕到後臺，「你們的表現太完美了，真是感謝。」副總統向我握手並說出這句話，她滿臉泛著興奮、不可思議的神態。大使更是忙於接受媒體訪問。「這是一場成功的演

出，真是感謝。」他激動地說。「你們長期為外交奔波，我們的努力希望能有所加分。」我回答說。

威辰舞雙節棍，很是精采，卻掛了彩，傷到下額，血流如注。他還笑著說：「沒關係，流點血而已。」接著是慶祝酒會，團員重新著裝與觀眾會面，大家爭相合影。我向大使表示要送一本《Island In The Stream》（《臺灣民俗技藝之美》）給副總統。「非常感謝，我會好好典藏著。」她向我說道，並與我、大使合影。

現場我吃了幾片點心，才想起還沒吃晚餐。禹貞穿梭人群，走來向我介紹多位藝文界人士。我將那大束花轉交給她，「遲到的驚奇，精采的舞動臺灣情，驚豔宏都拉斯，我們成功了！」我握著她的手，緩緩地說出今天的感受。

(二)十一月十四，汕埠市等待驚喜

整天行程緊湊，07：30林總領事引領大家前往古城Omoa，雨中來回，花了三個小時，仍由軍事警察扈衛開道，抵達現場一時雨過天晴。這座古城有四、五百年的歷史，由西班牙人建造，大中小古礮與彈藥，齊集展示。一九○五至一九五五年，成為宏國的監獄，空間設備相當用心，是中美第一大古城，美洲第四大古城。

市長、副市長、觀光局長與議員率領小學生持旗列隊歡迎，三家電視臺現場訪問，談觀感，我說：「古城位在平原，依傍遠山近臨大海，風景優美，它是歷史的環節，土地的記憶，宜置入文創概念，活化歷史建築。」林總領事隨時翻譯，輕鬆活潑，在當地人士與團員之間，爆笑聲連連。

覽跡、看原住民歌舞、品嚐椰子酥甜糕，熱情一路相隨。「你真是深得在地人緣啊！」我向總領事說。「這是平常誠懇對待、人情交往的結果，也是外交人員的本分。」他笑著回答。

13：30返劇院，用簡餐，人人一份漢堡、一杯飲料。接著，阿琛忙燈光，團員走位、彩排。

17：50臺上暖身。

18：30著裝、最後準備。

我進出臺上臺下，觀前顧後，決定待在燈光音控室，居高臨下拍照。

18：00開始有來賓蒞臨。Saybe是宏北最具水準的表演場地，有五百零六個位子。

18：30眼看來賓還陸續進場。我心想恐怕又是一次「遲到的驚奇」了。座位九成滿。

18：50主持人宣布請天主教大學校長引領大眾同禱：「天佑臺灣，觀眾平安，演出成功。」副市長與林總領事致詞後，開始「舞動臺灣情」，《觀想》刹那引人入勝，全場觀眾靜默無聲，彷彿進入冥想世界，流暢美妙的肢體語言，贏得掌聲，迴盪劇院；《花布衫悲歌》輕鬆帶出青春男女的戀情；《百合傳說》重現排灣族的傳統婚俗；《天龍八部》展現武術的陽剛與陰柔，撼人心弦；《春燈》一齣由紅燈、紅水袖營造元宵亮麗的戀情；《慶神醮》六種藝陣輪番上場掀起迎神廟會的高潮，為演出劃上句點。

我趕在結束前抵達後場，帶領團員深深鞠躬，臺下觀眾紛紛起立，並以熱烈掌聲回報我們的演出。謝幕後，掌聲仍然不斷，我走到幕前，接受一束花，團員也各有一份。

主持人訪問我演出的意義，「這是一個專業舞團，我們透過舞蹈語言詮釋臺灣多元族群的文化底蘊，讓觀眾進一步認識臺灣，謝謝大家的觀賞與鼓勵。」林總領事輕鬆幽默地翻譯，掌聲又響起，而且久久的。「又是一場成功的演出了！」我向團員道賀。

21：30慶祝酒會，團員著裝到現場，立即成為焦點，人人聲聲感謝，並要求合影。林總領事帶著我會見三所大學校長、汕埠獅子會會長、總統駐汕埠代表，……大家見面都是那句話：「太震撼、太完美了，讓我們見識到臺灣的魅力。」我一一合十答謝。趁空我吃了兩小片炸雞與兩個小點心。林總領事笑著說：「今夜舞動臺灣情，真的震撼了宏北汕埠的觀眾。」

三、征服薩爾瓦多

㈠十一月十八日

07：30林祕書帶領大家前往兩家電視臺，接受現場直播採訪與示範演出。08：30 TCS電視，兩位主播採訪林祕書後，現場示範〈婆姊與家將〉，鮮明形象與純熟動作讓導播臉上泛起驚奇之色，伸出大姆指向我表示肯定；09：00上國營第十電視臺，亦由祕書解說，同樣示範，仍然轟動攝影棚。時事節目還特別訪問我三個問題：一、演出的目的；二、表演內容；三、演出的藝術。

接著回到國家劇院，進行準備。我靜坐劇場中，觀察演出前的種種流程。燈光音控由阿琛負責，這次多了煙霧機，能營造氛圍，提升不少的演出效果。

12：00簡餐，或炸雞或漢堡，加上一杯飲料。

13：30開始走位、彩排。

17：00晚餐是湖南餐廳的菜包與紅豆包，一人兩個。

17：30臺上暖身，由筱茜引領團員進行一套暖身動作。

18：30著裝、最後準備。這時有觀眾陸續進場。文化局專訪我有關「舞動臺灣情」中美巡迴演出的看法，我回答說：文化交流，詮釋臺灣文化，三國六場演出，我目睹風靡巴拿馬、驚豔宏都拉斯，場場爆滿，預期將是一場以美妙征服薩爾瓦多的觀眾。

19：20劇院滿座，文化部長、大使致詞後，揭幕演出，《觀想》引人入「聖」，掌聲響起，接著五個舞碼，或動或靜，燈光、旋律，加上豐富的肢體語言與熟練的身段，既帶出動人的舞藝，也詮釋臺灣文化的多彩與熱情。

全體鼓掌、起立為我們的演出致敬，這是對我們大汗淋漓的「回報」。結束時大使夫人帶領一群人上臺獻花，「大家的表演太完美、太精采了。」她說。我笑著說：「謝謝。」

19：00我們全體出現慶祝酒會現場，立即被鎖定，紛紛拍照合影。

大使帶著微笑，穿梭嘉賓之間，我們的演出超乎他的想像，讓他震撼不已。文化部長、勞工部長、日本大使、多明尼加大使和華僑總會會長，見面就是那句話：「太神妙了，令人震撼，謝謝你們精采、辛苦的演出。」林祕書轉達薩國媒體人的感動：「舞動臺灣情，完美詮釋文化臺灣，戲劇張力十足，是前所未有的表現。」華僑總會李競一會長稱讚後主動邀約，明天中午餐敘。「多謝，你的安排是否來自演出的震撼。」我問。他笑著點頭。

林祕書說，我們在國外費盡心思介紹臺灣，常流於抽象空泛，不如一場一小時的「舞動臺灣情」來得精采、具體，又入人意內，當下給人感動，留下深刻的印象。

我想，這就是文化的魅力。

四、一場完美的演出

㈠十一月十九日

09：00拜會薩爾瓦多國立民俗芭蕾舞團（Ballet Folklorico Nacional de El Salvador），團長已在大使歡迎晚宴見過面，又到劇院觀看第一場演出，內行人看內行人，相當投緣。

他的團員六對男女，加上樂團五人，以三支民俗舞曲迎賓，並現場舞藝交流，共同舞出兩國不同的風格，極為融洽，充分說明了藝術語言是可以超越國界，感動彼此的。

臨別，團長贈送小禮品，團員合影留念，我向團長道謝，希望在臺北看到拉丁美洲風情。團長說他們極為盼望。

10：30參觀劇院旁的大教堂（La Catedral）及瞻仰羅沙·里奧大主教，前者位於市中心，與舊政府大樓、自由廣場、國家劇院成為政教中心，可以想見其規模。走進大教堂彷彿遠離塵囂，進入另一種世界，令人心平氣和，有許多教徒在這裡靜坐、跪禱。

我捕捉了許多鏡頭，留下一些感動；後者是即將二〇一五年封聖的大主教奧斯卡·羅梅羅（Oscar Romero, 1917-1980），他抱持人道主義，關

懷弱勢，為公義鬥爭，是受難人士的庇護所。

一九八○年，他在主持彌撒中被槍殺，他的精神迄今仍然啟迪許多仁人志士。靈柩安放於地下室教堂，一方石碑刻著兩行字：實踐教會精神者，他與教會同在，是天主教的聖者。

12：00我們一行人抵達「王朝」，林大使忙中撥空趕來，李競一會長伉儷席開兩桌歡迎我們。原來，他是餐廳的負責人，二十多年前由廣州來薩國，嘗盡千辛萬苦，終於打造一片天地。兩年前曾帶著廣州的母親到臺灣，一償老人家懸念八年的夙願。旅途中，他看到美麗臺灣與濃郁的人情味，他生動敘述一段美妙經歷。我說有機會到臺北，我請你們嚐嚐鼎泰豐。

菜餚是粵式風味，清蒸魚、臘味雞鴨、龍蝦、海蟹與羹湯，其盛情可見。

14：00返劇院。

15：00進行走位、彩排、梳化妝、晚餐休息後，臺上暖身。

18：30著裝、最後準備。我進出幕前幕後，靜坐劇院，默誦心經，渾然忘了晚餐。

19：00大使、夫人與六歲大的小男孩，與我同在一樓包廂。他說想坐在視野最佳的地點，好好觀賞；我則為捕捉鏡頭，連續兩夜在此守候。

觀眾湧進，劇場即將爆滿。

19：10主持人宣布今夜來自臺灣的「臺北民族舞團」所帶來的精采「舞動臺灣情」正式演出。

一場演出，六個舞碼，一個鐘頭，舞劇緊湊、夢幻燈光、動人音效、豐富語言、圓熟身段，內聚十足的戲劇張力。

《觀想》開始，《慶神醮》結束，讓人的心靈宛如在傑作中冒險，一場精采的演出既震撼人心，也征服了觀眾。

結束前我走上舞臺，「今夜，我們劃下中美巡迴演出的完美句點。」當下心想。接著是觀眾起立的敬意與久久不絕的掌聲。

謝幕後，我向怡潔、阿琛、團員一一握手致謝。

三國六場十七天，我觀看
「舞動臺灣情」二十多遍，每
場都被視為肅穆的首演，並且
幕前幕後、臺上臺下，用心
探索舞團的符碼，我重新發現
舞團的生命情境，也分享辛苦
所帶出的甘美（見圖2-2-68～
2-2-70）。

21：30我們一行十五人抵
達湖南餐廳二樓，接受立夫盛
情邀約的消夜。大家環坐旋轉
壽司檯，各取所需，大使帶香
檳來慰勞又慶功。最後一場完
美演出，個個放懷盡興。面對
美酒佳餚，我吃了三小盤生魚

圖2-2-68　舞動臺灣情的舞者們在巴拿馬的文
化部前合照。（作者／提供）

圖2-2-69　舞者接受電視臺訪問。（作者／提供）

圖2-2-70　大主教奧斯卡‧羅
梅羅的靈柩。（作
者／提供）

片加上三個鮭魚壽司。大使、立夫、林祕書與我頻頻舉杯慶賀「征服薩爾瓦多觀眾」。

第十八節　為臺中藝文資源舞出光采

舞蹈是民俗藝術的重要環節，充分顯示民族的情感、思想與美感經驗。細數臺灣舞蹈界的先行、中生兩代可謂人才濟濟，舞出臺灣活力，例如劉鳳學、郭惠良、蔡麗華、林懷民、樊潔兮等。然而，當中郭惠良（1940～）的表現，堪稱獨特，她的舞蹈生涯半世紀，集采風、創作、教學與研究於一身。

如果說人生是齣戲，那麼投身舞蹈藝術的郭惠良，她以肢體語言譜寫的劇碼，不僅輝煌了自身的舞臺，刻畫出篇篇傳奇，也為臺灣舞蹈文化寫下了璀璨、豐碩的史頁。在舞蹈生涯之中，最令人稱道的莫過於她對舞蹈教育的貢獻，無論是任職小學唱遊教師，或擔任臺中市政府輔導團輔導員，或身為臺中市綿綿兒童舞蹈團團長，郭惠良總是盡心盡力地投入每項教學工作，為學生編排豐富的教材與多變的表演內容，啟發學生學習之興趣，即便是年長或身體殘缺者，也能在她的教導下獲得自信與快樂。這般一視同仁、不藏私的教育精神，不只為舞蹈界培植出多位優秀舞者，也使得舞蹈文化在臺灣這塊土地上被耕植的更加瑰麗、燦爛。她的付出，終於在一九九三年得到肯定，獲頒教育部薪傳獎（舞蹈類）的殊榮。

或許是與生俱來對「探索」的渴望與勇於「出走」的性格，不同於一般的舞蹈家，在舞蹈的學習與創作上郭惠良總能突破一般的主流價值和規範的框架，將那些被「舞臺」忽視的生活藝術與民族歌舞，融入表演之中，成為雅俗共賞的舞碼！此外，為求展演符合真實性，多年來郭惠良更走入民間尋訪原住民歌舞，親身學習、考證這些地方文化，發掘其底蘊，以作為創作的元素。因此，一件件絢麗迷人卻瀕臨斷層的歌舞藝術才得以逐一地被記錄、典藏，透過舞臺展現其風華，例如八佾舞・六代小舞、九族原住民舞蹈的用心經營，至於婆姊出巡與採茶舞更舞出另一種風姿，而

飲譽舞蹈界。一九九○年，她進入大陸到雲南等地采風，並將敦煌舞與安徽花鼓燈引進臺灣，她為舞蹈藝術開啓宏觀的文化視野，更注入多元的活力。

二○一一年，臺中市文化資產中心的典藏臺中系列，擬對舞蹈家郭惠良進行口述歷史的計畫，委託中華民俗研究學會執行。我們立即與蔡麗華教授聯繫，成立籌備小組，按規劃逐步落實。我特別強調依據過去許王與江賜美兩位前輩藝師的口述歷史經驗，以及繳交《阮註定是搬戲的命》與《戲海女神龍》兩書的成功案例，我們決定四大訴求：歷史性、趣味性、文學性與可讀性，以作為撰寫的原則。

首先整理郭惠良大事紀，並將她的舞蹈歲月劃為四個階段，以年代為經，學經歷、事業為緯，即：成長背景、獻身舞蹈教育、浸淫舞蹈研究與交流，循序漸進，以建構其多采多姿的生命史；附帶〈別人眼中的郭惠良〉，十人提出他們對郭惠良的觀察印象，包括大陸、臺灣學者與親人，這毋寧替她文字造像，為口述歷史開拓視野（見圖2-2-71～2-2-73）。

這本書型為十六開，配合生動相片百餘張，堪稱圖文並茂，透過優質美編，成為典藏範本。書名《陽光下的舞蹈牧者——郭惠良》；同步發行

圖2-2-71　舞蹈家郭惠良。（郭惠良／提供）

圖2-2-72　基金會2011年出版了郭惠良的　圖2-2-73　郭惠良與布農族人一同歌舞。
　　　　　口述歷史專書。　　　　　　　　　　　　　（郭惠良／提供）

有聲書（影音光碟）以發揮閱讀魅力。個人覺得本書的出版具有三點嚴肅的意義：一是對投入半世紀舞蹈家表示最高的敬意；二為臺中市增添一份藝文資源的成績單；三為臺灣舞蹈史補上精采的史頁。

第十九節　口鼻笛譜寫排灣心事

　　臺灣原住民族屬於南島語系的一支，卻多音交響，展現多元的文化。在十四族裡各自擁有不同的語言、神話、傳說、風俗、樂舞、詩歌、生活形態與制度，成就旗幟鮮明的文化樣態。其中又以工藝——物質文化與音樂——非物質文化兩項最能突顯族群形象特色。

　　原住民族在木工與雕刻較為發達的有排灣、魯凱、卑南與雅美等四族。至於音樂則眾聲喧譁，各具樂音風格，例如：布農的祈禱小米豐收祭歌（Pasibutbut）——八部合音宛如天籟；排灣口笛與鼻笛，音韻哀婉，彷彿百步蛇的低鳴。這些都是舉世罕見的文化資產，值得我們去重視。

　　為了承傳藝人精湛的技藝，培育無形文化資產鑑賞人才，二〇〇九年以來，文化部文化資產局陸續舉辦排灣族口笛與鼻笛、泰雅族口簧琴、泰雅族染織、阿美族傳統製陶等各項原住民族傳統藝術文化資產研習推廣之課程，以續持積累文化經驗，落實體認傳統藝術。二〇一三年，以排灣族

陶壺與口、鼻笛為主題之研習課程，將透過講座、導覽與實作，由淺入深，藉實際操作體會笛中滋味，期望學員能成為懂門道的行家。第一場已於七月在鶯歌陶瓷博物館舉辦，學者藝師引入情境，來一場靈魂在藝術中冒險，三天下來學員盈盈滿懷，受益匪淺。第二場將於九月二十七日假順益臺灣原住民博物館舉行，這是基於情境教學的考量。課程講座邀請吳榮順、胡台麗教授以實務經驗分享，伊誕・巴瓦瓦隆解析口鼻笛音樂符碼，少妮瑤・久分勒分則帶領大家樂器製作與樂曲吹奏。

　　排灣族口鼻笛音樂一向予人哀婉的感覺，使人「身心不由自主地進入笛聲所撩起的愛與思念的世界」。胡台麗解讀說：「百步蛇的吻端突起並向上翹，那是百步蛇的鼻笛。」、「百步蛇因預感即將被遺棄，而經常吹出哀傷的鼻笛聲。」伊誕以為：「傳說笛音是兩兄弟　在吟唱／樂音源自大地的蜂鳴鳥叫　與風聲／兩兄弟傳唱著／人生的愛戀　孤寂　和追憶」。少妮瑤則指出：「鼻笛的聲音接近百步蛇低鳴聲音」，也「接近人類哭泣的聲音」，吹奏時以顫抖音來流露哀傷思念之情，讓吹奏者或聆聽者得到情緒的紓解。

　　胡教授曾執行《排灣族鼻笛、口笛技藝保存與傳習規劃報告》（1995）、《排灣笛藝人生命史、曲譜與製作法記錄》（1997），並拍攝〈愛戀排灣笛〉紀錄片（2000），她的看法是建立在耆老的傳說與自己的驗證上；伊誕為排灣族藝術家、紀錄片導演，雕刻、陶藝家撒古流是他的大兄，他們都是許坤仲（Pairang Pavavaljung, 1935～）的兒子。在〈傳唱愛戀的兄弟〉紀錄片，他跡近父親的樂音世界，轉述父親的觀點；少妮瑤是位奇特女性，打破「傳男不傳女」的傳統，成為排灣族史上首位口鼻笛的女傳人，她出身學院，投入面向包括：樂論、研究、演奏與推廣等，並整理古調和創作，出版《生命——Nasl》（2007）與《聽——女人聲音》（2011）兩種專輯，二〇一一年，被屏東縣文化處登錄為排灣族口、鼻笛重要傳統藝術保存者，她的說法顯然是來自老師的傳授與親身的體會（見圖2-2-74）。

　　特別要指出的是，一九八八年，許常惠、徐瀛洲兩老率領的「中華民

圖2-2-74　胡台麗老師講解排灣族口、鼻笛的聲音與圖像。

國山地傳統音樂舞蹈訪歐團」，由阿美、布農、排灣三族三十五人組成，以二十七支歌舞讓原音在國際舞臺發聲，贏得歐洲人士高度的評價，當時許坤仲擔任排灣族婚禮音樂中雙管口笛吹奏，其複音音樂令現場觀眾之沉迷。

　　近年來，在國際化的浪潮席捲下，本土文化頗有被疏離的現象。幸賴一些有志之士，挺身守護「在地特色」，細心搶救瀕臨消失的「遺產」，爲傳統與創新覓尋路向，並獲得相當可觀得成績，排灣口鼻笛音樂就是最爲顯著的範例。二〇一一年，北排灣族許坤仲與南排灣族謝水能（Gilegilau Pavalius, 1950～）兩位著名藝師，以「排灣族口鼻笛」項目，被指定爲國家級重要傳統藝術保存者——也就是人間國寶，而驚動文化界，一時傳爲美談。他們都專精於雙口鼻笛的製作與吹奏，多年來透過口傳心授古調，在薪傳上著力甚深。加上少妮瑤長期從事國際交流與跨界演出，以排灣樂音征服聽眾，讓人見識到世界唯一僅有的樂器。還有最近泰武國小古謠傳唱隊（十四人平均十二歲的學童），由葛萊美得主何保泰（Daniel Ho）編曲《歌，飛過群山》，他們唱出天籟般的古歌謠而響亮於國際。排灣族老中青少幼傳唱的樂音，既譜寫心事更證明了「在地文化」的希望與魅力。

第二十節　那一年，臺灣原住民在巴黎發聲現身

　　一九八八年，原住民傳統樂舞訪歐團，以文化交流方式，突破外交困境，在巴黎發聲現身，讓國際社會聚焦臺灣，見識文化的魅力。這場演出爲臺灣文化藝術樹立新的里程碑，也爲文化大事紀平添重要的事蹟。二十五年後，我們回顧這次民俗藝術的國際交流，發現其影響之深遠，仍

然值得我們反思、借鏡。

一九七九年，「非歐洲藝術聯盟」成立，有六個國家地區的文化藝術研究機構加盟，如：日內瓦民族音樂學工作室、巴黎世界文化館、柏林國際音樂學研究所、荷蘭阿姆斯特丹藝術研究所、義大利米蘭劇院中心等；其宗旨目標為：超越國家界線，致力於搶救各國傳統藝術。

臺灣原住民傳統樂舞訪歐團的成軍是一種機緣，回想起來，似乎有點不可思議。一九八七年，德國的民族音樂家拖馬先生千里迢迢來臺灣，拜訪文建會陳奇祿主委，表明採集原住民傳統藝術的願望。陳主委立刻安排基金會創辦人許常惠教授，副董事長徐瀛洲先生餐敘，並進一步討論採集工作與延伸的計畫。接著，由許、徐二老陪托馬走訪布農族的音樂、阿美族與排灣族的舞蹈。托馬深受感動且表示，這樣具有代表性的文化資產，相當珍貴，應該向國際的學術界公開、分享。

陳主委敬佩托馬的看法，也有配合的意願。不過，進一步的發展，還有待於「巴黎世界文化館」了。該館創設於一九八二年，由法國文化部支持、贊助，其成立宗旨是，在全球各種表達方式、各種文化特質之間，開闢一個長期性的交流和對話場地。館長卡茲納達先生是創辦人許教授的文化知己，深具國際視野。一九八八年，巴黎世界文化館舉辦「太平洋節」（Festival Pacifique），以介紹太平洋地區的民俗音樂與舞蹈為主題，邀請了臺灣、紐西蘭、東加王國、庫克島、菲律賓與新幾內亞等地的民俗團體參加表演。

臺灣獲接邀請，陳主委認為機不可失，全力支持，同時突破行政層層關卡，立即與許、徐二老接洽，強調「純粹傳統」（原汁原味）的表演方式。並且敦邀財團法人中華民俗藝術基金會承辦。「中華民國山地傳統音樂舞蹈訪歐團」，終於在一九八七年成軍。該團由臺東馬蘭阿美族、海端布農族與屏東三地門排灣族所組成，成員三十六人。工作人員則包括音樂顧問許常惠、領隊華加志、團長徐瀛洲、舞臺監督蔡麗華，陣容之專業與堅強，於此可見。徐團長兼製作人，凡事謹慎、細心又投入，為求完美，計畫執行了一年，包括前階段的田調、耆老訪談與記錄，與後階段的半年

「集訓」。蔡麗華教授回憶說，當時各族酋長、長老紛紛反應：原住民的音樂舞蹈是以大地爲舞臺，無時間限制，大家盡興歌舞，少則三小時，多則通宵達旦。不過，爲了符合舞臺表演規則，他們再三解釋，費心指導，希望團隊能在國際舞臺上有精彩的表演。

　　徐團長與助理徐韶仁父女親自執行訪問團的相關事宜，精心撰輯表演節目介紹，包括表演曲目的意義、演出內容及族群生活背景等，並翻譯成多國語言，爲國際文化交流做最完善的準備工作。演出時間爲一九八八年五月二十七日至六月十七日，演出地點包括法國、瑞士、德國與荷蘭。巴黎世界文化館的「太平洋節」由臺灣山地傳統樂舞揭開序幕。九十分鐘表演了二十七支樂舞，郭英男領銜的阿美族十二曲、李天送神父率領布農族十曲特別是〈祈禱小米豐收歌〉（昔稱八部合音，今正名爲布農族音樂Pasibutbut），一鳴驚人，觀眾與樂評齊稱「天籟之音」。而排灣族也不遑多讓，五曲表演，高年八十多歲的女巫，形象獨特；鼻笛清音，婉轉入耳，使人大開眼界。平珩教授讚嘆：簡直是國家舞蹈團的演出水準。難怪演出震懾歐洲，所到之處觀眾爲之傾倒（見圖2-2-75）。

圖2-2-75　中華民國山地傳統音樂舞蹈訪歐團在國際舞臺大放異采。（中華民俗藝術基金會）

訪歐團載譽歸國，曾引起國人熱烈迴響，也帶出多重的意義：一是打開臺灣文化藝術的能見度，讓世界看到臺灣；二是提升原住民音樂舞蹈的文化、藝術價值；三是任何一種文化、藝術在本土化挺進國際化，宜考慮精緻化的階段，以彰顯特色，分享國際社會。

第二十一節　聆聽大師的生命交響樂章

　　一九七九年，基金會成立，創辦人許常惠教授爲搶救瀕臨滅絕的民俗曲藝，率領學生踏查全省各地，挖掘無數民間藝人，也留下許多珍貴的人文資源。曾永義教授接棒，整理歌仔戲劇本、錄製崑曲經典劇目，展演與研究並行，成果斐然，爲基金會打造公益的「金字」招牌。二○○八年，我奉命接力，特別提出挖掘族群人文、整合民俗藝術、再現臺灣圖像，重塑鄉土情懷，以作爲行動綱領。我們陸續踏查民俗藝術，進行一系列的口述歷史，爲民間藝人顯影，並繳交亮麗的成績，例如：許王《阮註定是搬戲的命》、江賜美《戲海女神龍》、《剪紙藝師李煥章》、《粧佛藝師施至輝》、《草編藝術家林黃嬌》等。受到閩南語作詞家古川（原名蔡國安，東大會計師事務所負責人，出身鹿港，臺灣語彙豐富）的肯定與注意。去年某一天，他向我們表示想爲「紀利男老師」進行口述歷史，希望基金會能提出專案計畫。

　　紀利男，何許人也？經過專案助理多方的搜尋、追蹤，總算有了初步的認識：紀利男（1940～）是一九七○至二○○○年代的音樂人，享譽臺、星、日、中四地。他出生於雲林水林，祖父紀長深得甘蔗栽種法，有「甘蔗王」之譽，父親曾留日，爲雲林仕紳名門。紀利男從小愛唱歌，憧憬當歌手。一九五九年，高中畢業後，隻身上臺北，經紀露霞的引薦，正式拜楊三郎（1919～1989）爲師，並在「黑貓歌舞團」學習樂理與演出。

　　一九六○年，入伍當裝甲兵三年，在軍中親自籌組樂隊。一九七一

年，三十歲的他率領臺灣樂團到新加坡「海燕歌劇院」擔任指揮暨節目總監。次年，與上官萍（本名劉小茜）結婚。在「海燕歌劇院」十年，締造新加坡流行歌曲的高峰，並創作近千首曲子，捧紅無數的歌星，如鄧麗君、余天、陳芬蘭、楊小萍、包娜娜、上官萍、吳秀珠、王孟麗等，新加坡一時成為群星會的舞臺。更難得的是，當年他為這群歌星所譜的曲子，雅俗共賞，在時間的淘洗下，歷久彌新，已成為經典之作，例如：楊小萍〈後悔愛上你〉（1971）、余天〈汪洋中的一條船〉（1977）、電影主題曲〈又是黃昏〉（1978）……

一九七九年，他參加日本作曲家協會，成為會員，是日本有史以來唯一的外國音樂家，次年，以詞曲創作〈初戀〉榮獲日本古賀（政男）賞銀盃獎。頒獎當天，他特邀時年六十歲的恩師楊三郎前往觀禮，分享榮耀。

一九八一年，「海燕歌劇院」關閉，他攜眷前往日本發展，花盡積蓄，鎩羽而歸，卻讓他學會並帶回日本音樂的精緻技術，曾引起臺灣流行歌曲界的革新。

一九九二年，他為了紀念恩師楊三郎，首創以百人交響樂團，配合楊三郎名曲十首重新編曲，成為《楊三郎臺灣民謠交響樂章》，深獲樂壇的肯定，也提升了民謠的藝術價值。一九九七年，再次以百人交響樂團配合懷念國語名曲，重新編曲，由余天、張鳳鳳演唱，締造了國語流行歌曲的新境界。一九九八年，他轉換跑道，開風氣之先，為高級音響（發燒音樂）製作，深得知音的好評。

一九九四年，他皈依佛教，為《阿彌陀佛四十八願》、《金剛經》、《藥師佛十二大願》、《大悲咒》、《心經》編曲，並嘗試為《道德經》譜曲。

二〇〇五年，他完成父祖輩的心願，返回泉州石獅錦江祭祖。二〇一三年與古川邂逅，兩人一見如故，合作詞曲，次年，推出《稻仔望花》（由林彙敏主唱），再續編曲之緣。

紀利男編、作曲四十多年，作品一千多曲，包括：勸善歌約七百曲，流行歌曲三百多曲，以及近年來的佛、道教音樂。長期以來，他以音樂譜

寫傳奇的人生，對華人音樂有一定的貢獻與影響。然而，他個性獨特，處處沉潛、事事低調，馴至被大家給遺忘了。這次，我們獲得紀老師的充分信任，擬透過口述歷史，建構他的心路歷程，重新詮釋他的生命交響樂章。其終極目標則是，為臺灣流行音樂留下珍貴的資源，更為流行音樂增添光輝的史頁（見圖2-2-76～2-2-79）。

圖2-2-76　紀利男的《初戀》一曲獲得古賀賞。（劉小茜）

圖2-2-77　專書出版記者會。（作者／提供）

圖2-2-78　紀利男夫婦至基金會進行訪談。（劉小茜）

紀利男 領導
海燕大樂隊

圖2-2-79　紀利男與海燕大樂隊的合照。（劉小茜）

第二十二節　一首不可思議的歌曲

　　紀利男先生（1940～2016）的音樂人生一甲子，集總監、策畫、編曲、作曲於一身，作品包括流行歌曲、勸善歌與佛道教音樂等約有一千曲之譜，他像春蠶吐絲，至往生前仍創作不輟。

　　紀先生十九歲由雲林北上，拜楊三郎爲師，盡得楊老師心傳。他曾受邀籌組樂團至新加坡「海燕歌劇院」，擔任音樂總監及節目籌畫（1971～1981），締造十年黃金歲月，不僅帶動當地娛樂事業的蓬勃發展，也提供臺灣歌星揚名海外的舞臺。

　　一九七二年，他與上官萍（本名劉小茜）結婚，成爲音樂人生的命運共同體。一九七八年，他加入日本作曲家協會，成爲該協會第一位臺灣籍會員，次年，以《初戀》一曲榮獲日本第十二回古賀銀賞獎。一九八一年，他舉家到日本，向音樂界進軍。七年之間，創作了十八首日本風味的曲子，發行《告訴我歸期》（由上官萍演唱），爲華語歌壇的第一張

CD，並與日本著名薩克斯風演奏家秋本薰合作，出版臺灣民謠經典演奏專輯《雨中鳥》、《離別的月臺》、《戀之曼珠沙華》等。

　　一九八七年，他離開日本，定居新加坡，成立「紀利男音樂製作工司」。從此奔波於新加坡、中國、臺灣三地，製作《楊三郎臺灣民謠交響樂章》、歌星專輯與錄製發燒片，往往開風氣之先，引領流行音樂新路向。

　　二〇一三年，紀先生完成《道德經》的作曲，有一天，他到編曲老師鄭寶順工作室錄音，上官萍以Tango節奏演唱其中一首，讓一旁的蔡國安驚訝不已，經接觸、會談後，兩人成為忘年之交。二〇一四年，由紀利男譜曲、蔡國安作詞，共同完成《觀世音菩薩聖歌》，並邀請鄭寶順編曲，林彙敏演唱。這年，蔡國安推出《稻仔望花》專輯，並委託基金會進行紀利男的口述歷史計畫。我們歷經六次訪談、一次踏查，逐步建構了《紀利男的生命交響樂章》（見圖2-2-80）。

圖2-2-80　基金會2017年出版的紀利男口述歷史專書。

二〇一六年十月四日，蔡國安傳來紀先生因肝腫瘤逝世於臺大醫院的噩耗。這讓口述歷史計畫團隊大為震驚，「我們將力求更完美的典藏版，以紀念先生。」我如此勉勵大家。蔡國安更積極建議：一、如期完成紀老師的生命史；二、規劃紀利男經典作品演唱會。蔡國安（1949～），出身人文底蘊豐厚的古城鹿港，美國佩柏戴恩大學金融會計碩士。一九七四年，成立聯合會計師事務所，是位知名的會計師。他對臺灣歌謠有著深厚的興趣，成立古川音樂工作室，兼擅詞曲。二〇一〇年，他跨領域成立FunUV新媒體集團，為華人在澳洲的最大新媒體。

紀老師的往生，對知才惜才的蔡國安而言，真如錐心之痛。十月十五日，子夜二點零三分，他寫下《憶情郎》：「曲已終　夜未眠／幕已落　人未散／風中長廊餘音繞樑／熟悉音符已成絕響／燈已滅　影猶在／墨未乾　人已遠／匆匆數載情深似海／如何教我即刻忘懷／盼君共度汪洋一條船／無奈夢醒又是黃昏時／握住你的手／寫下我的愛／忘不了你一生的期待／讓歷史記錄音樂生涯。」委婉詮釋上官萍的心聲。他立即傳真給鄭寶順與上官萍。更奇妙的是，上官萍當晚突然翻找成堆的CD，特別挑出標示「日本」的部分，第二天將其中一片交給鄭寶順。

十月十八日，蔡國安人在澳洲，還掛念《憶情郎》的作曲與錄音的事。鄭寶順來電話並播放《憶情郎》歌曲的錄音。「好哀怨，是誰作的曲？」蔡國安急切地追問。「是紀老師！」鄭寶順答覆。「不要開玩笑了！紀老師已往生了，怎可能作曲？」蔡國安以為對方在開玩笑。寶順細說原委：今天是紀老師二七，上官萍送來一片CD，是他在日本寂寞歲月的未名曲子，日本和音，由正式樂隊演奏。下午三點五十一分錄音，四點五十二分完成，現場上官萍主唱，歌曲如泣如訴。

「這是一首時空錯位的詞曲組合，宛如天人合作，無懈可擊！」蔡國安聽完，如此地讚嘆。

真是太巧妙了，紀先生在三十年前早已寫好的未名心曲，就等待知己的作詞，共同完成一首不可思議的歌曲。

第三章
工藝美術

第一節　臺灣傳統工藝美術

　　傳統工藝，乃指傳承於民間，具有地方色彩與民俗意象的工藝美術，或稱百工（《周禮·冬官考工記》）、工藝（連橫《臺灣通史·工藝志》）、工業（《安平縣雜記》）、民藝、傳統工藝等，不一而足，目前則名爲傳統工藝美術。

　　工藝因日常生活所需，應運而生，充分展現生活經驗與智慧，深具實用性質。後來經過百工的巧思（創意），在實用功能注入美感元素，以滿足審美需求，從而開拓工藝美術的新境界。

　　臺灣工藝美術的範疇概括：編織、雕刻、陶瓷、金工及其他等五大類。

　　臺灣族群包括原住民、客家、河洛，與後住民，多元文化聚集，大家和平共存，展現令人矚目的和諧性。更難得的是，各族群所表現的工藝美術，千彙萬端，例如：泰雅族的編織、黏碧華的刺繡、黃塗山竹編；排灣族的壁板、魯凱族的祖先柱、施至輝的粧佛、朱銘的太極系列雕刻、詹文魁的佛像雕塑；鶯歌、水里、美濃的陶瓷；陳萬能的錫藝製作；楊惠姍、王俠軍的琉璃藝術等，不可不謂琳瑯滿目了。

　　爲了精進臺灣工藝美術，政府、民間紛紛投入獎勵或設館，例如國立臺灣工藝研究中心、文化部文化資產局的獎勵與認證，鶯歌陶瓷博物館、朱銘美術館、萬能錫藝館的開設等，內聚成爲一股生機盎然的軟實力（見圖2-3-1～2-3-3）。

　　傳統工藝美術生發於民間，其技藝代代相傳，並且開枝散葉。匠心獨運的藝人常斟酌雅俗，不僅實用審美兼顧，抑且傳統創意並行，因此作品

圖2-3-1　《臺灣工藝之美》　圖2-3-2　《臺灣工藝地圖》　圖2-3-3　《臺灣民間工藝
　　　　書影。　　　　　　　　　　書影。　　　　　　　　　　博覽》書影。

能釋放親和、樸質的魅力，展現多采多姿的風格。例如：朱銘出身傳統雕刻，親近雕塑大師楊英風，接受現代雕塑理念與技法後，發表「太極系列」作品，深得太極拳神韻，意象獨特而一鳴驚人。為求突破，他毅然決然前往紐約，打開視野，並嘗試多樣媒材，實驗各種技法，終於推出「人間系列」，表達深厚的人文關懷。二〇〇〇年，他在新北市金山開設「朱銘美術館」，這是花費十二年的大創作，室內戶外均為氣勢宏偉的作品，可見他對「境教」的用心。觀眾徜徉其間，往往有渾然忘我的感覺。這是斟酌雅俗的最佳典範，也為傳統創意提供一個可行的路向。

　　再如鹿港陳萬能錫鋪，四代百年，他扎根傳統，積極創新，站在歷史的轉折點上，引領風氣，以無數獎打造金字招牌；三個兒子承傳祖業，表現亮麗的藝術形象，父子四人一門深入，長期薰習，每每為臺灣工藝美術締造奇蹟，並打開國際能見度。二〇一七年，陳家成立萬能錫藝館，作品涵蓋傳統與創新，令人大開眼界，既展現百年老店的使命感，更說明了陳家錫藝事業的雄心壯志。

　　一九九九年，我總策畫「臺灣民俗藝術節」，以臺灣民間工藝為主軸，希望帶出產業文化，思考實用、審美的對話，敦邀十六位學者專家撰稿，同步出版《臺灣民間工藝博覽》；二〇〇二年，在上述的論述基礎

上，加以整理後，推出《臺灣工藝地圖》。前者是「挖掘族群人文，整合民俗藝術」的實踐，藉著圖、文一窺百工之美；後者聚集相片、文章、地圖於一書，可作為親近、認識、欣賞本土工藝美術的指南。

就個人長期的觀察與研究，可以證明臺灣傳統工藝美術涵藏豐美多元，而且在「歷史的意識」〔語見艾略特（T.S. Eliot）〈傳統與個人的才能〉〕上有份自覺（即傳統性／現代性的對話），多數工藝家莫不扎根傳統，力求創新，因此能獲得國家藝師認證，甚至成為揚名國際的大師，他們輝煌的表現例證了本土化通向國際化的可能性。

第二節　巧奪天工——寫在「原住民族衣飾鑑賞與科學管理研習會」之前

臺灣原住民十四族，屬於南島語系（Austronesian）的一支，各族群仍保留南島民族語言與文化的古老形式，不僅是文化的活化石，也是臺灣的珍貴文化資產。我曾在〈那一年，臺灣原住民在巴黎發聲現身〉指出，一九八八年原住民傳統樂舞訪歐團（包括馬蘭阿美族、海瑞布農族、三地門排灣族三十六人），以純粹傳統（原汁原味）的表演方式，風靡歐洲。尤其是一曲布農族的Pasibutbut，讓觀眾與樂評齊稱「天籟之音」。這就是原住民的文化魅力！

基本上，原住民樂舞屬於非物質文化，而工藝則屬物質文化，包括衣、木工與雕刻、製陶、編織與網袋、瓠器等，不可不謂琳瑯滿目了。這裡特別介紹衣的工藝。

臺灣四面環海，屬亞熱帶，氣候多變化，地形多樣，平地、高山齊聚，而自然環境樣貌豐富，孕育了種類繁多的植物，儼然是一座纖維之島。竹、藤、麻、藺草等植物纖維隨手可得，原住民族便從中發展出特殊的編織技藝與色彩鮮豔的服飾。

原民服飾除了具備禦寒、保護與美觀的功能外，也蘊涵傳統藝術的特

質，更傳達了族群認同的深層意義。服飾本身具有多重屬性，例如：排灣、魯凱唯有貴族可穿戴華服，並施之以花紋，顯示特殊身分；泰雅女子必須習會織布才有資格紋面、成家，男人負責製作織布機，男女合作採麻、整理麻線，織布則由女子負責；阿美、卑南穿戴不同服飾以示不同年齡、階級的身分；在某些特定節慶祭儀，穿戴傳統服裝，充分表現族群的認同；而服飾的色彩、圖案與形制，皆要求對稱與均衡，從而展現各族群的獨特風格與美學意涵。

個人接觸原民服飾大概有三個階段，過程彷彿心靈在傑作冒險，處處驚奇也屢屢發現。一是一九九二年，我率領民俗藝術團到華盛頓DC進行文化交流，一團二十人，成員多位是一人多藝，齊力展現臺灣風華。當中，排灣許春梅的編織，平臺背景懸掛不同身分的服飾，端坐臺上織布機，手腳並用，現場表演十字紋繡，讓州長、夫人與觀眾大開眼界，駐足許久；二是一九九八年，我總策畫《臺灣民俗技藝之美》，力邀徐瀛洲副董事長撰寫〈臺灣原住民的工藝〉，他透過長期的田調，對原民服飾的工序，深入解讀，以圖文並敘的方式，引人入勝；三是細讀李莎莉《臺灣原住民衣飾文化──傳統‧意義‧圖說》（1998）對原民服飾的多元美學，嘆為觀止。

近年來，臺灣社會幾經驟變，民俗藝術瀕臨滅絕之境，原民服飾自不能例外，僅靠著若干節慶習俗以維繫一線命脈於不墜。有鑑於此，文化部文資局特別舉辦「原住民族衣飾鑑賞與科學管理研習會」，用此喚起大眾正視，尋找傳承這項傳統藝術的方法。研習會擬定亟需保存傳習的珍貴技藝，並開出衣飾鑑賞、典藏研究、維護管理與傳承創新等面向，為貼近實際，從在地文化傳承的觀點出發，以泰雅、阿美、魯凱與噶瑪蘭四族為例，邀請專家學者解說並示範染織、樹皮布、織繡，及香蕉絲織布等，方便入門（見圖2-3-4～2-3-6）。三天十場講座，由概述原民衣飾文化開始；其次，介紹四族織繡文化與示範，以及原民織品文物的典藏與維護；最後論述原民服飾的傳承與創新，提供文創新路向。

課程也安排參訪國立臺灣博物館與臺灣大學人類學博物館，一窺珍藏

圖2-3-4　研習營開幕式（左起浦忠成考試委員、林明德董事長、張至善研究助理（後排）、李莎莉館長、巴奈頭目及夫人、鍾興華局長、楊月桂科長）（作者／提供）

圖2-3-5　野桐工坊謝美如老師現場示範織布技巧。（作者／提供）

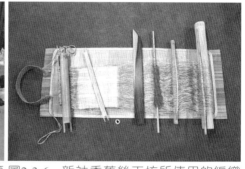

圖2-3-6　新社香蕉絲工坊所使用的編織工具。（作者／提供）

的原民傳統服飾之奧祕，並進一步學習藏品管理與維護等專業知識。現場同時展示原委會文化園區管理局和各博物館提供的原民衣飾數位典藏與出版品，以及原民文創商品。這種內聚多元子題的研習營，期望能有效培育專業人才，並促進原民文化保存相關單位間的互動與合作。

　　這次研習會安排四族服飾作範例，敦請的講座都是多年默默投入重建與傳承的工作者，而且繳交相當亮麗的成績。例如：泰雅族的尤瑪・達陸，為野桐工作坊負責人，大學畢業後任教國中，對母體文化相當陌生，

直到任職臺中編織工藝館，內心才騷動民族基因，毅然決然離開公職，回到彩虹的故鄉，尋找失傳已久的編織技藝，在耆老的引領下，逐漸恢復傳統染織技法，挽救一族的古老文化。她進入研究所深造，對傳統編織與現代應用進行辯證，為文創提供思考的空間。

一曲Pasibutbut，讓世人驚讚為「宛如天籟」；而重現的原民服飾，其精采豔麗若彩虹，當令人驚嘆為「巧奪天工」了。這些都是原民的文化圖騰，也是臺灣文化的重要元素。我們呼籲大家正視，用心接觸，進而珍惜島嶼寶貴文化資源。

第三節　匠心獨運——寫在「原住民族木雕鑑賞與科學管理研習會」之前

近年來，南鯤鯓代天府深識宗教與文化的倚伏關係，強調在信仰場域建構人文城堡，以作為國定二級古蹟的發展路向。因此，陸續委託基金會承辦學術研討會，以挖掘並累積資源。二〇一二年的南鯤鯓代天府凌霄寶殿慶成學術論壇，傳統建築學者李乾朗教授提出「建築年輪」的概念探索三百年來代天府的有機布局，與八卦、五行的深層結構。這種觀念發人之所未發，的確能新人耳目。我不僅震懾於現場，更引起一連串的反思。

之後，「文化年輪」的概念浮現於腦海，不能不說是得之於乾朗的啟發。考古學家一向主張文化層累的觀念，例如臺灣文化由舊石器時代（左鎮人、長濱文化），新石器時代（大坌坑文化、圓山遺址、卑南遺址），金屬器史前時代（十三行文化、高山民族等），層層積累而成。倘若透過文化年輪的觀照，將會有更深更廣的視角與發現。

年輪（annual ring），為木材解剖學的專有名詞，乃指莖的橫切面上所見一年內木材和樹皮的生長層而言，它是活檔案，蘊涵內在有機結構的特性。文化年輪則為複合名詞，意指文化形成由內而外，從古迄今，逐漸人文化成為有機的存在。臺灣原住民十四族，屬於南島語系（Austronesian）的一支，各族群仍保留南島民族語言與文化的古老形

式，成為文化年輪的核心層，是珍貴、稀有的文化資產，也是文化的活化石。其內涵包括非物質文化（如言語、神話、傳說、樂舞、詩歌等），與物質文化（包括衣、木工與雕刻、製陶、編織與網袋、匏器等），形式千彙萬端，令人嘆為觀止。二〇一三年原住民族木雕鑑賞與科學管理研習會，是繼去年原住民族衣飾的系列活動之一，文資局希望能累積文化資源，也期望由內行人傳承精湛的技藝，讓學員懂得門道，進一步去鑑賞原住民族工藝之美，從而珍惜文化資產，以科學管理守護這些物質文化。

大致上說來，原住民族在木工與雕刻較為發達的有排灣、魯凱、卑南與雅美四族，其雕刻多以人像、人頭、蛇紋與動物為主題，雕法上則以浮雕或紋樣呈現，例如象徵祖先意義的立柱多立姿單像，式樣化與寫實形式並存，有蛙人像，且大都眉鼻相連、雙手齊肩、雙膝微彎、足尖朝外，性別清楚。

這次研習會共三天十場講座，由原住民族木雕圖紋、鑑賞、典藏、維護、保存、科學管理，循序漸進，以修習專業素養，並透過參訪，實際了解原住民族木雕創作，特別在材料的選擇與技法的運用，從熱鬧覓尋門道。例如「古流工藝社」（1984～）負責人撒古流，專精排灣、魯凱雕刻，長期投入石雕、木雕與陶藝的人才培訓，積極參與社區總體營造，成果斐然。這次，他現身說法，透過技法的分析為原住民族雕刻奧祕解碼。

研習地點設在臺東「國立臺灣史前文化博物館」，好讓學員能跡近歷史情境，經由潛移默化，發揮境教的功能；而安排的師資更屬該領域的菁英學者，他們將在近距離的講座場域，釋放專業知識，引人入勝。

去年研習會以原住民族衣飾為主題，其精采豔麗宛若彩虹，令人驚嘆為巧奪天工；今年則以木雕為主題，展現原住民族的文化圖騰。藝術家以豐富的想像力、精湛的技藝，馳騁於虛實世界，推出獨具文化特色的作品，則堪稱匠心獨運了。這些都是物質文化，也是臺灣文化的重要元素。值得大家正視，用心接觸，進一步珍惜、維護，因為它們都是臺灣文化年輪的核心層的重要元素（見圖2-3-7～2-3-9）。

圖2-3-7　哈古木雕藝術村。（作者／提　圖2-3-8　學習典藏及修復。（作者／提
供）　　　　　　　　　　　　　　　　　　　供）

圖2-3-9　參觀庫房。（作者／提供）

第四節　民間藝人的新典範——剪紙大師李煥章

一、前言

　　傳統藝術，是指流傳於各族群與地方的傳統技藝與藝能，範疇概括傳
統工藝美術與表演藝術。剪紙為傳統工藝美術之一，介於女紅與紙雕之
間，具有悠久的傳承歷史與豐厚的民俗底蘊，因此最能展現常民文化特質

與民俗性格。

在中國大陸，剪紙工藝流布範圍甚廣，藝術風格也因地域、民情而有所不同。大致上說，北方是粗獷純樸、古拙隨意，南方則為精細優美、華麗明快。在傳統農業社會，未婚女性除了勤習女紅、刺繡、裁衣外，剪紙亦屬必修的一門技藝。

近代臺灣，剪紙工藝曾因陳輝、王克武、查世杰、史金榮、閔君平與李煥章等名家的精研剪紙與精心創作，而大放異采。但由於社會轉型，環境驟變，造成傳統工藝美術逐漸沒落，瀕臨滅絕的情境，剪紙工藝自不能例外。

幸賴有些熱心剪紙家的堅持、薪傳與創新，才為剪紙藝術維繫一線命脈於不墜。其中，李煥章老師堪稱最具代表性的人物。他長期投入剪紙藝術，於精進剪紙技巧、開拓創作面向、深化作品意境、提升民俗工藝價值、透過各式展演教學與推廣，馬不停蹄且不遺餘力，令人敬佩。我認識李老師於一九七〇年代，邀請他參加基金會規劃的民間劇場、古蹟的盛會、出國展演，與民俗技藝的講座等，長期地接觸、合作，逐漸成為忘年之交。一九七〇年代，我與李老師邂逅於展場，長期接觸、合作，逐漸成為忘年之交。一九九一年，經基金會推薦，李老師獲頒教育部傳統工藝——剪紙「民族藝術薪傳獎」，他捧著獎盃感動地說：「基金會是藝人之家。」二〇一四年，榮獲文化部指定為「重要傳統藝術剪紙保存者」。龍應台部長曾親自登門拜訪，深深為她《大江大海》的漏網之「魚」（流亡學生）的坎坷際遇與剪紙造詣所感動。囑咐好好整理李老師的作品，老人家逕回：「我希望由中華民俗藝術基金會來幫忙整理。」為期一年的數位保存計畫，在李老師充分信任、授權下，我們整理出六大類二十項、一千二百一十三件作品，成果斐然，平添許多珍貴的文化資產，也呈現了大師的多元剪紙藝術面向。更令人敬佩的是，他願意無條件獻給國家，作為永久典藏，此等無私之胸襟，堪稱民間藝人的新典範。

二、顛沛流離到臺灣

李煥章（1925～2015），山東省臨沂縣朱陳鎮人，故鄉是典型的農村，世代務農。父親李秀堂，是位公務員，母親李周氏。李煥章爲獨生子，父親對他的管教甚嚴，八歲進入村塾，跟隨一位清朝老秀才讀書，兩年內熟讀四書、五經，打下扎實的國學基礎。十歲時，父親過世，臨終前交代夫人：「無論如何都要讓孩子繼續受教育。」她堅決地回答：「您放心，我就算要飯也要讓兒子讀書。」爲了養家，她賣豆漿爲生。十一歲，由於村塾老秀才抽鴉片，被縣政府抄了，無法繼續授課，才轉入朱陳鎮實驗小學就讀。由於國學基礎遠遠超過小學程度，讀完一年級便直升三年級，一年後又跳到五年級，三年讀完小學。

十六歲時，因中日大戰，戰火蔓延至臨沂，只好輟學，到一家瓷器工廠做了六年的工人。一九四七年，考上臨沂師範學校，重新踏上求學之路。一九四八年，國共內戰，到處抓兵，當時共軍已占領臨沂，國軍撤離，學校決定委由校長劉聘卿帶領三百多位學生往南逃難。事在危急，母親顧慮兒子的安危與未來，含淚忍悲地說：「你不要管我了，快逃命去吧！」沒想到這是母子今生最後的對話。

從此，他成爲流亡學生，一路南行，自臨沂到蘇州、南京、廣州，四處遷徙，歷盡艱辛。一九四九年，隨國民政府渡海到澎湖，在毫無選擇的情況下投身軍旅。一九五四年，部隊來到臺灣，他上成功嶺接受訓練，結訓後，隨著軍隊移防烏日、谷關、嘉義、臺南等地。一九五九年，因爭取到戰亂充軍的流亡學生得以復學的機會，他參加甄試，進入員林實驗中學師範部就讀，再續學生生涯，重新開啟人生的夢想。補修一年，順利畢業，被分發到臺北西松國小任教。他孑然一身，舉目無親，難免孤寂，特別是夜闌人靜，或每逢佳節，無聊時，只好以讀書來消遣，除了四書五經外，還有《紅樓夢》、《水滸傳》……

一九六七年，與桃園新屋的徐鳳妹結婚，新娘年方十九歲。婚後育有一女二男。一九五九年，他轉調中正國小兼任輔導組長、執行祕書，重拾

剪紙技藝，融入教學也運用於輔導工作，讓學生「游於藝」放鬆心情，曾獲得良好的效果。其實，剪紙是他童年的記憶，他曾自白：「以前家鄉嬸子、大娘們的手藝都很巧，會剪會繡，像窗花、鏡花、鞋花，在長期耳濡目染下，對剪紙發生興趣，跟著學會了一些剪紙的基本技法，甚至還幫她們描繪剪紙的圖案呢。」

一九七九年，他的剪紙技藝受到臺北市教育局文化復興委員會專員邵庭蘭先生的注意，並邀請他協助教學推廣。於是進出中小學、大學社團教授剪紙，投入社區推動剪紙文化，應邀出國展示剪紙技藝，編鄉土教材，舉辦剪紙作品展等活動，接踵而來。他馳騁於剪紙世界，剪紙成為生活的核心，也是精神的支柱。

一九八九年，他從教職退休，全心精研剪紙藝術，多次進出大陸，返鄉祭祖、尋訪剪紙重鎮、觀摩剪紙技藝，並深入故宮、國立歷史博物館蒐集相關圖錄與文獻，在題材與寓意、剪刻手法、色彩表現、造型與構圖上，斟酌於雅俗、實用審美之際，逐漸建構出自己的剪紙藝術與美學風格。

長期沉潛剪紙世界，默默推廣民俗教育，以及不斷地自我挑戰，展示剪紙風華，這些累積成為珍貴的經驗，也為他帶來無數的獎勵，如：一九九一年教育部傳統工藝——剪紙「民族藝術薪傳獎」；二〇〇七年臺北市圓山兒童育樂中心成立「煥章剪紙藝術館」；二〇一一年新北市政府公告「剪紙」登錄為傳統藝術，李煥章為保存者；二〇一四年文化部指定李煥章為「重要傳統藝術剪紙保存者」，為老人家戴上「人間國寶」的桂冠。

李老師鍾情於剪紙五十多年，肩負創作與傳承的使命，為民俗藝術燃燒自己而無怨無悔。二〇一五年病逝，享壽九十歲。

三、剪紙藝術的奧祕

李老師自教職退休後，擁有較多的時間可以大展鴻圖，於是積極投入剪紙藝術的資料蒐集，以及工具、材料的改進和技藝的提升，突破傳統民

俗剪紙的局限，開拓剪紙疆域，展示盎然的生機與活力。

基本上，剪紙必備的三要件，即紙、剪刀、雕刻刀。

剪刀之運用隨時隨地，十分自在，適合圓弧線的剪裁，能呈現線條的趣味性；刻刀則適用於直線的表現與構圖精密的作品。在細節處理上可以避免剪刀之扭轉導致接口斷裂。李老師指出，遇到很精細的東西，如很小的葉子、很小的圈圈，用剪刀是沒辦法處理的，必須用雕刻刀才能做出想要的圖案。剪刀剪出來的線條較為柔和、細緻，刻刀雕出來的則較為剛勁、粗獷，倘能巧妙運用，可臻於剛柔並濟的境界。

剪紙的原則是：外剪內刻，大處用剪刀，小處用刻刀。刀具的來源，除士林刀之外，還有日本、德國等品牌。大小形制不一，但均為鋼製。剪紙所使用的墊板是他自製的得意法寶——「蠟板」，它軟硬適中，讓他得以乾淨俐落地雕鏤出精美的作品來。

傳統的剪紙，大都以宣紙和棉紙作為基本素材，可染出各種顏色紙張，更具有薄、輕、柔、吸水、韌度等特點。為了配合不同的創作題材與內容，達到適切又傳神的效果，他特別增加色紙、雲彩紙。有鑑於紙張不易保存又難抵濕氣侵襲，他想到故宮名畫之所以能千年不壞，關鍵端在材質，於是改以綾、絹來創作。他也引入日本深淺濃淡的色紙作為套色之用。這些改進讓民俗剪紙提升到審美層次，展現雅致又不褪色的藝術價值。

根據長期的觀察與創作經驗，他歸納出剪紙的應用範圍有八項，即：㈠窗花，指黏貼於窗子上作為裝飾用的紙藝品，如十二生肖、福、祿、壽、喜、春等吉祥文字；㈡喜花，用於喜慶禮儀之紙藝，如男婚女嫁貼喜、福、早生貴子之剪紙圖案。祝賀親友壽誕則剪壽比南山、福如東海、松柏長青之語句，及壽翁、壽桃等圖案；㈢刺繡花，是傳統刺繡女紅的重要環節，在衣裙、被褥、枕頭、帽、鞋等繡上吉祥又美麗的圖案，加以點綴，這些圖案都先以剪紙為底，再用繡線按圖繡出，其底模俗稱刺繡花；㈣禮品花，餽贈親友禮物（包括祝壽、生子、喬遷、開市等），並貼上適宜的字樣與圖案；㈤掛錢，在宗教禮儀中使用，如貼在門楣、神龕、樑柱等，用以祈求平安、酬謝神明、祛病禳災、祭祀鬼神；㈥團花，是裝飾於

家屋內頂蓬上（天花板）的紙藝，有龍、鳳、牡丹、花鳥、福、壽等字樣；㈦走馬燈，又稱影戲人，元宵節在商家或廟口到處可見的各種式樣的走馬燈，以剪紙圖案配上燈飾，在燈光下轉動，常見的圖案有八仙慶壽、鷹兔追逐等；㈧其他，有扇花、燈籠花。

他深諳民俗意象，透過諧音（如鹿諧祿、魚諧餘、蝠諧福等）、象徵（如松鶴之於長壽、牡丹之於富貴等）、聯想（如葡萄松鼠之於送子、多子等）等手法，含蓄委婉地表達常民的心理寄託與理想追求。

剪紙是一門在紙（或絹、綾）上進行剪、刻的手工技藝，其圖案的精美、多樣，往往取決於刀（剪刻）法的變化與摺疊技法的差異。其刀（剪刻）法又分為三種，即：

㈠陽刻：把原有的圖案線條保留下來，去掉線條以外的部分，形成鏤空處多、透光性強的視覺效果。

㈡陰刻：把原有圖案線條刻去，留下線條以外的部分，這種技法使作品保留完整的塊面，可配合染色來增添美感。

㈢陰陽刻：視整體構圖之需要，交互運用陰、陽刻，以求作品的多變與生動。

李老師指出，陽刻以線為主，線線相連，萬剪不斷，其細如毛髮，精妙非凡；陰刻以面為主，線線相斷，大塊形象更顯得渾厚凝重；陰、陽刻兩種技法的交相運用，使畫面產生虛實交映的效果，也締造了陰陽倚伏、有無相生的境界。

在剪紙藝術裡，摺疊技法也是作品成功的關鍵之一，李老師非常了解個中奧妙，他曾說：「摺的形式分對稱摺、三摺、四摺、五摺、……十二摺等，千變萬化，隨個人創造力去剪、去刻，好像變戲法一樣，出現美好的作品。」並且指出，摺疊法又分為兩類，一是線對稱摺剪，做法是將紙張對摺後剪出所要的圖樣，展開後會出現一組對稱圖形。若重複對摺後進行鉸剪，即會出現多組的連續對稱圖形；一為中心點對稱摺剪，以正方形紙張的對角線交會點為對稱中心進行鉸剪，展開後的對稱圖案數量與摺數多寡成正比，如二角對稱摺剪是將紙張對摺成四層，剪完展開即有兩組對

稱圖形，以此類推，三角、四角、五角、六角對稱摺剪，則可得三組、四組、五組、六組對稱圖形。唯摺數越多，難度越高。摺疊技法剪出的造型以圓形爲主，大都表現於團花圖樣。

在剪紙工藝的色彩表現上，大致可分爲單色剪紙與複色剪紙。前者指單一色彩的剪紙圖像，大都採用紅色，象徵喜慶、吉利；後者爲採用兩種顏色以上的剪紙圖樣，由於不同色彩互爲映襯，畫面繽紛，造成強烈的視覺效果。因製作技法的差別，又可分爲套色、染色與拼色三種。之外，李老師又提出繪色、印色與噴色等技法。繪色分剪前繪色與剪後繪色；印色，或把顏色印好，再將剪出作品套在上面，或直接印在圖案空白處；噴色是增強畫面色彩豔麗的技法。三者倘能巧妙運用，可以平添剪紙的藝術效果。

在剪紙的造型與構圖上，處處可見他用心於刀、紙之外，他扎根於傳統，融匯中西美學元素，展現具象、抽象多元藝術造型，開出剪紙的現代意義。他取材民俗、神話傳說、歷史故事、古典小說、書法字畫與青銅文物，融入馬諦斯（Henri Matisse, 1869~1954）、畢卡索（Pablo Picasso, 1881~1973）的現代藝術元素。「創新」是他提升剪紙藝術的原動力，而賦予民俗藝術新生命則是他的終極關懷。

四、大師剪紙藝術的範疇

李老師深入傳統，用心創新，不僅爲民俗藝術注入活力，也開出臺灣剪紙藝術的亮麗成績。依據他的一千二百一十三件作品，可歸納爲六大類，即：

㈠傳統民俗類，包括：1.歲時節慶；2.貼花祈賀；3.神獸；4.佛道神仙；5.神話與傳說。這類有四百零一件，占很大份量，可見他對民俗的重視。

㈡傳統人物類，包括：1.歷史故事與小說人物；2.百姓生活；3.戲偶臉譜。有二百六十件，其中前兩者占多數，也是他剪紙藝術的重要類型。

㈢傳統花鳥類，包括：1.花鳥圖；2.植物圖。有一百六十二件。

㈣傳統動物類，包括：1.走獸；2.水族；3.昆蟲。有一百三十六件。

㈤傳統其他類，包括：1.傳統詩詞；2.傳統器物。有一百一十四件。

㈥現代題材類，包括：1.建築及風景；2.瓜果器物；3.西洋經典圖文；
　4.西洋卡通造型；5.現代人物造型。有一百四十件。

　　六類涵蓋二十種子題，足以說明其作品之多采多姿與無窮的創意，在當前剪紙藝術界是相當罕見的。這裡列其中幾件，以窺其藝術風格之一斑：

㈠傳統民俗類／佛道神仙：《八十七神仙卷》

　　《八十七神仙卷》原是一幅白描人物手卷，描繪由東華大帝、南極天帝及八位神將、七十七位男女神仙朝覲元始天尊之壯觀場面。李煥章藝師與學生程燕珠歷經六年，始完成此一剪紙鉅作。畫面中眾神冠服雍雅，髮飾華麗，袍帶飄揚，顧盼多姿，足下祥雲繚繞，荷花競豔，優美景象極富藝術感染力（見圖2-3-10）。

圖2-3-10　李煥章的剪紙作品《八十七神仙卷》。（李聖心／提供）
　　　　　 尺寸：長42.4cm×寬412.4cm

㈡之1、傳統人物類／歷史故事與小說人物：《關羽讀春秋》

　　關羽好讀《春秋》，時常看到三更天。《春秋》一書，宣揚忠義。關羽忠義雙全、智勇兼具，此剪紙作品中，關羽坐看《春秋》，撫美鬚髯讀書，神情專注，部下持青龍偃月刀侍於後（見圖2-3-11）。

㈡之2、傳統人物類／歷史故事與小說人物：《春滿大觀園》

　　大觀園是出自曹雪芹《紅樓夢》中虛構的園林，描述是賈府長女元春被冊封為賢德妃后的省親別墅，即賈府大花園。李煥章藝師運用陽刻剪紙技藝，刻畫出細緻的《紅樓夢》主要故事人物於大觀園一處嬉戲；並運用陰刻點綴其他物件，氛圍閒情雅致（見圖2-3-12）。

(二)之3、傳統人物類／百姓生活：《清明上河圖》

　　《清明上河圖》原畫寬五百二十八公分，最早爲北宋畫家張擇端所作，現藏北京故宮。圖中描繪清明時節，北宋京城的繁華景象，及汴河兩岸的風光。李煥章藝師的《清明上河圖》系列分成八個畫面，既可獨立欣賞，又能組合爲一，宏觀評鑑。此第一幅，描繪城外郊景一片清曠，疏林掩映，嫩芽新吐，水塘錯落，波光粼粼；兩個腳夫趕著三匹馱貨毛驢，爲謀生計一路前行。水塘以陽刻方式呈現清透美感，地面以陰刻呈現土厚草榮之態；而天際留白，使枝葉的刻鏤線條更爲明顯（見圖2-3-13）。

圖2-3-11　李煥章的剪紙作品《關羽讀春秋》。（李聖心／提供）尺寸：長67.2cm×寬47.8cm

(三)傳統花鳥類／花鳥圖：《蘆雁》

　　蘆雁爲傳統題材，歷代畫家留下許多表現蘆雁飛、鳴、食、宿之作。據李煥章藝師云，這是一九九〇年代以後的創作，開始構思、鏤刻大幅的剪紙作品，而《蘆雁》正是第一件跳脫舊格，開啓新局之作（見圖2-3-14）。

圖2-3-12　李煥章的剪紙作品《春滿大觀園》。（李聖心／提供）尺寸：長48.0cm×寬105.6cm

圖2-3-13　李煥章的剪紙作品《清明上河圖》。（李聖心／提供）
　　　　　尺寸：長42.0cm×寬84.0cm

圖2-3-14　李煥章的剪紙作品《蘆雁》。（李聖心／提供）
　　　　　尺寸：長35.0cm×寬181.6cm

㈣之1、傳統動物類／走獸：《萬馬奔騰》

　　《萬馬奔騰》出自明朝凌濛初《初刻拍案驚奇‧錢多處白丁橫帶》：
「空中如萬馬奔騰，樹杪似千軍擁遜。」意指成千上萬匹馬在奔跑騰躍，
也用以形容群眾性的活動聲勢浩大或場面熱烈。在畫面上群馬的奔馳確實
展現了浩大的場面，刻畫馬的軀幹線條也充分表現出作品之精細（見圖
2-3-15）。

圖2-3-15　李煥章的剪紙作品《萬馬奔騰》。（李聖心／提供）
　　　　　尺寸：長31.6cm×寬144.9cm

㈣之2、傳統動物類／昆蟲：《千蝶翩翩》

　　《千蝶翩翩》，是李煥章藝師將各處蝴蝶種類集結而成，並透過不同紙材、剪刻技巧和用色方式，充分表現蝴蝶之動態，且完整細膩地呈現其姿態與羽翼紋路，且於正中部位排成「千蝶」二字，以作為聚焦、點題之用（見圖2-3-16）。

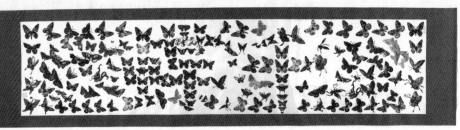

圖2-3-16　李煥章的剪紙作品《千蝶翩翩》。（李聖心／提供）
　　　　　尺寸：長27.2cm×寬117.0cm

㈤傳統其他類／傳統詩詞：《穠芳詩》

　　《穠芳詩》，不論詩的創作、瘦金體的撰寫，皆為宋徽宗。宋徽宗是歷史上少見具有高度藝術才華的皇帝，詞彙的優美與字體的藝術感皆極受推崇。李煥章藝師以直式、陽刻、黑色綾紙表現，呈現書法優美流暢的質感，相當別出心裁（見圖2-3-17）。

㈥之1、現代題材類／建築風景：《黃山之美》

　　一九九〇年，黃山被列入《世界遺產名錄》，成為了文化與自然雙重遺產。李煥章藝師運用陰陽刻的技法，將黃山前後的景深線條拉出山巒層疊之形狀，避免空蕩，以瀑布、雲、步道等點綴其中，使得畫面有疏密，突顯黃山的宏偉壯觀及連綿不絕的立體視覺，並引人無垠壯麗的聯想（見圖2-3-18）。

㈥之2、現代題材類／西洋與卡通造型：《最後的晚餐》

　　《最後的晚餐》（Last Supper），通常指耶穌赴死前，與十二使徒和門徒共進的晚餐。許多文藝作品以此為題材，此幅作品則是由最為著名的李奧納多・達文西的同名畫作轉變而來，人物輪廓線條透過剪刻技法呈現，相當縝密精巧，別具特色（見圖2-3-19）。

圖2-3-17　李煥章的剪紙作品《穠芳詩》。（李聖心／提供）尺寸：長67.2cm×寬47.8cm

圖2-3-18　李煥章的剪紙作品《黃山之美》。（李聖心／提供）尺寸：長38.0cm×寬129.5cm

圖2-3-19　李煥章的剪紙作品《最後的晚餐》。（李聖心／提供）
　　　　　尺寸：長23.5cm×寬72.0cm

五、結論

　　李老師一生彷彿苦難中國的縮影。他生於動盪不安的時代，歷經失怙別母離鄉的悲苦、嚐盡流亡學生的辛酸，憑著毅力在臺灣成家立業。因緣際會，重拾剪紙記憶，用心紙藝，精研雕龍之術，積極於傳統與創新的對話。深厚的人文素養與多元的藝術視野，內聚成為一股堅實的創作潛力，這種涵養正如劉勰所說的：「凡操千曲而後曉聲，觀千劍而後識器；故圓照之象，務先博觀。」（《文心雕龍‧知音》）但更難能可貴的是，他那一副「獨照之匠，窺意象而運斤」（《文心雕龍‧神思》）的藝術家風範。

　　他從容馳騁於剪紙世界，揮灑紙藝的萬般風情，例如：《蘆雁》、《八仙慶壽》、《清明上河圖》、《鑑真和尚》等。值得一提的是，在長篇鉅幅的作品中，他捕捉意象、構圖設色與情節安排上，匠心獨運，儼然是一幅幅的「敘事圖」，蘊涵深遠的意義，例如：《關羽讀春秋》，本事是曹操設計讓關羽與嫂嫂同住一旅館，企圖汙名，以坐實亂倫行為。但關羽點燈讀《春秋》，通宵達旦，關平、周倉隨侍在側，畫面突顯關羽正義凜然的形象；《八十七神仙卷》，國畫大師張大千曾認為是北宋武宗元《朝元仙仗圖》的濫觴，畫中以道教故事為題材，描繪眾神朝覲元始天尊

的壯觀場面。這幅花了六年，以虔誠之心，克服重重難關才完成的鉅作，不愧是他的精心之作，也締造了另一座藝術高峰。

二〇一四年，文化部長龍應台閱讀了《剪紙藝師——李煥章》一書後（見圖2-3-20），專程到三重拜訪李老師，震懾於大師的剪紙藝術造詣，肯定此一珍貴的文化財，並啓動專案進行剪紙傳統藝術與李煥章藝師作品建檔保存計畫，以作為未來空軍三重一村「李煥章藝術紙雕」的軟體準備。對孜孜矻矻於剪紙藝術的李老師，毋寧是一種遲來的尊重。

剪紙是一種常民文化，向來屬於女紅手藝之一，李老師全心投入，脫俗轉精，一刀刀、一幅幅展現剪紙藝術的風華，也流露個人的生命光采。他不僅為我們增添珍貴的文化資產，也為民間藝人樹立新典範，更為臺灣民間藝術寫上輝煌的一頁。這裡特別以一副對聯，聊表對大師的敬意：

出入雅俗為畢生紙藝
斟酌古今成一代藝師

圖2-3-20　剪紙藝師李煥章。（李聖心／提供）

※附加選圖：鑑真和尚十二幅（李聖心／提供）

選擇原因：如漫畫般，一幅幅說明鑑真和尚東渡傳法的故事

圖2-3-21　鑑真和尚十二幅（李聖心／提供）

第五節 用心於剪、紙之外

　　傳統藝術，是指流傳於各族群與地方的傳統技藝與藝術，其範疇包括傳統工藝美術及表演藝術。前者內含編織、雕刻、陶瓷、金工及其他五類；後者則涵蓋民樂、歌謠、說唱、雜技、小戲、大戲與偶戲七大類。

　　剪紙為傳統工藝美術之一，介於女紅與紙雕之間，具有悠久的傳承歷史與豐厚的民俗底蘊，因此最能展示常民文化性格。

　　在中國大陸，剪紙工藝流布範圍甚廣，藝術風格也因地域民情而有所差別，大致上說，北方粗獷純樸、古拙隨意，南方則工細優美、華麗明快。在農業社會裡，未婚女性除了勤習女紅、刺繡裁衣之外，剪紙也是必學習的一門技藝。在臺灣，剪紙工藝曾因陳輝、王克武、查世杰、史金榮、閔君平、李煥章等名家精研剪紙美學與努力創作，而大放異采。但由於社會環境驟變，造成這項民俗工藝逐漸沒落，瀕臨消失的情境。

　　李煥章老師投入剪紙藝術五十多年，既精進剪紙技巧、開拓創作面向、深化作品意境，提升民俗工藝的價值，又積極透過各式展演、教學與推廣，為剪紙維繫一線命脈於不墜，其堅持與努力，令人敬佩。我認識李老師於一九七〇年代，機緣相當有趣，或邀請他參加基金會策畫的民間劇場、出國表演，或民俗技藝傳承講座等，逐漸成為忘年交。一九九一年，經基金會推薦，李老師獲頒教育部傳統工藝——剪紙「民俗藝術薪傳獎」，他感動地說：「基金會是藝人之家。」

　　二〇一二年，我主持新北市「李煥章口述歷史」計畫，邀請蕭淑貞教授協同主持。我們登門拜訪李老師，並且強調計畫的意義與嚴肅性，當下，他的臉上泛著興奮、感動之情（見圖2-3-22～2-3-25）。我開門見山地說：「希望透過這計畫建構臺灣的剪紙藝術發展史，並且評述李大師的藝術造詣，還望您能知無不言，言無不盡……」「林教授，謝謝您，我絕對全心全力配合。」他以簡明肯定的語氣回應著，從此開始我們對他進行「不設防」的顯影工程。

李老師（1925～2015），山東臨沂人，臨沂自古為剪紙重鎮，他從小耳濡目染，練熟一手技藝。八歲入私塾二年，熟讀四書五經奠定扎實的國學基礎。十歲時，父親臨死前交代母親無論如何都要讓獨子繼續求學之路，母親哭著回應：「就算要飯也要讓孩子讀書！」一九三九至一九四八年，因戰火的影響，母親含淚忍悲，要他逃亡保命，從此成為流亡學生，一路南行，從臨沂、蘇州、南京、澎湖、輾轉到臺灣，歷盡艱辛。一九五九年，他爭取到戰亂充軍的流亡學生得以復學的機會，獲准參

圖2-3-22　李煥章口述歷史新書發表會。（作者／提供）

圖2-3-23　李煥章與他的剪紙作品合照。（李聖心／提供）

圖2-3-24 2013年出版的《剪紙藝師 圖2-3-25 李煥章作品《牡丹壽》。（李
　　　　　──李煥章》。 聖心／提供）

加甄試，進入彰化員林實驗中學師範部就讀，修業一年即分發到臺北市西
松國小任教，重新邁上人生的旅途。一九六七年，與桃園新屋徐鳳妹結為
夫妻，育有二男一女。一九六九年，他任教中正國小，兼任輔導組長，重
拾剪紙技藝並運用於輔導工作，讓學生「游於藝」放鬆心情，方便輔導工
作。

　　一九七九年，他參加文化復興委員會舉辦的剪紙作品展，從此投入剪
紙的社教與展演行列。一九八九年，他從教職退休，全心精研剪紙藝術，
多次進出大陸，或返鄉祭祖，尋訪剪紙重鎮，並到故宮、國立歷史博物館
蒐集相關文獻，在題材與寓意、剪刻手法、色彩表現、造型與構圖上，逐
漸建構出自己的剪紙藝術理論與美學風格。

　　李老師剪紙藝術內容包括：動物、植物、人物（神仙與歷史人物）、
戲曲小說故事、吉祥文字與圖案，以及建築、文物等。他長期沉潛紙藝，

精研雕龍之術，積極探索傳統與創新的關聯性，加上艱辛的生命歷煉、深厚的人文素養與多元藝術的視野，內聚成為一股厚實的創作潛力，讓他從容馳騁於剪紙乾坤，揮灑紙藝萬般風情，例如：《蘆雁》、《鬥茶圖》、《八仙慶壽》、《關羽讀春秋》、《百福駢臻》、宋徽宗《穠芳詩》、《紅樓夢》系列、《八十七神仙卷》、《清明上河圖》八幅、《鑑眞和尚》系列作品，堪稱是用心於剪、紙之外的表現。

值得一提的是，李老師在長篇鉅幅的作品中，對意象展現、構圖設色與情節安排上相當細心，儼然是一幅幅「敘事圖」，例如：《關羽讀春秋》，曹操設計讓關羽與嫂嫂同住一旅館，以坐實亂倫行為，但關羽點燈讀《春秋》，通宵達旦，關平、周倉隨侍在旁，畫面帶出關羽正義凜然的形象；《八十七神仙卷》，張大千曾認為是北宋武宗元《朝元仙仗圖》的濫觴，畫中以道教故事為題材，描繪眾神朝覲元始天尊的壯觀場面。這幅花了三年，克服重重難關才完成的鉅作（長達五、六公尺），他非常珍惜，視之為傳家之寶。

剪紙是一種常民文化，向來屬女紅手藝之一，李老師沉潛剪紙藝術五十多年，在剪法、題材、構圖、布局、意境上匠心獨運，脫俗轉精，為「民俗是藝術的土壤」提供具體的案例，而一幅幅典藏版的作品，毋寧證明了剪紙藝術也是作者生命情感的投射與再現。

第六節　李煥章剪紙——融入畢卡索元素

臺灣剪紙藝術家李煥章上月九日辭世，享壽九十歲。剪紙是一種常民文化，屬於女紅手藝，李煥章全心投入，脫俗轉精，一刀刀、一幅幅展現剪紙藝術的風華，既流露個人的生命光采，也為我們增添珍貴的文化資產，更為臺灣民間藝術寫上輝煌的一頁。李煥章鍾情剪紙五十多年，肩負創作與傳承的使命，為民俗藝術燃燒自己而無怨無悔。

李煥章一九二五年出生於中國大陸山東臨沂。一九四八年，國共內

戰，他成為流亡學生，一路南行，自臨沂到蘇州、南京，四處遷徙。一九四九年，隨國民政府到澎湖，在毫無選擇的情況下投身軍旅。一九五九年復學，補修一年，順利畢業，被分發到臺北西松國小任教。

剪紙是他童年的記憶，他在中正國小兼任輔導組長期間，重拾剪紙技藝，融入教學也運用於輔導工作，讓學生「游於藝」放鬆心情，獲得良好的效果。他曾自白：「以前家鄉嬸子、大娘們的手藝都很巧，會剪會繡，像窗花、鏡花、鞋花，在長期耳濡目染下，對剪紙發生興趣，跟著學會了一些剪紙的基本技法，甚至還幫她們描繪剪紙的圖案。」

基本上，剪紙有三個必備的三要件，紙、剪刀、雕刻刀。李煥章指出，遇到很精細的東西，如很小的葉子、很小的圈圈，用剪刀是沒辦法處理的，必須用雕刻刀才能做出。他的剪紙原則是外剪內刻，大處用剪刀，小處用刻刀；他還自製了一個剪紙墊板「蠟板」，它軟硬適中，讓他能乾淨俐落地雕鏤出精美的作品來。

傳統的剪紙，大都以宣紙和棉紙作為基本素材。為了配合不同的創作題材與內容，達到適切又傳神的效果，李煥章特別增加色紙與雲彩紙。有鑑於紙張不易保存又難抵濕氣侵襲，他想到故宮名畫之所以千年不壞，關鍵在於材質，於是改以綾、絹來創作，也引入日本深淺濃淡的色紙作為套色之用。這些改進讓民俗剪紙提升到審美層次，展現雅致又不褪色的藝術價值。

一九八九年，他從教職退休，全心精研剪紙藝術，多次進出大陸，尋訪剪紙重鎮、觀摩剪紙技藝，並深入博物館蒐集相關圖錄與文獻。在剪紙的造型與構圖上，他扎根於傳統，融會中西美學元素，展現具象、抽象多元藝術造型，開出剪紙的現代意義。他取材民俗、神話傳說、歷史故事、古典小說、書法字畫與青銅文物，融入馬諦斯（Matisse）、畢卡索（Picasso）的現代藝術元素。「創新」是他提升剪紙藝術的原動力，而賦予民俗藝術新生命則是他的終極關懷。

例如長篇巨幅作品《蘆雁》、《八仙慶壽》、《清明上河圖》、《鑑眞和尙》等，李煥章在捕捉意象、構圖設色與安排情節上，匠心獨運，儼

然是一幅幅精采的「敘事圖」。又如他耗費六年才完成的《八十七神仙卷》，畫中以道教故事為題材，描繪眾神朝觀元始天尊的場面，他以虔誠之心，精心一刀一刀的創作，也締造了另一座藝術高峰（見圖2-3-26～2-3-31）。

二〇〇七年臺北市圓山兒童育樂中心成立「煥章剪紙藝術館」；二〇一一年新北市政府公告「剪紙」登錄為傳統藝術，李煥章為保存者；二〇一四年文化部指定李煥章為「重要傳統藝術剪紙保存者」，為老人家戴上「人間國寶」的桂冠。

圖2-3-26　剪紙作品《鑑真和尚東渡傳法》系列作品之10。（金成財／拍攝）

第七節　藺草編織林黃嬌

一九七〇年代以來，隨著本土意識抬頭，臺灣藝術界出現一些素人藝術家，也帶出另類的藝術樣態，平添一股活力，例如：南鯤鯓的洪通、埔

圖2-3-27　李煥章的剪紙作品《蘆雁》。（李聖心／提供）
　　　　　尺寸：長35.0cm×寬181.6cm

圖2-3-28　李煥章於受訪時示範蠟板的使用優點。（吳明德／拍攝）

圖2-3-29　李煥章自製的剪紙工具——蠟
　　　　　板。（吳明德／拍攝）

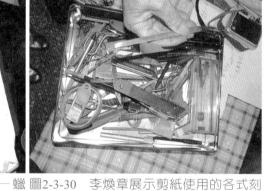

圖2-3-30　李煥章展示剪紙使用的各式刻
　　　　　刀。（吳明德／拍攝）

圖2-3-31　李煥章偕同夫人參加煥章館開幕。（李聖心／提供）

里的林淵、高雄的王樹、臺東阿美族彭明通。他們共同特色是：一、來自民間；二、年過半百才創作；三、作品素樸可愛，充滿想像力。素人藝術家中，大多為男人，女性偏少，這種現象因為藺草編織家林黃嬌的出現有些改觀。

林黃嬌（1932～）出生於臺中清水，幼年就送給人家當童養媳。她凡事打拚，目識巧，農忙之餘，下海牽網捕魚。一九五○年代，編藺草製品一時成為家庭副業，她跟著未來的婆婆學編製藺草帽，做「帽臍」、起底、加草、收邊，迅速完成帽胚。十八歲時，與大兄林松柏「送作堆」，正式成為夫妻。經過「三七五減租」、「耕者有其田」後，林家失去僅有的土地，生活頓入困境。婆婆帶著一家人移居臺東，與鄉親比鄰而居，並與原住民相往來，學習耕作要領。她的臺東歲月，盡是在種田、賣菜、煮飯洗衣、照顧五個子女的忙碌中度過。

一九八四年，五十二歲的林黃嬌和二女兒、三女兒都在女婿經營的獅子王飯店幫忙，趁空閒，她重拾草編技藝。於是嘗試新的設計，以藺草編製立體動物造型的擺飾，如金魚、小雞等，當時鄭烈縣長到飯店看到後，相當驚豔，並促成林黃嬌首次個展。她一年籌備，終於完成包括《十二生肖》、《二十四孝》等作品，一九九○年正式在臺東縣立文化中心舉辦第一次個展。從此，展現素人編織的系列魅力。先生看在眼裡，主動為她栽種大甲藺草，供她編織所需，並從旁打氣鼓勵。

一九九七年，她的《十二生肖》獲得第五十一屆全省美展工藝類佳作；一九九八年，她應邀到臺東師院傳授藺草技藝，同時在文化中心開設推廣課程，而與鄭梅玉老師結下亦師亦友的師生緣，同時作品獲得更大能見度；一九九九年，她的《九如圖》獲得臺中縣立文化中心第五屆編織工藝獎入選。阿嬤揉合傳統與創新的藺草編織，遠征歐洲，當然也被故鄉臺中所關注，一再應邀返鄉舉行藺草編展覽與示範。二○○六年，獲頒「第二屆大墩工藝師」認證。二○○八年，阿嬤入選國立臺灣工藝研究所「臺灣工藝之家」，多了一分薪傳的使命。

林黃嬌在中斷三十年的藺草編生涯，憑著年輕時扎實的基本工法，藉

著豐富想像力、靈活的雙手，馳騁於草編世界，創造出藺草編的新風貌。她的技法以壓一、壓二、起頭與收邊為主，從而編織立體造型，迥異於傳統編工的平面花格，堪稱別出心裁。

阿嬤最為人津津樂道的藺草編作品，包括：《八仙過海》、《九如圖》、《簑衣》、《雞飛狗跳》、《出征》、《信仰》、《龍王》、《乾隆君遊江南》、《農村四部曲》、《子孫滿堂——豬》、《二十四孝》、《阿美族服飾》、《捕魚》、《阿公阿嬤泡茶》、《農舍》、《全家福》……，或取材生活或追蹤民俗，她窺意象而編織，展現童趣盎然的作品，並且在每件作品中賦予動人的故事。

二○一一年，阿嬤的老伴往生，經過一陣陰霾的日子，她安頓自己，重返生活軌道。每天清晨四點起床，到菜園摘選蔬菜、到鯉魚山腳下菜市場販賣。午後空閒時，或編織或教學，勞碌一輩子，在在印證「工作就是生活」的人生哲學。在臺灣素人藝術家當中，她的系列作品既獨特又素樸，更為「民俗是藝術的土壤」做了最佳的詮釋（見圖2-3-32～2-3-34）。

圖2-3-32　筆者於訪問後與林黃嬌等人合照。（林黃嬌、作者）

圖2-3-33　藺草編織作品《子孫滿堂》。（金成財／拍攝）

圖2-3-34　藺草編織作品《信仰》。（金成財／拍攝）

第八節 臺灣粧佛工藝的發展概述

　　臺灣族群眾多，文化底蘊豐厚，有形、無形人文資源，多采多姿。其中，民間工藝更是千彙萬端。基本上，民間工藝，乃指傳承於民間，具有地方色彩和民俗意象的工藝美術成品，又稱民藝，或稱傳統工藝。最早的文獻《周禮・冬官考工記》則稱爲「百工」，所謂：「審曲面勢以飭五材，以辨民器，謂之百工。」[1]即是。

　　至於百工系統又分爲攻木、攻金、攻皮、設色、刮摩與摶埴等，其工藝原則也是最高境界，即：「天有時，地有氣，材有美，工有巧。合此四者，然後可以爲良。」連橫《臺灣通史・工藝志》進一步闡述：「工藝之巧，乃可以侔神明而制六合。」[2]並將臺灣工藝分爲十類。《安平縣雜記》[3]則逕稱爲工業，包括百種工藝，可見其內涵不可不謂琳琅滿目了。現代，學者、專家則共識民間工藝概括：編織、雕刻、陶瓷、金工及其他等五大類。

　　在臺灣經濟社會發展過程中，民俗藝術一直被忽略、誤解，馴至無法同步生長，的確是件令人遺憾的事情。一九七〇、八〇年代，一些學者專家驚覺這些「正在流失的遺跡─古老傳統習俗」的事實，於是積極投入田野調查，進行研究論述，以先進國家爲借鏡，呼籲維護、鼓勵薪傳，逐漸喚醒大家的疼惜與政府的正視。

　　粧佛[4]工藝是指雕造佛（神像）的工藝，包括前製作的造型雕塑（木雕或泥塑），與後製作的修飾裝扮。

　　傳統粧佛以泥塑（含素燒）或木雕爲胚體，再加上紋飾。其表現方式

1　見清朝阮元《十三經注疏・周禮・冬官考工記》，大化書局，頁1955。

2　見連橫《臺灣通史・工藝志》，眾文圖書公司印行，1979年，頁639。

3　見《安平縣雜記》，臺灣銀行經濟研究室編著。

4　粧佛，又有神像雕刻、神像雕造之稱。粧，有打扮、修飾的意思。臺灣民間慣用粧佛語彙來指稱神像雕造的工藝。

有兩種：一是紋飾圖案與胚體一體成形，外面施之以髹漆、安金箔與著
色；或於衣飾施之以浮雕龍紋，外面則安金箔與著色。泥塑則在泥塑加上
色彩。二爲神像不論是泥塑或木雕，「金身」（神像的身軀）的紋飾均使
用軟性粉質線形的附著媒材，盤纏於金身衣飾部分，構成圖案，製造浮雕
裝飾的效果，然後安金箔、著色。[5]粧佛工序於焉完成。俗諺云：「人愛
衣粧，佛愛金粧。」最能反映粧佛美感的三昧（見圖2-3-35～2-3-42）。

一、泉州派、漳州派與福州派概述

臺灣開發過程是由南往北的，俗諺云：「一府二鹿三艋舺。」就是最
好的語證，當然，依文化資產的蘊藏量而言，亦可做如此的排序。臺灣爲

圖2-3-35　粧佛工序：開斧。（金成財、
　　　　　施至輝）

圖2-3-36　粧佛工序：打初胚。（金成
　　　　　財、施至輝）

5　參考黃志農，〈神靈活現──淺談泉州式粧佛工藝〉，見《傳統藝術》，宜蘭縣：國立傳統藝術中
　心，2002年10月，頁24-27。

多音交響美麗島──臺灣民俗文化的入門書

圖2-3-37　粧佛工序：塗黏油。（金成財、施　圖2-3-38　粧佛工序：盤線。（金成
至輝）　　　　　　　　　　　　　　　　　財、施至輝）

圖2-3-39　粧佛工序：粉面。（金成財、施至　圖2-3-40　粧佛工序：著色。（金成
輝）　　　　　　　　　　　　　　　　　財、施至輝）

圖2-3-41　粧佛工序：畫面。（金成財、　圖2-3-42　2012年出版的《粧佛藝師 施至輝
　　　　　施至輝）　　　　　　　　　　　　　　　生命史及其作品圖錄》。

移民社會，除原住民外，以閩、粵爲大宗，先民帶來原鄉的民俗藝術並融入生活，開始是內地化的形態，這可從連橫所說的：「臺灣爲海上荒島，其民皆閩、粵之民也，其器皆閩、粵之器也。」[6]窺見一斑。後來族群落地生根，逐漸發展出具有在地化的人文特色，其中粧佛工藝頗可作爲例證。

　　早期漢人來臺，只是短暫居留，人數亦不多，直到明末，才有較多的漢人抵臺，進行較有規模的開發。大清帝國爲防堵鄭氏王朝，採取消極的海禁政策，嚴禁人民渡海，因此極少能合法入臺的，大都透過偷渡的方式，冒著九死一生的危險進入臺灣。由於渡臺海路險厄，生死難料，僥倖登陸的，還必須面臨水土不服、瘴癘瘟疫與原住民出草等威脅，俗諺云：

6　見連橫《臺灣通史・工藝志》，眾文圖書公司印行，1979年，頁639。

「三在六亡一回頭。」[7]即道出移民十人，只有三個還在，六個死亡，一個又回大陸原籍去了，因為在康熙年間，臺灣屬蠻荒之地，閩南移民頗多因水土不合而亡者。又云：「勸君切莫過臺灣，臺灣恰似鬼門關。千個人去無人轉，知生知死都是難。」[8]可見其風險與辛酸。

因此，先民在渡臺前，莫不祈求神明庇佑，帶著原鄉神祇一同航渡黑水溝。其方式包括：家祀之主神；家中無奉祀則到廟乞求分身；廟內無分身則請香袋或神符。早期傳入臺灣的民間信仰神祇大概以福德正神、瘟神、天上聖母、觀音佛祖與玄天上帝居多，其神像也以此五種占大多數，這些神像來自閩、粵原鄉，深具內地造型特色。乾隆年間，臺灣西部沿海開放三個主要港口，移民禁令解除，大量移民湧入臺灣，加上互市的開啓，各地行郊紛紛設立，府城、鹿港、艋舺商旅雲集，展現氣勢，嘉慶年間臻於巔峰，西部沿海呈現一片繁榮，先民為了報答神明庇佑，鳩工庀材以建造宮廟，寫下民間宗教史上的一頁榮華。

由於宮廟與神像需求驟增，亟需專業人才，便吸引了閩、粵手工藝精湛的唐山師傅來臺工作與傳藝。他們來自大陸不同地區，因此技藝有泉州、漳州與福州等不同派別與風格。當時的對渡港口是唐山匠師首度登陸與發展的地方，然後進入各處聚落，例如：臺南安平港、五條港，雲林笨港，彰化鹿港，新竹舊港與臺北艋舺，都是清代唐山匠師登陸的重要港口，他們投入工作和傳藝，或短期或長住，既留下經典作品，也薪傳數代的門派與藝師。他們「允佛」[9]，完成許多鎮殿泥塑神像的傑作，例如府城大天后宮的泥塑媽祖；也有遵古法雕造的木雕軟身神像，這些都是唐山師傅獨特的技法。

較早的神像雕刻店大約出現於道光年間，道光十五年（1836），臺南武廟右壁木牌〈禳焚祈安建醮牌記〉曾提到「來佛法」；同時，鹿港吳

---

[7] 見徐福全《福全臺諺語典》，徐福全出版，1998年8月，頁42。

[8] 見黃榮洛《渡臺悲歌》臺北：臺原出版社，1994年，頁24。

[9] 屬民間口頭契約，答應雕造佛像之意。

田也創立泉州派的「小西天」；另外泉籍神像匠師楊裁也在竹塹城暗街仔成立「法西方」。

　　道光年間是唐山師傅來臺的高峰期，由於西部沿海多為泉州人所開發，因此與原鄉匠師的交流較為頻仍。依據相關紀錄，泉州名匠許嚴曾在新竹竹蓮寺整修期間，完成十八羅漢；道光九年（1829），在臺北大龍峒保安宮雕造了深具泉州古風的三十六官將。道光二十八年（1848），雲林笨港泉郊金合順、廈郊金正順，聯合集資，在水仙宮後增建一殿以奉祀關帝，並有粧佛的紀錄。道光二十九年（1849），北港朝天宮聘請泉州西天國「小靈山」陳希誠重修鎮殿媽。

　　這些知名的唐山匠師來臺後，經常應聘到各地寺廟工作，大多居無定所，過著遊牧式的雕刻生涯。有些匠師「允佛」工事浩大，終其一生只雕造一座寺廟的神像。大致上說來，匠師雕造神像，其手藝若獲得肯定時，有些「人家厝」的鄉紳也會邀請他們雕刻廳堂神龕的家神。

　　當時，粧佛匠師的待遇十分優渥，他們居住寺廟或受委託的人家，食宿備受照顧。神像雕造竣工，還會獲得大紅包或匾額的賞賜。在如此禮遇與尊重的情境下，他們個個使出看家本領，創造尊尊完美的神像，也為臺灣留下珍貴的文化資產。

　　基本上，臺灣早期的粧佛匠師都來自泉州、漳州與福州等地，並發展出自家的雕造風格，形成不同的派別。泉州派匠師採家族事業類型，父子口授心傳；福州派採資本企業類型，開放授徒，粧佛技術流通性較強，因此學徒遍布臺灣，各立門戶；至於漳州派匠師則採家族與資本企業的折衷類型，既保留父子式的家族傳承，又開放授徒[10]。

　　這三派的營運模式有別，因此表現了不同的粧佛美學。大致上說來，泉州派較注重神像的架勢，雕造過程，僅注意大略格局，不做精細的琢磨；粗形完成後，以黃土與水膠的混合物敷飾神像表面，使神像的外形更

10 參考王嵩山，〈從世俗到神聖——臺灣木雕神像的人類學初步研究〉，見《民俗曲藝》29期，臺北，1984年5月，頁136。

為美觀，藉以表現各種神像的造型與神韻。漳州派則較注重粗胚後的精細修飾，在木質部分，精細的琢磨修整神像表面，使線條的轉折與細部的雕刻，均能展現細緻與精美。至於福州派，頗有綜合前兩派的情況，緣於脫胎漆的工法，在木雕粗形後，加以披土與裱紙的工序，層次做得較多，對於紋身的線條，就會有更精細的表現[11]。

二、日治時期的粧佛工藝

㈠日治初期

　　光緒二十一年（1895），清廷與日本簽訂「馬關條約」，臺灣隸屬日本統治，長達五十年，是謂日治時期。首任總督樺山資紀採放任政策，尊重臺灣傳統風俗；第四任總督兒玉源太郎採懷柔政策，標榜無方針主義，延續尊重臺灣人風俗習慣的政策。二十年期間臺灣傳統宗教與神像雕刻才得以蓬勃發展，吸引唐山師傅持續來臺，定居開業，造成粧佛工藝的輝煌時期。

　　嘉慶、道光年間來臺定居的泉州師，以開設的店鋪爲據點，在各地建立起聲望與地位，其事業版圖逐漸擴大到整個區域，並吸引其他匠師在周邊開店，形成競爭的局面。粧佛工藝由點而線，發展爲專業市街，例如，日治時期府城本町街（今民權路），來佛法蔡家、佛西國蔡家、承西國陳家、小靈山李家與西方國莊家齊集，蔚爲壯觀；鹿港、艋舺兩地也有類似的狀況。

　　清末到日治初期，福州匠師來臺，進入艋舺發展雕刻事業。例如：龍山軒、求眞軒與盧山軒。其中盧山軒陳誠祿（陳樂觀）來臺時，還有表兄林邦銓與林亨琛師傅。他們結合地緣與信仰圈，開枝散葉，成爲目前分布最廣的匠派。

　　風雲際會，粧佛匠師齊集，各憑本事，於是出現競藝的現象。清末獅

11參考劉文三，〈臺灣神像的彫造〉，見《臺灣神像藝術》，臺北市：藝術家出版社，1981年3月，頁28。

頭山「勸化堂」典藏林起鳳、林福清兩位名家的作品，豐原「慈濟宮」，由名匠陳駿楹承造殿內眾神，他力邀名匠林起鳳、林邦銓共同完成，當時業界騰傳「佛像雕塑三條龍」。其實競藝現象的背後，毋寧也反映出民間社會對於神像雕刻的重現與神像美感的要求。

㈡日治時期到臺灣光復

　　日治初期，日人對臺灣傳統工藝是存在若干質疑的。明治三十六年（1903），佐倉孫三《臺風雜誌》曾描述臺灣傳統工藝具有尚古之風，唯廟宇神堂布滿香垢、灰塵，加以未能使用良器，工匠拙劣。一九二〇年代，日人在臺灣推動現代美術教育，掀起西方美學思潮，也深深影響到傳統雕刻界。其中值得注意的是黃土水先生。

　　黃土水（1895～1930），生於艋舺，是日治時期的著名雕刻家，也是一九二〇年代臺灣美術的先驅者。童年親炙泥塑名匠林起鳳，頗得真傳。進入臺灣總督府國語學校師範科就讀，接受西方美術教育薰陶，後來就讀日本東京美術學校，得名師指點，由木雕轉攻塑造，深受寫實主義的影響。他與傳統神像雕刻的交集是在昭和元年（1926），時逢艋舺龍山寺改建，他為龍山寺雕造了《釋迦出山圖》，他揣摩悉達多太子苦行與菩提樹下悟道的歷程，開風氣之先，引領傳統神像雕刻匠師轉向藝術創作，像鹿港李松林《釋迦苦行像》、府城陳正雄《托缽》系列等，可見其影響之深遠。

　　日治末期，日本政府採行的宗教政策，如「神像升天」的毀神運動，加上二次世界大戰，使粧佛市場一時停滯；又因與大陸隔絕，閩、粵匠師交流中斷。造成本地匠師不得不覓尋生路，自力救濟，促使粧佛技藝從內地化轉為在地化。

　　一九四五年臺灣光復，民間信仰恢復，各地寺廟修建，蔚為風氣，也提供匠師施展技藝的舞臺，他們既傳承前輩的精湛技藝，也具備專業素養，更獲得社會的尊重，個個都能使出看家本領，平添粧佛工藝史頁的光采，也留下不少的經典的作品，近年多位榮獲國家級的民族藝師，他們都從這時期熬過來，由於忍得住耐得過，終於出人頭地而冠冕加身。可以說

那是一個糾葛著苦難、煎熬與等待的年代。

(三)當前的粧佛工藝

一九六○年代，臺灣社會急遽變遷，從農業轉型為工商社會，七○年代締造了經濟奇蹟，不過人民生活與價值觀念卻產生很大的改變，直接衝擊俗民文化，也影響了民俗藝術的命脈與生機，加上廟宇文化消褪，低級趣味充斥，大眾對民俗既陌生又鄙視，遑論民俗藝術的存活與價值，馴至其原始的意義與美學了。粧佛工藝既是民俗藝術的一環，自不能例外，而且首當其衝，影響甚大。

當中有幾件重大因素，例如：一為神像雕刻機械化，原本以手工一刀一刀雕琢的神像粗胚，改由國外引進的製刻模機代工，且大量生產。打粗胚改用機器生產，傳統礦物質顏料被現代油性顏料取代，既省時省工，又可以大量生產，然而傳統粧佛工藝的技術與美學，卻逐漸消失了；二是大陸開放後，進口的廉價神像大量輸入，其粗製濫造與品質之低落，不言可喻。這些現實因素不僅緊縮粧佛工藝的存活空間，也造成了粧佛匠師的斷層。臺南粧佛匠師蔡天民（1930～）曾感嘆說：「現在整個粧佛界，藝術性倒退了，在講求低價、快速的市場競爭下，多無暇用心去創新，因此技法顯得相當粗糙。」

目前粧佛工藝僅臺南與鹿港兩地尚有幾家百年老店維繫命脈，生機卻是相當地蕭條。前者有傳承五代的陳家承西國、三代的蔡家來佛國、六代的蔡家西佛國、三代的莊家西方國，與四代的林家人樂軒[12]；後者則有傳承六代的吳家小西天與三代的施家施自和。

三、相關人才培育的措施

神像藝術是粧佛匠師所追求的目標，這種工作不僅有教義、信仰的宗教意義，更兼具技術、藝術的美學意義。質言之，其本身蘊涵著物質文化與精神文化的雙重意義與價值。因此，粧佛工藝是傳統工藝與民間信仰的

---

[12] 參考吳茂成，〈府城粧佛工藝發展簡史〉，《臺南文化》新四十二期，1996年12月。

珍貴文化資產。

　　面臨粧佛工藝沒落、傳承存續之際，有識之士莫不苦心覓尋出路，包括：在技職學校授課，或成立專業的木雕技藝學校，或鼓勵匠師另闢蹊徑，進行創作等，不一而足。

　　不過，這些辦法可能緩不濟急，因此政府積極的推動指定重要傳統藝術的保存團體與保存者，三年來（2009～2011）共計十九件，其中，十五位保存者被冠之以民族藝術，得以負責傳習計畫，為傳統藝術薪傳做出貢獻[13]。施自和傳人施至輝（1935～），堅持傳統粧佛工藝與美學七十年，榮獲民族藝術薪傳獎及重要傳統工藝美術・粧佛保存者，在國立臺北藝術大學傳統藝術研究中心「2012年施至輝大師漆線工作坊」進行傳承授課之餘，願意正式授徒，傳授心法，或許將帶出一些生機，為泉州派粧佛保留一線命脈。之外，針對粧佛工藝的質變與沒落，口述歷史、重點紀錄與數位錄影保存計畫，應同步進行，以保存粧佛工藝的珍貴人文資產。

---

[13] 2009宜蘭縣，漢陽北管劇團（北管戲曲）〈漢陽北管劇團北管戲曲傳習計畫〉、2009彰化縣，梨春園北管樂團（北管音樂）〈梨春園北管樂團北管音樂傳習計畫〉、2009臺北市，陳錫煌（布袋戲）〈陳錫煌布袋戲傳習計畫〉、2009新北市，楊秀卿（說唱）〈楊秀卿說唱傳習計畫〉、2009新北市，廖瓊枝（歌仔戲）〈廖瓊枝歌仔戲傳習計畫〉、2010南投縣，南投縣信義鄉布農文化協會（布農族音樂pasibutbut）〈布農族音樂pasibutbut傳習計畫〉、2010苗栗縣，苗栗陳家班北管八音團（客家八音）〈苗栗陳家班北管八音團客家八音傳習計畫〉、2010南投縣，黃塗山（竹編工藝）〈黃塗山竹編工藝傳習計畫〉、2010南投縣，王清霜（漆工藝）〈王清霜漆工藝傳習計畫〉、2010臺南市，張鴻明（南管音樂）〈張鴻明南管音樂傳習計畫〉、2010臺中市，林吳素霞（南管戲曲）〈林吳素霞南管戲曲傳習計畫〉、2011臺北市，吳宗炎（兆南）（相聲）、2011桃園縣，賴鸞櫻（碧霞）（客家山歌）、2011彰化縣，陳萬能（錫工藝）〈陳萬能錫藝傳習計畫〉、2011彰化縣，施鎮洋（傳統木雕）〈施鎮洋傳統木雕傳習計畫〉、2011彰化縣，施至輝（粧佛）〈施至輝粧佛傳習計畫〉、2011雲林縣，黃俊雄（布袋戲）、2011屏東縣，謝水能（排灣族口鼻笛）、2011屏東縣，許坤仲（排灣族口鼻笛）。

多音交響美麗島 —— 臺灣民俗文化的入門書

250

第九節　馳騁木雕天地的施鎮洋

一、

二〇〇七年，我積極推動「彰化學叢書」，預計十年六十冊，希望能多面向去挖掘、再現彰化的人文底蘊，當時揭示：

往昔，有一府二鹿三艋舺的符碼；
今天，人文彰化見證半線的風華。

作為此一文化工程的總目標。

其實，中華民俗藝術基金會（1979～）創辦人許常惠教授早已開風氣之先為「鹿港」解碼，並促成彰化縣南北管戲曲音樂館的籌設，其他成員也先後投入彰化的田調與研究，於民間宗教、傳統建築、傳統表演藝術、傳統手工藝與飲食文化等面向，均有相當厚實卓著的成果。

二〇〇九年，我為叢書特別規劃鹿港的傳統戲曲、彩繪、工藝、寺廟、古典文學與民間文學等子題，敦邀學者專家勞心撰述，以印證宛如活化石的鹿港之魅力。例如：呂錘寬的南管與北管，李奕興的彩繪，我則負責、執行若干子題，並且現身示範，鎖定「鹿港工藝八大家」，帶領彰化師大臺文所研究生進行田野調查，我們決定：理論、經驗兼顧，文獻、訪談並行，循序漸進，以跡近藝師的創作世界：由緣起、師承譜系、工序鑑賞、未來憧憬，加上創作年表，以呈現藝師的創作歷程與藝術造詣。

二〇一〇年十二月，正式推出《鹿港工藝八大家》，包括：幾代傳承，一門雕藝的李秉圭；專心彩繪燈籠，贏得大師冠冕的吳敦厚；執著鹿港燒，鍾情原民圖騰的施性輝；幾代木雕，巧藝榮獲國家工藝大師的施鎮洋；慢工出細活，巧織立體繡的許陳春；以鄉土情懷開創木雕新視野的黃媽慶；錫藝四代，斟酌傳統、創新，父子各具風姿的陳萬能。

二〇一一年九月，文建會發布一批榮獲民俗藝術保存者與團體，當中

鹿港工藝家三人赫然在目，包括傳統木雕施鎮洋、錫工藝陳萬能、粧佛施至輝。這消息毋寧證明了鹿港工藝多風華，也肯定了鹿港傳統工藝的精湛造詣。

二、

　　與施鎮洋伉儷認識三十多年，隨著個人深入親近鹿港，逐漸成為知己，並進入他的工藝世界（見圖2-3-43～2-3-50）。記得剛認識時，他們稱我為「林教授」，我則敬稱鎮洋兄、大嫂。幾年後，我們發現，兩人同年，而且我還虛長幾個月呢。「林教授，您是大哥，以後再也不可稱鎮洋兄、喊我大嫂了！」鎮洋夫人笑著辯

圖2-3-43　木雕藝師施鎮洋。
（施鎮洋／提供）

圖2-3-44　施鎮洋工作照。（施鎮洋／提供）

圖2-3-45　施鎮洋工作照2。（施鎮洋／提供）

圖2-3-46　施鎮洋工作照3。（施鎮洋／提供）

圖2-3-47　作品《鹿港施姓宗祠四樓神龕》。（施鎮洋／提供）

圖2-3-48　作品《彰化城隍廟　圖2-3-49　作品《苦盡甘來》。（施鎮洋／提供）
　　　　　神輿》。（施鎮洋
　　　　　／提供）

圖2-3-50　作品《四季六屏》。（施鎮洋／提供）

說。「好啦，以後就叫鎮洋大師，叫你弟妹，可以吧。」我立即回應。看她眉開眼笑，彷彿年輕了好幾歲。

鎮洋（1946～），彰化鹿港人，出身於傳統木雕世家。父親施坤玉（1919～2010）是位大木作師傅。他是長子，十餘歲便跟在父親身旁，開始接觸傳統建築雕刻。初中讀了一年就休學，正式學習木雕技藝。十六歲，參與父親所承攬的廟寺雕刻工作。他曾自述：祖先曾是富貴人家，經營船頭行，擁有十八艘半（半艘，是與人合夥）船隻。因鹿港淤塞，商機萎縮，到父親一代家道中衰。進入職場後，他深感學識不足，無法在木雕界嶄露頭角，便利用夜間跟漢學老師周定山（1898～1975）學習，充實人文素養。

二十五歲，他獨立承攬大甲鎮瀾宮媽祖神像後面雲龍堵等五面大堵浮雕工程。這年，與大甲經營食品批發的蔡家獨生女蔡美燕締結良緣。他透露傳承木雕是基於分擔父親勞苦與長子承擔家務的責任感（兄弟四人，他排行老大），之外，自己本身對木雕刻情有所鍾，也是關鍵。他跟父親學習，卻發展出不同的路向：父親純做廟宇設計，他則鑽研小型雕刻，從事藝術創作。

談到創作靈感，他指出，創作需要豐富的經驗，將經驗轉為創作的靈感，否則要創作會困難重重。基本上，創作是老材料的新綜合，新秩序的建構，其步驟不外積學養氣，博見以饋貧，期能「窺意象而運斤」，成為「獨照之匠」（劉勰《文心雕龍・神思》）。

鹿港木雕刻大概可分為泉州與福州兩派：後者擅長神像雕刻；鎮洋與父親屬於前者，精於建築設計，其雕刻充滿泉州元素。鹿港古蹟多，工藝人才濟濟，獲得民族藝師與薪傳獎七、八人，至於民族工藝獎得主則不勝枚舉。長期以來營造出工藝場域，發揮境教的功能，住民在潛移默化中，培養出深厚的人文素養與文化觀照。「鹿港本地師傅占了地利之便，有不懂的地方，隨時可騎腳踏車到廟宇走一趟，就可獲得答案。身為鹿港人真福氣，要懂得感恩。」他曾如此自白，並期許自己在外地工作要盡心盡力，扛起鹿港工藝家的責任，共同維護「鹿港」這方招牌。

在雕刻工具上，他使用泉州式雕刀，刀柄至刀口的寬度較為一致。雕刀依刀的內外銳面與弧度的差異，可區分為內鋼和外鋼，就刀面斜口來看，內鋼刀較為外凸，外鋼刀則內凹。在使用上，內鋼刀的機率較高，從鑿打輪廓到修飾形態都派上用場；外鋼刀則用之於構件削後鏤空伸展角度的處理。

至於雕刻技法，分線刻、陰刻、浮雕、透雕、圓體雕（又稱圓雕）、貼雕、鑲嵌與圓柱體雕等。投入木雕半世紀，他的雙手滿布刀痕，也造成右手大拇指變形，較左手大拇指更為粗大些。

鎮洋的寺廟雕刻，相當多樣，包括神龕、斗栱、大八仙桌、神輿與藻井等，由於鑿工細膩，作品獨特，在民間工藝界建立一定的口碑。一九八二年，他三十七歲，參與鹿港民俗才藝活動，因謝東閔先生的鼓勵與啟發，使他積極思考將大型華麗的廟宇傳統木雕小樣化的可行性，這個契機，促使他從傳統雕刻跨入藝術創作。

於是，他創作系列作品，如：《突破限境》（1985）、《鹿苑長春》、《鯉躍龍門》（1986）、《帶子上朝》（1993）、《龍》（1996）、《伏虎》、《四季六屏》（2000）等，他因材施作，隨紋賦形，作品不僅得到好評，也獲得各界的典藏。

三、

一九九二年，鎮洋四十七歲，榮獲第八屆教育部「民族藝術薪傳獎」（傳統工藝木雕類），這是對他投入木雕表現三十多年的一種肯定，同時也開啟扮演另一種角色。他一方面傳授學徒：在過去，這種傳統工藝都是傳子不傳外，相當封閉，他卻打破禁忌，大力回饋社會，傳授木雕祕訣門道。「因為我之所以有今天的一點成就，是受到文化界好朋友的鼓勵與牽成，一身技能絕非是自己私有的財產，而是文化財（公共財）。」他開朗地表述。

他自覺傳統工藝要代代薪傳，所以在一九九七年，接受文建會委託，於彰化師範大學執行國立傳統藝術中心「施鎮洋木雕保存與傳習計畫」，

招收十位全職學員，培養專業的木雕人才，多年維繫木雕命脈，影響深遠。

另一方面兼任大學教授，講述木雕工法：二〇〇〇年任教南藝大，二〇〇二年雲科大，或文建會、各文化局專題演講，擔任評審，隨緣傳授木雕心法。

二〇〇九年，他六十四歲，獲頒第三屆國家工藝成就獎。在頒獎記者會上，他摸著刀痕累累的雙手，舉起獎杯笑著說：「我痛得很快樂！」讓現場觀眾為之動容，這句話是木雕生涯五十年的心聲，笑中帶淚，輕鬆裡有艱辛。言外之意毋寧也傳釋了對傳統木雕的堅持與自信。

二〇一一年，鎮洋榮獲文建會指定重要傳統工藝傳統木雕保存者，成為國寶級的文化財，這桂冠，可謂實至名歸。

四、

在古城鹿港有工藝家認證制度，凡通過者便成為工藝家族，必須在工作場合，加以布置，展示成品、半成品，以及現場製作，供訪客參觀。鎮洋是工藝家族成員，住家客廳布置得十分典雅，環壁懸掛作品，空間則有裝置藝術，件件都是他的傑作，徜徉其間，不自覺心曠神怡。

他有件作品，名為《躍》，畫面有三隻鯉魚正在瀑布中逆流而上，期待能躍上龍門，顯然取象於神話傳說。三隻鯉魚，象徵「三元及第」，但畫面三隻魚並未全部雕出，最上面一隻只露出一截尾巴，其餘隱身水流中，取「神龍見首不見尾」的意象。露鯉魚尾巴而不是頭，自有其美學思考，卻平添一些神祕感。

他現身說法，利用木材原色的色差，雕出瀑布、鯉魚、松樹等，鑿工要細膩。但最花功夫的，不是瀑布，也不是鯉魚，而是陪襯的松樹。由於鑿刀很難深入，必須一刀一刀慢慢雕刻，才能顯現層次感，讓整個畫面鮮活又有動態的感覺。

有人說：施鎮洋，是一個以獎牌砌成的名字，亮麗無比。不過，就我長期的觀察，他是位大胸襟的木雕工作者，一方方的獎牌背後，是無數的

血汗、煎熬與突破。木雕是他的第二生命，而光榮則屬於古城鹿港。

第十節　發現詹文魁

在臺灣石雕發展史上，詹文魁的藝術造詣，特別是佛像雕塑，堪稱獨特，他不僅型塑自己的風格，也雕造諸佛新相，寫下亮麗的史頁。

詹文魁（1960～），出生於花蓮七星潭，父祖輩靠海爲生，經營定置漁網。童年優游漁村、沙灘、藍海與烈陽，是玩伴心目中的孩子王，而鬼靈精則是他的另一個名號。國小四年級，愛上繪畫，嶄露藝術天分；國中時，陪母親到一貫道道場聽經，初遇佛法，把《金剛般若波羅蜜經》金句：「凡所有相，皆是虛妄。」寫在書包上，作爲警惕。曾經在家裡盤腿打坐，彷彿進入禪定之際，母親喊叫：「文魁啊，不要走火入魔，趕快起來。」像是棒喝，把他喚醒。

一九七五年，文魁就讀花蓮高中，二年級下學期，毅然決然從自然組轉社會組，爲的是上藝術科系，方便專心雕塑。這種決定眞是不可思議，但他一路獲得許多貴人的支持，像廖清雲老師、何恆雄教授、大姊詹惠瑛……。他的努力與表現，也贏得張梅君小姐的芳心，在競爭對象中—手術刀（醫生）與雕刻刀（雕刻家）之間，她做了一次大膽的抉擇。

文魁投入石雕三十多年，創作歷程大概可以分爲四個時期，即：一、學院時期；二、現代雕刻、佛像與裝置藝術；三、佛像雕刻；四、大型佛像。

一、二時期大都是學院派的創作，不過也透露他創作的多元面向，包括：抽象雕刻、佛首與裝置藝術；三、四時期均屬佛像塑造，材質有石、銅之分，造型則有小、大之別。

大二、三時，他勇敢地接下新竹青草湖「靈隱寺」的佛像工程，親自銅塑《開山祖師》與《無心和尙》兩件大型作品。一九八四年，爲花蓮「祥德寺」水泥塑造八公尺《白衣觀音像》；一九九二年又完成十二公尺

《金身地藏菩薩像》，其法相之莊嚴、氣勢之宏偉，一時傳爲美談。

他長期吃齋、唸佛、打坐、觀想，深深感悟「菩薩入我，我入菩薩」「山是一尊佛，佛是一座山」的妙諦，並獨創「一刀」的技法。他的佛教藝術理論大概有三個重要的觀念，即：一、以相示法，即以佛像表現佛法與佛菩薩的特性，如花蓮「祥德寺」《金身地藏菩薩像》、「中臺禪寺」《四大天王》等；二、以法示相，依佛經的義理創造佛像，如四川峨嵋金頂四十八公尺《十方普賢菩薩像》，乃據〈普賢行願品〉、〈普賢十大願〉的內涵去思索祂的形象；三、無相成相，則是以《金剛般若波羅蜜經》中「凡所有相，皆是虛妄。若見諸相非相，即見如來」、「應無所住而生其心」的思維理路來雕造佛像，如「中臺禪寺」《毗盧遮那法身佛》與「洞山祖庭」《一佛二弟子像》等。

一九九五年，是文魁佛像雕刻生涯的新契機，「中臺禪寺」硬體建築由李祖原大師規劃設計，大師採用「異法門」的原則，設計一座恢弘雄偉的現代寺廟；佛像雕造則由文魁及二十位匠師團隊負責，他的雕工技法突破傳統寺廟佛像的形式，並融合現代雕刻的風格，三年多打造二十二尊法相莊嚴的佛像，宛如一座現代佛像的展場。

二〇〇六年，四川峨嵋金頂「華藏寺」敦請李大師規劃建築，而四十八公尺《十方普賢菩薩像》則由文魁雕塑；二〇〇九年，陝西法門寺文化景區延聘李大師負責硬體建築「合十舍利塔」，文魁則負責三身佛像的雕造（見圖2-3-51～2-3-53）。他們兩人合力完成的現代寺廟與大型佛像，飲譽中外，爲當代佛教藝術史平

圖2-3-51　詹文魁1983年受邀參加第二屆民間劇場，於臺北青年公園展示五公尺高的佛頭並進行現場雕刻。圖為林明德與詹文魁於大佛首前合影。（詹文魁、林明德）

圖2-3-52　祥德寺地藏菩薩像為地皎法師 圖2-3-53　詹文魁為印度龍城所造《行禪
　　　　　親自找詹文魁建造。（詹文魁　　　　　　　中的佛》，是印度八百年來首
　　　　　／提供）　　　　　　　　　　　　　　　尊戶外大佛。（詹文魁／提供）

添幾頁輝煌。文魁說：「在中國雕塑華嚴三聖是我的人生大夢想。」我
想，為文殊菩薩造像就是大夢想之一環，希望他心想事成。

　　二○○八年，一尊十二公尺《行禪中的佛》，充分詮釋了文魁的弘
願，為感恩、為喚起眾生平等，希望佛陀早日返回印度，大佛被安放在賤
民區的「龍樹學園」（2003～），期盼佛陀釋放大慈悲。

　　為了挖掘文魁的佛像雕刻世界，我追蹤他三年，不僅跡近他的雕造現
場，更進入他不設防的內心世界。他的雕刻類型多元，於佛像卻是一門深
入，長期薰習，因此能創造嶄新的諸佛像，開拓佛像雕刻的新視野。他的
作品深受典藏家的喜愛，而遍布全臺，甚至流傳到日本、中國、印度等
國，真不愧是位立足臺灣，放眼國際的佛像雕刻家。

第十一節　佛像雕刻家詹文魁

　　我與詹文魁結緣於一九八三年。當時我們接受文建會委託，承辦第二
屆民間劇場。籌備委員們共識，它是民間文化的動、靜展示，也是民間技
藝表演活動的一種形態，於是提出「廣場奏技，百藝競陳」的大構想，在
臺北青年公園展開為期五天的活動，內容包括動態的藝能（傳統表演藝

術）與靜態的民俗技藝（工藝美術）。其中，石雕藝術，我們邀請詹文魁來共襄盛舉，他答應得乾脆，還從花蓮搬運一件帝王石半成品的佛頭（五公尺高），既展示又現場雕作，一時成爲民間劇場的焦點，電視媒體競相報導。

接觸，才是了解的開始，從此我們忘年交往三十多年。長期以來，他稱我爲教授，視我爲老師，只要到花蓮，一定聚會，實際了解他的石雕進程。二〇一一年，我應邀到東華大學民間文學研究所講授「文化詮釋與批判」，課餘帶領研究生進行「佛像雕刻家－詹文魁」的口述計畫。三年來，逐漸進入文魁的佛學修爲與佛像藝術世界。

文魁（1960～），出生於花蓮七星潭漁村，父親經營定址漁網，母親出身養女，不識字，信奉一貫道。他排行老三，上有兄姊下有一弟。小學就讀中華國小，愛畫圖，背畫稿、臨摹。上了花岡國中，得到美術老師林聰惠的啓發，國二隨母親到道場聽經，接觸《金剛經》，並在書包寫著「凡所有相，皆是虛幻」，以示信受奉行。從此與佛教結緣，日日唸佛吃齋。升上花蓮高中，與廖清雲老師學國畫、捏自塑像，高三由自然組轉到社會組，報考臺灣藝專雕塑學系，正式接受科班的雕塑訓練，打下扎實的基礎。畢業後，他返花蓮「拿鎚子」展開他的石雕事業。花蓮是石頭的故鄉，也是石雕藝術家的創作重要場域，大概以偏向人物與現代石雕爲主流。文魁結合石雕與個人信仰修爲，另闢蹊徑，專心佛像雕刻，並且開出一片新天地。一九八五年，他在臺北美國文化中心石雕個展；一九八七年，臺灣省手工業研究所臺北展示中心石雕佛像個展；一九九一年，臺北新生畫廊石雕佛像個展；一九九七年，擔任花蓮縣石雕協會總幹事。十多年，他在佛像雕刻，一門深入，並且斟酌雲岡大佛、敦煌石窟，及中國歷代佛像造塑，雕塑一尊尊法相莊嚴的佛像，也創造自己的美學風格。因此，作品一出，識者爭相典藏。他的佛像雕刻遍及臺灣、日本、中國、香港、印尼、印度與美國等地。

一九九五年，是文魁佛像雕刻生涯的新契機，中臺禪寺新建工程開始施工，硬體建築由李祖原大師規劃設計，他採用「異法門」的原則，設計

一座恢弘雄偉的寺廟；佛像雕刻，則由詹文魁及二十位工匠的團隊負責，他的雕工技法突破傳統寺廟佛像的形式，融合了現代雕塑風格，三年多打造出二十二尊法相莊嚴的佛像，宛如一座佛像藝術的展場。二〇〇六年，四川峨嵋金頂・華藏寺敦請他們合力規劃，硬體建築由李大師負責，文魁則雕塑露天的十方普賢菩薩像（四十八公尺高），為兩千年來的佛教勝地添新景。二〇〇九年，陝西法門寺文化景區延聘兩人規劃，李大師負責硬體建築合十舍利塔，文魁則完成三身佛像雕刻。他們合作且完美的案例，風靡中國，展現了臺灣宗教藝術的軟實力，堪稱臺灣之光（見圖2-3-54～2-3-56）。文魁說：「在中國雕塑華嚴三聖是他的人生夢想。」

值得一提的是，二〇〇八年的《行禪中的佛》，充分表現他的弘願。印度佛教在十三世紀滅亡，直到一九五六年才展開佛教復興運動，發起人安貝卡博士帶領五十萬賤民在龍城聚會，皈依佛教，推動種姓平等制，他認為只有透過佛法，才能徹底改變人民對賤民不平等的心態，於是成立普濟會，現任會長是英國籍的世友先生。臺灣佛教界為慶祝該會成立五十二週年，透過游祥洲教授推薦，委託文魁塑造一尊佛像，以象徵對印度佛教復興運動的關懷，並表達對釋迦牟尼佛的感恩。文魁窺意象而運斤，設計《行禪中的佛》，是一尊高達十五公尺的佛像，行走的佛陀雙腳踏著兩朵蓮花（代表悲、智），面容安詳，動靜一如，希望祂早日返回印度，帶給印度佛教徒無上的法喜。據說，這個計畫還獲得南懷瑾教授的奧援，才得以兌現。這尊佛像是龍城新景點，每年來參訪的超過一百萬人。

二月十三日，我帶著博士生人弘與文魁進行深度訪談，我感覺他的別墅是一座佛像、古董文物與生活結合的空間，同時看到他是生活、禪修與藝術三位一體的實踐者。

圖2-3-54　筆者與詹文魁（攝於廈門的工作坊）。（詹文魁、作者）

圖2-3-55　詹文魁《地藏王菩薩》作品。（詹文魁／提供）

圖2-3-56　詹文魁的石雕作品《阿彌陀佛》（六點五公尺）。（詹文魁／提供）

第十二節　維繫一線墨脈於不墜

　　臺灣不產墨，早期所使用的墨錠大都來自上海、福州等地。日治時期，有些福州製墨師傅遷移來臺，與製筆行業群聚府城，其中以錦華齋、榮華齋、興文齋與青松閣等商號最具特色，為傳統書畫藝術提供良好的條件。

　　一九四五年，臺灣光復後，物價暴漲，經濟蕭條，加上大陸墨條大量進口，本地製墨——特別前三家，難以為繼，或歇業或調整營業方向，以求生存。後來，因教育政策，文房用品需求日增，許多製墨師傅紛紛到臺北創業，例如興文齋的師傅在三重設廠，其門徒林祥菊、潘伯慶、唐文彬、吳啓文也跟進，一時製墨工廠蔚為壯觀。至於青松閣堪稱異數，由潘振南（1910～）所設立，他幼年學習製墨，曾獲得福州曹素功（1615～1689）「藝粟齋」師傅的心傳，曹氏原籍墨鄉歙縣，子孫繼承墨業，綿延十三代三百餘年，「藝粟齋」曾遷至蘇州、上海，並在福州設立分店。一九四八年，潘振南帶著精湛的墨藝來臺，成立「青松閣」，在傳統製墨孜孜矻矻數十年，曾被「勝大莊筆墨公司」聘為顧問，並應「國立故宮博物院」之邀，指導後進學習古墨製作技術，為薪傳工作盡心盡力。一九八七年，獲頒教育部第三屆民族藝術薪傳獎，可謂實至名歸，同時也為傳統製墨「黑手」生涯，此種「雖小道，亦有可觀者」的行業做了新的詮釋。

　　二〇〇三年，六十二歲的陳嘉德榮獲中華民國資深青商總會主辦的「第十屆全球中華文藝薪傳獎——民俗工藝獎」，一位默默攪敲揉壓古墨四十八年的藝師，終於獲得肯定，並成為文化界的新焦點，媒體訪談、大師墨展應接不暇。二〇一〇年，臺北縣政府公告「陳嘉德——製墨」登錄為臺北縣傳統藝術（傳統工藝美術類），六十九歲的陳嘉德成為保存者；二〇一三年，基金會接受委託，執行撰寫「新北市口述歷史——傳統藝術類——陳嘉德先生口述歷史專書」，為陳嘉德這個人進行顯影的工作。該

計畫主持人是吳明德、蕭淑貞伉儷，他們以參與觀察法，對木訥型的藝師進行一年的訪談，終於有所解密，彷彿完成一件相當不可能的任務。

這本專書，包括六章，約六萬字，即：第一章製墨工藝的發展概述；第二章陳嘉德學習製墨的歷程；第三章陳嘉德與「大有製墨廠」；第四章陳嘉德製墨工序與技法；第五章陳嘉德松煙墨作品賞析；第六章陳嘉德生平大事紀。全書以墨史為經，陳嘉德及其作品為緯，循序漸進，建構扎實的論述。

陳嘉德（1942～），出生於嘉義縣鹿草鄉西井村，家境清寒，鹿草國小畢業後，隻身北上，在臺北後火車站，經職業介紹所媒介到三重臺北橋下，福州墨師林祥菊（1919～）經營的「國粹墨莊」當學徒，三年四個月的學徒生涯，任勞任怨，深獲林氏的信任，悉心傳授福州古墨製作技術。一九六四年，入伍服兵役，在馬祖擔任工兵；一九六六年，退伍、結婚；一九六九，頂下潘振南轉讓的舊廠房，開設「大有製墨廠」，顛峰時期，員工十多人，日產一萬多條手工墨，當時知名的墨條如「寶島」、「古梅」、「金龍」，都出自他的製墨廠。一九八八年，因大陸廉價學生墨傾銷來臺，他評量無法與之競爭，當機立斷，遣散所有工人，轉型獨自一人製造高級的松煙墨。這個關鍵是當年國粹墨莊林祥菊老闆的一席話：「你出來創業，遇到同業競爭（學生墨），一定要放棄，走高級的路線，與他們有所區隔。」也就是說，以品質、技術拉開競爭對手的距離。此等經營智慧，類似近年企業界流行的藍海策略，真令人敬佩。為了區別學生墨（油煙墨），他到處甚至歐、美尋找高級松煙墨的原料，且遵古法製，將松煙、牛皮膠、麝香和梅片（冰片）依比例與水調和，透過攪和、敲打、揉捏、入模、加壓、修剪、陰乾等工序，一方飄香的古墨，於焉完成。國內勝大莊、蕙風堂、友生昌等知名筆墨莊，全都是陳嘉德松煙墨的展示窗口，大家公認他的手工墨條具有色階豐富、多層次與透明度等特色，讓書畫充滿韻味（見圖2-3-57～2-3-62）。

陳嘉德以特殊的墨藝贏得大師冠冕，名聞遐邇，竟連安徽屯溪「胡開文」的老墨廠（創始人為胡天注，1742～1808）也來交流取經。證明了

圖2-3-57　陳嘉德在大有墨莊內的工作情 圖2-3-58　製墨工具：碾墨機。（新北市
　　　　　形。（新北市政府文化局／提 　　　　　政府文化局／提供）
　　　　　供）

圖2-3-59　陳嘉德使用碾墨機製墨。（作 圖2-3-60　陳嘉德所製之「神品」墨條。
　　　　　者／提供） 　　　　　（新北市政府文化局／提供）

圖2-3-61　2014年出版的《臺灣製墨藝　圖2-3-62　陳嘉德於新書發表會上發表談
　　　　　師——陳嘉德》　　　　　　　　　　　　話。（陳嘉德）

行行出狀元，事在人為，是成功的不二法門。這種行業，一年四季十二月三百六十五天都在「黑手」中度過，其艱辛寂寞，是難以形容的。二〇一一年，製墨五十年的老師傅將棒子交於兒子陳俊天（1974～），堅持技留臺灣，維繫本土一線墨脈於不墜，以兌現小人物的大夢想。

　　經過一年的田調，吳明德伉儷完成的論述加上攝影家金成財二百多幅的相片，圖文映襯陳嘉德這個人，既揭開傳統製墨的真相，也鼓舞堅守此種行業的藝師，更增添臺灣製墨文化的史頁，其意義自是多元而且不凡。我細讀、校刊後，特別肯定他們的努力，並替專書命名為《臺灣製墨藝師——陳嘉德》。

第十三節　遇見畫家梁奕焚

　　畫家梁奕焚（1937～），我久聞其名，但與他認識卻是在一九九九年。那年他告別世界藝術殿堂——紐約Soho，返臺定居，被毛毛蟲兒童哲學基金會創辦人楊茂秀教授延攬為董事，成為夥伴。我們才開始正式地交往。

　　二〇〇五年，我策畫彰師附工藝術家調查，帶領博碩生多次訪談附工

校友梁奕焚，並建立了基本檔案。二○○七年，因緣俱足，我與康原啓動彰化學，預計十年出版彰化學叢書六十冊，內含多元子題，其中繪畫系列有不破章、張煥彩、施並錫、陳來興與梁奕焚等人。我多次遊說梁大師並主動編輯《臺灣畫家梁奕焚》，希望能增添叢書的光采。

二○一三年九月，我特別到臺東都蘭拜訪他的「祕園」，具體說明計畫後，他欣然同意。這過程讓我深深感受到大師濃郁的鄉土情懷。他出生於彰化縣芬園鄉，小時家境貧困，半工半讀完成彰化高工初中部。一九五四年，考進臺北師範藝術科，艱苦的環境讓他成熟，更懂得求生之道，於是他努力沉潛繪畫、瀏覽圖書館典藏的祕籍。一九五八年，他跟隨現代派大師李仲生學畫。李老要他拋棄學院派的制式作畫方式，「一切歸零」，重新開始，六年之間，他積極吸收表現的、誇張的、故意的藝術理論，體會傳統與現代合一，超越時空又能把握當下的創造美學，深獲李老的稱讚，也意味著從李門畢業了。他教學創作二十多年，一九七六年，辭去教職，專心創作，年年個展，飲譽藝壇。

一九八七年，五十歲的他，改變年少時代的「巴黎夢」，獨闖藝術聖地，在紐約Soho設立繪畫工作室，追逐藝術家的大夢。在這裡讓他有如龍游大海，鳶飛九重天，心胸整個開脫。他曾在一九九八的藝術宣言說：高更、馬諦斯、畢卡索等人早就把藝術的傳統及思想的屏障打破，並率先在他們的創造上融合了西方和東方、文明和原始，完美的呈現了他們各自的藝術風格形式。且鄭重表示：「我要世人從我的作品表現獲取未曾有過的藝術經驗，並在藝術經驗裡得到全新的東西，我很高興為這個世界留下很不一樣的藝術作品。」Soho十年，他在眾星雲集的環境，接受考驗，以黑美人系列與內聚臺灣民俗元素的畫作，獲得畫廊、媒體及收藏家的肯定。其實，是他記憶裡的故土故民——鄉土情懷——這些元素展現的魅力，征服了藝壇。這證明了藝術的國際化必須建立於民俗的土壤，是不容置疑的大原則。

他認為各行各業，有心成就事功的人，需要有位大師帶路，唯有親近大師，才可能美夢成真。例如雕刻家朱銘，年四十拜楊英風為師，使他突

破傳統工匠成爲一代雕刻大師。梁奕焚尋找李仲生，解構學院制式繪畫觀念，跡近畫家達文西、莫內、塞尙、馬諦斯、梵谷、高更、畢卡索、藤田嗣治、達利、齊白石、張大千、洪通，以及雕刻家羅丹、亨利・摩爾等大師，他涵蓋古今中外，也成就國際性的藝術。

他強調原始性，永遠是藝術的重要基因，尤其是現代藝術。藝術生涯六十年，他深深體會到創作絕不是模仿抄襲，而是在展現自己的想法、做法。因此，主張讓潛意識來引導創作，他自白：「每當面對畫布，提起筆，人就像純眞的孩子，無心地走入未來的、不曾到過的花園或荒野一樣，接受不是預設的，未曾想過卻又意外的世界，信手摘取探集，只有欣喜，沒有猶豫。這種心象或意象，就這般的源源不絕，呈現在每一幅畫上。」藝術進程不外疵、穩、醇、化四境，任何藝術家都必須循序漸進，全力以赴。顯然，梁奕焚已臻醇、化境界，因此，能縱心所欲，揮灑大手筆，展現胸中丘壑，創作一幅幅美不勝收的畫境。

一九九九年，他攀上藝術高峰之際，卻毅然決然告別藝術聖地，返回臺灣。臺北、臺中幾次遷徙，二〇〇六年，選擇臺東都蘭成爲新住民。他如此描繪這片大山大海：氣勢磅礴的太平洋，海岸線沖起一道道白浪，推展出一大片蔚藍，平緩開闊的海平面，然後是粉青、天青、藍天白雲。白雲下連綿不斷的山巒，像美女般吸引著陽光，非常豔麗嬌嬈。於是，買下土地，親手打造他的理想國，因爲滿園祕色——「祕」字取自唐朝越瓷（祕色窯），所以名爲「祕園」。

他與妻小五人，倚都蘭山傍都蘭灣，當家作主，縱心所欲，揮灑大手筆，以一幅幅畫作例證藝術生涯是天命。

我把這本書名爲《臺灣畫家梁奕焚》（見圖2-3-63～2-3-66），內容包括二部分，即：上篇梁奕焚這個人，又細分一、梁奕焚的故事二十五節；二、梁奕焚的藝術觀點二十六節及附錄；下篇爲平面畫展三階段及生平大事紀。

梁奕焚從事繪畫六十年，平常有所感受常訴諸文字，積累不少文章，我在細讀後，重新校刊、組構，使之成爲進入大師繪畫世界的導引。特別

圖2-3-63　梁奕焚住居依山傍海。（作者　圖2-3-64　梁奕焚的畫作。（作者／提供）
　　　　　／提供）

圖2-3-65　《臺灣畫家梁奕焚》為彰化　圖2-3-66　畫家梁奕焚。（梁奕焚、作者）
　　　　　學叢書的第四十四冊。

在上篇以圖說畫家，下篇全彩的平面畫展三階段，以窺其生命風景。大師
相當滿意我的編輯計畫，電話中笑呵呵地回應：「絕對全力配合。」我
說：「出一本別出心裁的書，表示對您的一份敬意。」

　　十年經營彰化學，只為追逐一個文化夢想。發掘一些人文資源，讓彰
化鄉親精神歸隊，從梁奕焚這個案例，讓我看到鄉土的凝聚力，內心自是
充滿無以言說的喜悅。

第十四節　籠絡島嶼風情於筆端

　　金門位居兩岸中間，是閩南移民臺澎的轉運點，也是著名的僑鄉。由

於地緣關係，保留豐厚且珍貴的傳統閩南文化，蘊涵多元的有形、無形文化資源；古老聚落獨步閩南區域，民俗藝術多采多姿。過去有金門學叢書，展示內涵，近年則有金門學研究，挖掘資源，證明了金門文化之厚度與人才之輩出。當中，吳門兄弟鼎仁、鼎信二人表現傑出深受矚目。前者出身學院派訓練，後者來自庶民階層，一雅一俗，分際清楚，但他們卻能斟酌雅俗，發揭民俗底蘊，創造深具現代性的作品，為金門的文化奇蹟貢獻心力。

這裡先談吳鼎仁這個人。吳鼎仁（1952～），字端彝，號鼎軒，別號肖龍生。金門金城鎮北門里人。父親吳水籐曾讀私塾三年，本身多才多藝，熟悉百工，曾發明補鼎技術，以為家計，人稱「補鼎籐仔」。

鼎仁幼童時，父親曾強教他描紅，第一管筆是由父親剪下他的童髮纏以竹筷製成的。他從小在金門接受教育，由金城小學、國中到金門高中。一九七四年，進入臺灣師範大學夜間部美術系，正式接受學院派的訓練，受到多位名家、名師的指導，特別是鄭善禧教授，強調觀念的啟迪，對他的水墨畫有很大的影響。

在書印上，名家王壯為教授是他孺慕的對象，曾聆聽王教授的「題畫詩詞研究」，並細覽王教授的《玉照山房印選》。他敬仰吳昌碩、齊白石、陳師曾三大家的風格，也欣賞大陸名家張寒月、寧斧成粗放的刀法。後來細讀了《糵研齋印存──王福厂》，對篆刻法度規矩才有較深的認識。

他曾自白學藝經歷：負笈臺灣，始開眼界，名家碑帖，應有盡有，日日臨池，神交古人；涉獵古今，出入諸家。一九七九年，大學畢業。返鄉擔任國小、國中美術教師。教學生涯中有兩次進修，一是臺灣師範大學美術研究所暑修結業（1988）；一是銘傳大學應用中文研究所碩士（2003）。企圖透過文學與藝術的結合，練達詩、書、畫傳統文人藝術，以充實、壯大自己的心靈世界。他深識「舊學商量加邃密，新知培養轉深沉」（朱熹〈鵝湖寺和陸子壽〉）的真諦，自覺「積學養氣」是創作的基礎。

二〇〇五年，他五十四歲，選擇退休，為教職生涯劃上句點，「身放閒處，心在靜中」（洪自誠《菜根譚》）；從此放縱生命之舟，過著大逍遙的日子。鼎仁一身多藝，而且幾乎每藝都有相當傑出的表現。自一九八四年，開始於金門、臺北、廈門兩岸三地舉辦水墨畫展，風格與時俱變，別樹一幟。一九九五年出版第一本畫冊《風獅爺的故鄉水墨寫生》，迄今共推出十六本，幾乎每年都繳交亮麗的成績單（見圖2-3-67）。

劉勰《文心雕龍‧物色》云：「若乃皋壤，實文思之奧府。」指出文學與土地的密切關係，其實繪畫也可作如是觀。鼎仁立足金門，課餘盡情徜徉山崖海陬，親近浯島的芬芳。或閒渡島外島，或放舟海中流，繞北碇，窺二嶝；曾隨漁舟巡行浯島南岸，由小嶝乘船強渡北岸近窺馬山。山川水文，目識心記，順手草圖，努力透過藝術手法呈現金門之美。

為了拓展視野，他出國旅遊，進出中國江南塞外，開拓胸中丘壑，成為水墨下無盡藏的江山。例如，登西安古城，深入夜郎、貴州侗族，上青

圖2-3-67　吳鼎仁水墨畫《日落浯洲場》。（吳鼎仁／提供）

藏雪域高原，或新疆大漠，山西大院古城，黃土高原窯洞，閩西南靖、永定土樓等。這些遊歷經驗讓他體會到大陸山川風物的雄偉與秀美，爲水墨畫充實意象。之外，他前進高棉，一睹吳哥窟遺跡的奧祕，飛東瀛走關西，登臨覽跡，憶寫寫意，重現異國景象。

　　鼎仁主攻水墨畫四十年，又涉及書法、篆刻、陶作、工藝、古字畫收藏、論文與寫作等領域，結集十九種之多。其中，水墨畫六大冊，共六百餘幅，包括：《風獅爺的故鄉水墨寫生》（1995）、《吳鼎仁水墨畫回顧篇》（1997）、《吳鼎仁水墨畫遊錄》（1998）、《金山浯海總關情——水墨集》（2002）、《萬里風煙入罨畫——彩墨集》（2006）、《吳鼎仁60水墨畫》（2011）等。另有《金門風情畫——畫我故鄉》（2007），聚焦於「畫我金門故鄉」的主題作品，是從一九九五至二〇〇六年出版的五種畫冊中精選出來的。

　　他興趣廣泛，一直在傳統與現代進行反思，並且在駁雜中成就了自己。大致上說來，他的藝術造詣包括四個面向：一、扎根傳統，汲取民俗元素，重建獨特的彩墨美學；二、以畫記史，爲金門人文造像，留下珍貴的歷史容顏，儼然是金門的畫史；三、透過特殊語彙營造昔今對比，從而釋放強烈的反諷訊息；四、題材多元，契合現實生活，爲彩墨注入現代意義。

　　我曾經在〈金門印象〉組詩中，提到「喝陳高唱南音／毛筆文筆與鐵筆齊揮／讓書法篆刻繪畫陶藝／活現生命的姿彩」。似乎可作爲鼎仁藝術生命的寫照。

第十五節　彰化縣傳統民工藝美術的踏查

　　彰化縣位於臺灣中西部，是臺灣開發最早的地方之一。明清之際，先民渡海來臺，除了開疆闢土之外，同時將原鄉的傳統技藝傳入。乾隆年間（1784）鹿港與泉州蚶江對渡後，商賈雲集。嘉慶年間是鹿港八郊的極

盛時期，咸豐、同治年間，鹿港的手工藝始蓬勃興起，並且開枝散葉，分佈全縣。

經過歷史的演變與累積，為彰化地區留下豐沛的文化歷史資源，並成為人文彰化的豐厚底蘊。一九九五年，左羊工作室黃志農開風氣之先，推動《彰化縣民間工藝人力資源調查》，為傳統工藝留下珍貴的紀錄。二〇〇六年，康丁源《彰化縣傳統工藝美術普查推廣計畫》之修訂普查資料，登錄有九十位工藝家。歷經十年，社會驟變，彰化傳統工藝美術也產生相當變化，有些工藝瀕臨消失邊緣、傳承中斷、中生代工藝家的處境、傳統工藝與現代社會的連結等問題紛紛浮現。

有鑑於此，二〇一六年，彰化縣政府推出「彰化縣傳統藝術——傳統工藝美術普查案」，期望在上述基礎上，進行踏查、檢核，切實反映傳統工藝現況，為無形文化資產提供最新資訊，以作為文化政策的參考。

本計畫由我與吳明德帶領彰化師範大學臺灣文學研究所研究生進行踏查，範圍包括彰化八大生活圈二十六個鄉鎮市，即：一、彰化生活圈：彰化、芬園、花壇；二、和美生活圈：和美、伸港、線西；三、鹿港生活圈：鹿港、福興、秀水；四、員林生活圈：員林、大村、永靖；五、溪湖生活圈：溪湖、埔鹽、埔心；六、二林生活圈：二林、大城、芳苑、竹塘；七、北斗生活圈：北斗、田尾、溪州、埤頭；八、田中生活圈：田中、社頭、二水。

依據普查表，分傳統工藝美術為：木工藝、竹藤工藝、陶瓷工藝、玻璃工藝、金屬工藝、玉石工藝、彩繪工藝、漆工藝、纖維工藝、紙屬工藝、針線工藝、泥作工藝、其他等十三類。

經過一年的田調，全縣傳統工藝美術地圖終於顯影，共有十二類，一百三十八人；其中鹿港計有十類八十四人，是以證明「鹿港工藝」名不虛傳。

令人遺憾的是二〇〇六年的普查表九十人，已有八人往生，包括：木作鹿港施坤玉（1919～2010）；粧佛——鹿港吳清波（1931～2012）、黃勝雄（1951～2011）；燈籠編製——鹿港詹娟（1942～2015）、吳

敦厚（1924～2017）；纏花──鹿港梁洪雯（1919～2015）；毛筆製作──鹿港張金塗（1954～2013）；石硯雕刻──二水董英豐（1953～2007）。當中有四家父傳子或師傳徒，其餘皆中斷。

　　從〈彰化縣工藝傳承概況分析表〉可知，工藝十三類，獨缺玻璃工藝一類，當中泥作、針線、紙屬工藝，也極為薄弱。傳統工藝美術在現代社會正面臨危機的處境，這是不爭的事實，但我們也發現民間守護常民文化智慧的努力，與政府對文化資產的關心，讓傳統工藝美術能維繫一線命脈於不墜。一九八五年，教育部發布「民族藝術薪傳獎」，共舉辦了十屆，計一百三十二人及四十二個團體得獎；一九八九、一九九八年，教育部仿照日本、韓國的「人間國寶」、「國家文化財」的精神，設置「重要民族藝術藝師」制度，象徵國家最高榮譽，先後選出十三位「重要民族藝術藝師」；二〇〇四年，由臺灣工藝研究發展中心推動的「臺灣工藝之家」（2004～2012），彰化就有十四人獲得授證並且正式掛牌；二〇一一年，鹿港三大工藝家施至輝、陳萬能、施鎮洋分別榮獲重要傳統藝術，戴上「人間國寶」的桂冠，且展開傳承計畫（見圖2-3-68～2-3-70）。至於民間藝人傳承家業的更是不乏其人，例如：傳統彩繪──和美陳穎派；石硯雕刻──二水董坐等。

　　值得一提的是影響深遠的「鹿港魯班公宴」（1996～），二〇〇八年獲彰化縣政府登錄為「無形文化資產─民俗及有關文物信仰類」。每年由朝陽鹿港協會辦理，是工藝界為巧聖先師魯班公誕辰（農曆五月七日）而舉辦的活動，主要內容為「工藝作品宴祖師」，以傳統民間信仰宴神的「看桌」形式，邀集臺灣各地知名工藝家，提供木雕、漆器、陶藝、燈籠、錫藝、女紅等作品共一百零八桌約五百件，以宴桌形式呈現。邀請的工藝家，包括：人間國寶、國家工藝成就獎、薪傳獎、傳統工藝獎等大師級的作品。活動結合傳統工藝與宗教信仰，累積豐厚的經驗與資源，確實鼓舞了不少傳統工藝美術家。

　　經過一年多的踏查，我們既清楚彰化縣八大生活圈二十六個鄉鎮市傳統工藝美術的生態，也建構了一張清晰的地圖，這毋寧是臺灣現況的縮

影，希望中央、地方政府正視、珍惜這些無形文化資產，共同思考：如何啟動傳統與創新的對話、尋覓傳統工藝美術的新路向。

圖2-3-68　陶藝家陳裕升與他的作品。　圖2-3-69　傳統彩繪藝師李奕興。（李奕
　　　　　（陳裕升）　　　　　　　　　　　　　　興）

圖2-3-70　大木師傅黃平山。（黃平山）

第四章

飲食文化

第一節 尋找臺灣味（三十多年踏查飲食寶島、十四萬字詮釋味道臺灣）

一、因緣際會

　　一九八〇年代，我在相當偶然的機緣，投入臺灣飲食踏查，正式邁出學院，嘗試跨領域的研究。三十多年來，深入臺澎金馬，先後完成臺北小吃一百點、澎湖民俗小吃、桃園飲食文化、臺中飲食風華、彰化縣飲食文化，與鄒族飲食文化，也初步建構了臺灣飲食地圖。

　　二〇一一年，我任教大學四十年，正式從彰化師大退休，沒想到立即被《料理・臺灣》特邀爲雜誌撰稿。於是趁機將多年來的踏查經驗，分門別類，並規劃相關飲食議題，以作爲撰述的依據，終極目標則是完成臺灣飲食文化的論述。首先要說明的是，臺灣飲食涵蓋雅俗，兼攝市井村野飲食與盛宴佳餚。其次，嘗試建構的臺灣飲食文化，是以歷史軸線爲經；各門類，包括餐館、小吃、糕餅與飲料爲緯。

二、美麗臺灣

　　一五七三年，葡萄牙人航經臺灣，望見島嶼「山嶽如畫，樹木青蔥」，驚嘆爲：Ilha Formosa（葡語Ilha是「島」，Formosa爲「美麗的」之意）。一九一八年，連橫《臺灣通史・自序》云：「婆娑之洋，美麗之島。」遂稱島嶼爲美麗島。現在，這座島嶼在世界地圖上名字叫臺灣（Taiwan）。

　　倘若轉動地球儀，在地球北半球沿著北回歸線，由西而東，你將會發

現一件神奇的現象：長長的亞熱帶，墨西哥沙漠、非洲撒哈拉沙漠、阿拉伯沙漠、印度半島塔爾沙漠，一一入眼，接著是屹立太平洋，四季如春的臺灣，簡直不可思議，真不愧是得天獨厚的奇蹟了。

依據考古人類學學者的考證，臺灣史前四萬年，已有住民並留下豐富的文物，成為斯土斯民堅實的文化核心。住民世世代代在島嶼過著有如〈擊壤歌〉的歲月，儼然是「葛天氏之民」。近四百年來，荷蘭、西班牙、大清、日本等外來勢力，相繼進出不設防的島嶼，並且影響這個移民社會的文化內涵，型塑出一種獨特的海洋性格。

一九四九年，國民政府撤退來臺，經過數十年全民共同的勤奮努力，締造了舉世矚目的經濟、政治雙奇蹟。之外，信仰自由造就多元宗教的神仙島，眾多族群講究的飲食文化，更內聚成為一股豐沛的軟實力。就以飲食文化來說，大陸各省口味隨政府遷臺，特別是四大菜系，紛紛登上飲食界，加上在地的民俗小吃，造成飲食界的新氣象。六十多年來，在政經優勢的環境，國人開始注重生命素質與生活品味，因此，對飲食方面有了深刻的反思。

三、探求味道

告子曾說：「食、色，性也。」（《孟子‧告子》）《禮記‧禮運篇》進一步闡述：「飲食、男女，人之大欲存焉。」共同指出人類本能存在的兩大慾望，前者維持生命，後者傳宗接代，其重要性難分軒輊。不過，針對人類生存的實際來說，飲食可能較為迫切，這是無庸置疑的。

《中庸》云：「人莫不飲食也，鮮能知味也。」（第四章）這的確是個耐人尋思的問題。俗諺云：「三代為官，才懂得吃穿。」（或「富貴三代，才懂得吃穿。」）這種常民的生活智慧或許可以作為「鮮能知味」的部分解答。基本上，飲食文化是在儒家的主流論述下，逐漸開展出來的。孔子說過：「食不厭精，膾不厭細。」（《論語‧鄉黨篇》）《禮記‧內則》指出：「凡和，春多酸，夏多苦，秋多辛，冬多鹹，調以滑甘。」既強調飲食的精細料理，也注意到口味的季節調和。

加上諸子的推波助瀾：「水火相增，鼎鬲其間，五味以和。」（《文子・上德篇》）、「調和之事，必以甘、酸、苦、辛、鹹，先後多少，其齊甚微，皆有自起。鼎中之變，精妙微纖，口弗能言，志不能喻。」（《呂氏春秋・本味篇》）促使飲食與陰陽五行結合，成為飲食文化的深層結構。

到了唐代，司空圖（837～908）融匯釋道，提出「韻外之致」、「味外之旨」（〈與李生論詩書〉），遙契老子「味無味」（《老子・第六十三章》）的理趣，為飲食「味道」揭開一種精妙的美學，並成為後代美食家追求「吃道」的標竿。

「吃」之為「道」，是屬於實用以外的形上思考，也就是對飲食的自覺、經營（精緻化、藝術化）的結果。換句話說，是吃與道契合之後，匠心獨運所展現的生活美學。其中涵蓋：材料的選擇、刀工的運用、五味的調和、火候的拿捏、烹飪的規劃、吃法的講究、器皿的安排、氛圍的營造，與健康的要求等等，從而經營出一套文化系統與價值，這不僅是臺灣飲食的軟實力，更是美食天堂獨特的飲食文化。

四、一些發現

長期以來，個人的飲食踏查，主要根據五個原則，即：㈠地理性格；㈡歷史背景；㈢獨特味道；㈣大眾肯定；㈤親身驗證。前四項屬客觀的事實，最後一項為主觀的認定。融匯主、客觀原則，成為一把檢驗尺，並以之作為飲食點篩選的標準。

在田調的方法上，巧妙運用參與觀察法、交叉訪談法，以獲得客觀的紀錄。五年來，我訪談了二十多個店家，他們都是認識多年，甚至有四十多年的，對於他們獨特造詣，當然是知之甚詳，而且也有若干論述。但為了深入的報導，每個點都進行多次的拜會、訪談，配合專業攝影，捕捉臨場鏡頭，以展現情境氛圍（見圖2-4-1～2-4-3）。最後由我以民俗學、報導文學的觀點，逐一建構他們的故事、記錄食材工序、歸納飲食譜系、解讀獨特味道、登錄重要食譜、分析經營策略，為飲食文化留下珍貴的資

產。店家包括四種類型十九點，即：

㈠餐館：彭園、極品軒、阿霞飯店、欣葉臺菜、桐花創意客家料理與鼎泰
　　豐。

㈡小吃：新東陽、臺中麵哥麵嫂、黑肉麵、阿振肉包、林聰明沙鍋魚頭、
　　屏東侯家滷味、卑南豬血湯。

㈢糕餅：中崎蛋糕、老雪花齋、俊美食品、玉珍齋、新台灣餅舖。

㈣飲料：春水堂。

　　這裡略述一些發現。

圖2-4-1　老雪花齋的鹹蛋糕。（作者／提供）

圖2-4-2　作者與林聰明沙鍋魚頭老闆林　圖2-4-3　《味在酸鹹之外》書影。
　　聰明合照。（作者／提供）

㈠修訂店家歷史

新台灣餅舖走過兩個世代一百二十年的歲月。不過店家一直以為創立於明治三十四年（1901），經過個人比對，新台灣餅舖的前身「日向屋」，乃是吉田秀太郎於明治三十年（1897）所創，並有剪報證明無誤，為店家歷史往前推進了四年。

阿霞飯店大都以為創立於一九四〇年，現由第三代接手。我依據吳錦霞（1925～）十四歲投入父親阿池師小吃攤幫忙，推算成立年代應該是一九三九年；由於一、二代共同經營，未加細分，導致混淆，若以世代論，則目前吳健豪應屬第四代。

㈡歸納飲食譜系

彭園由彭長貴一手打造，共成立四個彭園湘菜、八個會館，研發的飲食譜系，有八類一百四十五種，堪稱飲食界奇葩，也是珍貴的無形文化資產。

鼎泰豐以點心發跡，兩代五十年，不斷研發，型塑新臺灣味，分店遍布亞美澳歐四大洲十三國一百三十個點，飲食譜系獨樹一幟，包括八類七十九種。

春水堂主人劉漢介鍾情茶藝，又能翻轉傳統，掀起茶界革命浪潮，引領大家重新認識茶系，他研發泡沫紅茶、珍珠奶茶，締造了紅茶世界的奇蹟。其茶藝包括六大茶系，一百多種飲料，三百多個據點。

㈢記錄飲食工序

鼎泰豐以小籠包聞名，特色是皮薄、湯多、肉餡新鮮、鹹淡適中，加上「蒸功夫」。其工序嚴謹，包括：1.外皮：先將五公克小麵糰擀成直徑五點五公分的麵皮；2.肉餡：將薑末、青蔥、鹽、糖、醬油、香油與碎豬肉攪拌，加入皮凍拌勻，每個小籠包的內餡重十六公克；3.包餡：左右手拇指食指並用，捏成十八摺，收口均勻，好讓小籠包挺立著；4.蒸熟：將小籠包裝進蒸籠蒸五至十分鐘。

彰化胡家以黑肉麵立足飲食界七十多年，有趣的是排骨飯後來居上，成為店家的招牌。胡祥解密說：排骨是用帶骨頭的里肌肉，全程工序由他

負責。他在每片排骨拍打二、三下，讓排骨肉鬆、軟，同時檢查每片骨肉的狀況；接著將一片片排骨沾點太白粉，下油鍋炸成七分熟，撈起瀝乾；最後放入滷鍋滷一小時，使味道沁入排骨裡。滷汁是排骨成功的重要關鍵，以在地「永成醬油」為湯底，配合五香調味，控制火候，滷熟後整鍋待用。其特色是，肉質厚實軟嫩，味道甜美芳香，清爽不油膩，是排骨界的箇中翹楚。

㈣經營策略

十九個店家之所以能在飲食界闖出名號，無不強調：真材實料、誠信、研發、守住味道。

當中以鼎泰豐的表現最為特殊，楊紀華是該企業體的靈魂人物，他注重員工／產品／服務／營業的善循環理論，紀律配合人性，加上人文營造的情境，帶出優質的文化場域，使事業成為現代企業的新典範。他曾說：「在追求服務與煉味的道路上，永無止境，也沒有一定的答案。唯有不斷地探索，勇於自我挑戰，全力以赴追求完美。」句句謙卑，又充滿自信。

五、獻給臺灣

三十多年來，為踏查飲食，我多次進出臺澎金馬，記錄各地民俗小吃的風味。五年來，我深入十九個店家，進行系列報導，以十四萬字建構他們的故事、飲食譜系，並詮釋其獨特味道。這不僅說明了臺灣飲食的軟實力，也例證了珍貴的文化價值。

談到滋味，見仁見智，本來無須爭辯，但個人在尋味過程，發現「知味」是可以透過主客觀的經驗加以培養，進一步建立美學的「基準」，以作為打開美食天堂之鑰。

司空圖提出的「韻外之致」、「味外之旨」，是他詩論的核心觀念，指詩歌的語言，能達到「言外之意」，具有多層次的意義。我非常同意他的觀點，特別移用來討論「味道」。因此，將臺灣飲食踏查的成果，名為《味在酸鹹之外》。本書的完成十分感謝各店家朋友的配合與幫忙。

謹以此書獻給臺灣。

第二節　臺灣茶藝

一、茶傳奇

俗語云：「開門七件事，柴米油鹽醬醋茶。」言簡意賅地揭開日常生活必需品項。當中排序末端的茶，最堪玩味，除了反映常民的飲食習慣外，也有一份精神美感的追求在。然而，弔詭的是，在中國古典文獻十三經和許慎《說文解字》都不曾出現「茶」的蹤影，涉及「茶」的都做「荼」，並賦予多重意義。

直到唐德宗建中元年（780），茶聖陸羽（733～804）推出世界第一部茶的專書《茶經》，才為「茶」找到身分證。他首先創新字，將「荼」字減一畫成為「茶」；其次，就文獻配合踏查加上實際體會，建構《茶經》三卷七千字，成為世界茶學的根源。流播中外，往往結合各地文化特色，發展出新風貌，例如日本的茶道、臺灣的茶藝等。

二、臺灣茶

臺灣自古即有野生茶，如中部山區水沙連，是原住民的特殊經濟產品。明末清初，閩粵移民從原鄉帶來飲茶習慣，但茶產量並非經濟主力。一八六六年，英國德記洋行約翰・杜德（John Dodd）自福建安溪引進茶苗，提供貸款、教導茶農、購茶精製、外銷歐洲，產、製、銷三位一體，締造臺灣茶業新天地，一時茶棧、茶館、洋行紛紛設立，而烏龍茶、包種茶也打造了金字招牌，馳名海內外。論者以為杜德創造臺灣茶百年基業，不愧是臺灣茶業之父。

長期以來，因為茶業界的用心經營，依不同茶產地特色，逐漸形成凍頂烏龍茶、文山包種茶、東方美人茶、阿里山露珠茶、臺灣高山茶、松柏長青茶、木柵鐵觀音、三峽龍井茶、龍潭龍泉茶、日月潭紅茶等十大茶種，特別是前四種名聞遐邇，深受中國、日本、歐美人士的喜愛。

三、茶藝風

　　一九七〇、八〇年代，臺灣先後締造經濟、政治雙奇蹟，國人自我意識覺醒，開始講究生活素質與品味，在先行代、中生代多位茶人的積極努力下，有關茶學的研究、茶藝的追求，蔚為風氣，這裡列舉幾個例子，以窺其一斑，如：李瑞河（1935～）創立「天仁茗茶」，並成立「陸羽茶藝中心」，改變飲茶文化，特別是茶器製作、泡茶理念與茶會的執行，使飲茶融入現代人的生活中；蔡榮章（1949～）開創功夫茶館，以多種茶藝專著建立茶湯理論、泡茶師檢定，並主編茶藝月刊、推廣飲茶教育，堪稱茶藝的奠定者；至於學者出身的張宏庸（1948～）教授，長期沉潛比較茶學，校勘陸羽《茶經》，推出茶學文庫，經營《臺灣茶藝發展史》，並身體力行，實踐生活藝術，為茶藝提供大方向（見圖2-4-4～2-4-5）。

　　在這樣的扎實的基礎上，臺灣茶界興起茶藝風潮，宛如千巖競秀，而且影響深遠。

四、軟實力

　　臺灣民眾嗜茶，喝茶文化深植於日常生活中。近半世紀以來，在富裕的經濟條件下，從實用層次攀升，追求審美品味成為風尚，於是茶學、茶

圖2-4-4　張宏庸所著《臺灣茶藝發展史》。　圖2-4-5　張宏庸一系列關於茶的著作。

藝共論，茶館、茶會並行，不僅平添生活情趣，其茶藝文化內聚茗茶、茶泉、茶器、茶術、茶人、茶所、茶食、茶宴諸面向，開出舉世罕見的茶藝新境界，有目共睹。一九九三年，李瑞河在福建創立「天福茗茶」，二○○二年開設「天福茶博物院」，將茶藝返轉大陸，以延續茶文化命脈。

更難能可貴的是，臺灣茶藝涵蓋古今，生機盎然。既精通小壺泡的功夫茶，守住花茶、鐵觀音、高山茶、綠茶、紅茶等茶系的茶性與原味，以滿足味蕾的高度要求；且在這個基礎上轉換到冷飲茶，而不失原味，充分顯示無限的創意。風靡全球的泡沫紅茶與珍珠奶茶（Bubble tea），莫不由臺灣茶界研發出來的，特別是後者已成爲《牛津英語詞典》等字書的新語彙，堪稱飲食奇蹟，毋寧也例證了臺灣茶藝的軟實力。

第三節　太陽堂是臺灣糕餅史的一頁輝煌

我與臺中太陽堂結緣於三十多年前，但眞正成爲座上賓是在一九八六年。記得當時基金會接受文建會委託，進行「南部民俗技藝園」的規劃。我在籌備會議上建議園區應軟、硬體兼顧，以民俗風味的吃喝玩樂讓遊客心滿意足，流連忘返。永義、伯和、乾朗分別負責戲曲、工藝與建築的子題計畫，獨缺民俗小吃無人認領。「這豈不是一座不食人間煙火的園區了嗎？恐怕要有人……」創辦人許常惠教授話說一半，話鋒突然一轉，與永義同聲說：「明德經常出點子，又沒認領子題計畫，民俗小吃就讓你來負責好了。」面對這種半推薦半強迫的建議，當下我只能接受，並且決心戮力面對這一項不可能的任務。

我根據地理、歷史、獨特味道、大眾口碑，加上親自品嚐，內聚主、客觀，形成一把檢驗尺。帶著助理奔波於臺澎金馬，經幾個月踏查，初步建構了臺灣民俗小吃地圖。這個機緣，讓我訪問到林家阿嬤，也揭開了太陽堂面紗，從而走進太陽堂世界。

第一代林紹崧先生出身臺中縣神岡鄉社口村的世家，與夫人林何秀眉女士常購買社口傳統點心麥芽餅贈送親友，深獲大家的喜愛。有人建議他

們乾脆自己開店製作，一兼二顧，既可餽贈親朋好友，又可分享大眾。一九五三年，林家在民權路上開設「太陽堂餅行」，把所賣的圓形麥芽餅命名為「太陽餅」；因為一場火災，店面付之一炬。一九五六年，「太陽堂餅行」浴火重生，在自由路的現址開店，店面原本平房，經過改建，把店面與廠房連在一起。主要是賣傳統漢餅、月餅與太陽餅，並將店名改為「太陽堂餅店」。一九六五年，林家敦請好友也是知名藝術家顏水龍（1903～1997）教授創作一幅向日葵壁畫，用馬賽克磚拼成，與店名「太陽」二字輝映成趣，成為店家具有人文特色的招牌。一九七一年，中共以向日葵為國花，臺灣當局相當忌諱，林家只好用木板將牆壁上的向日葵封蓋起來。一九八七年解嚴，林家仍有所顧慮，不敢展現壁畫，直到一九九三年，才拆除木板，讓亮麗的向日葵重見天日。

那一年，我正進行臺中飲食文化調查。有天，登門拜訪阿嬤，赫然發現進門左邊的壁畫，十分驚訝，正想問個究竟，阿嬤立即將這段沉埋二十八年的故事娓娓道來，讓人由衷地敬佩林家的文化氣質、格調與堅持。

後來，阿嬤交棒給第二代林義博（1944～），他在林家境教的氛圍長大，一身藝術氣質，嗜好收藏名畫。由於對糕餅的製程有相當的認識與興趣，並且強調研發新產品，因此，除了太陽餅外，還有二十多種糕餅，例如：蛋黃酥、鳳梨酥、金桔酥、壽桃、壽糕、月餅、漢式囍餅等（見圖2-4-6～2-4-9）。其中，太陽餅名聞遐邇，他解析：餅皮以低筋麵粉加豬油，然後包裹香甜的麥芽糖，這些都是社口傳統糕餅老師傅的祕訣，因為餅皮有一定的層數，所以餅皮酥，口感奇特；內餡的麥芽糖，則香甜、爽口、不膩，是林家的祕方。至於金桔酥也相當膾炙人口，內餡用紅豆沙、花豆沙與金桔製成，風味獨特。義博老闆強調，店裡的糕餅純手工製作，不添加防腐劑，所以有保存期限；他堅持不添加過多香料，以維護食材的原味。

我曾經與他閒聊，臺中市太陽餅店櫛比鱗次，總共八百多家，僅中港路就有百家之譜。而太陽堂左邊右邊前方就聚集四、五家，真是不可思

圖2-4-6　太陽堂店內有一幅具特色的向　圖2-4-7　太陽堂販售各種糕餅，太陽餅
　　　　日葵壁畫。（作者／提供）　　　　　　尤其出名。（作者／提供）

圖2-4-8　太陽堂的太陽餅。（作者／提 圖2-4-9　太陽堂糕餅系列。（作者／提
　　　　供）　　　　　　　　　　　　　　供）

議。「大家都要生活，我則希望把傳統糕餅的滋味傳承下去。」他笑著回
答。

　　一家門面典雅，沒有華麗的裝潢，亮麗的向日葵壁畫所釋放出來的人
文氣質，是臺中的文化地標，也是臺灣人共同的旅行記憶；素樸的服務小

姐，一臉誠懇，尊重客人蒞臨的自由自在，更是糕餅店文化的典範。無庸置疑的，太陽堂是臺灣糕餅史的一頁輝煌。

太陽堂走過一甲子，義博兄年紀大也累了，老店不得不關門歇業。這無預警的消息帶給大家無限的震驚與惋惜。「休息是爲走更遠的路。」我在震驚惋惜中內心不免泛起一絲絲的期待。

第四節　中崎是臺灣糕餅文化的櫥窗

一九九四年，基金會接受臺北市文化局委託，進行「臺北市文化資產民俗部門之調查」，我負責當中的「飲食文化篇」。期初報告時，審查委員林衡道先生曾建議：「貴陽街的黃合發糕餅至今仍維持家族經營的模式，相當特別，希望能深入調查研究。」黃合發創始人爲黃德水，大正八年（1919）他在直興街上開設一家糕餅鋪賣芋粿，由於風味特殊，因此，「芋粿水」的綽號，騰傳大街小巷。

由於店址在艋舺重要信仰圈內，芋粿水逐漸開發與歲時節慶、生命禮俗相關的糕餅產品，其經營模式是家族合作，男女各有職責。到了第二代，長子天送負責麵粉食品，次子天助則爲米食製品，分別傳承了芋粿水的家業。他們在現代都會的喧譁裡，默默堅持傳統，在信仰圈傳遞民俗信息與傳統的糕餅芳香。這個案例讓我深深感受到飲食與民俗的密切關係，也成爲往後澎湖、桃園、臺中、彰化……飲食文化調查研究的重要理論根據。二○○一年，我接受桃園縣文化局委託，進行飲食文化調查，踏查十三個鄉鎮市，兩年後繳交成果《桃園縣飲食文化》。其中，最讓人印象深刻的莫過於中崎蛋糕了，它一門三代三十餘人同堂，是典型的家族（共產）經營模式，堪稱全臺唯一僅有。

「中崎蛋糕」的創始人江再盛先生（1905～2001），開始以賣冰塊爲生。二十歲時從事蛋糕生意，並著手研發「蒸發蛋糕」，這是由雞蛋、麵粉、砂糖，加上獨門祕方所烘烤出來的，乳白的蓬鬆蛋糕表面灑上芝麻或肉鬆，其特色是清甜不膩，有股濃郁的雞蛋香。往昔有人把它當作早

餐，配上豆漿、米漿或杏仁茶，吃起來相當飽足，是庶民生活中的一大享受。

「蒸發蛋糕」打開知名度後，身價自是不同，從早餐桌提升到宴會桌上，成爲餐館宴席或街巷「辦桌」的一道甜點，中崎規模也由小小的工作坊擴張爲二、三十位師傅的糕餅店，因爲口碑不錯，許多顧客不辭遠路，爲的是要一嚐它新鮮獨特的滋味。

創始人有子三人，老人家過世後，由第二代江貴霖（1927～2011）接棒，他維持家庭生產的模式，全家族總動員投入生產線：男人上工廠負責製作糕餅，女人家負責門市行銷與三餐烹飪。一九六〇年代，三兄弟共同研發了「布丁蛋糕」與「蜂蜜蛋糕」兩種產品，因爲品質精緻，風味獨特，與創始人的「蒸發蛋糕」合稱爲「中崎」鎮店三寶。爲了品管，三寶一直由江家人親自製作，並且強調「獨家口味，絕不外傳」。

「中崎蛋糕本鋪」位於景福宮後方，地理上是漳州人的聚落街市，也是香火鼎盛的開漳聖王的信仰圈，更是桃園市民俗、宗教、經濟、文化的中心，因此，長期以來，「中崎」的糕餅製品一直成爲供需重心。本鋪是一棟縱深的六層樓：一樓門市，二至五樓工廠，六樓爲貯藏間。迄今四代同堂，三、四代也相繼投入生產行列。這種狀況充分說明了江氏家族凝聚的向心力，大家以中崎成員爲榮，願意爲家族事業打拚。

「中崎」的產品相當多元，涵蓋四大類，即：一歲時節慶、二生命禮俗、三諸神佛誕、四日常糕餅，品項三百多種。其中的歲時節慶，指依據氣象節氣、農事活動與原始崇拜等因素而形成各種節日習俗，是先民對於自然律則和天地日月星辰的敬畏，以及配合農作物生長收藏的起居作息規範。「中崎」爲了因應歲時節慶所需，逐漸發展出一套完整的糕餅月曆，這是相當特殊的民俗經驗（見圖2-4-10～2-4-14）。

一九九〇年代，江貴霖有鑑於市場未來趨勢，在堅守傳統糕餅之外，用心思考創意的商品，以符合時代潮流，爲開拓商機，吸引新客源，於是在中正、中山路上開設兩家新店，並強調三店點各有其產品、經營風格與獨立工廠，以服務不同的消費族群，例如：「中崎本鋪」（1977）

是三寶與民俗糕餅專賣店；「中崎喜餅蛋糕」為傳統糕餅美食專賣店；
「歐莉斯蛋糕烘焙坊」（2003）則是西式風格，產品以西式蛋糕、麵包

圖2-4-10　中崎的產品深受顧客喜愛。（作者／提供）

圖2-4-11　中崎蛋糕有多種中式糕餅可供　圖2-4-12　中崎蛋糕的店面。（作者／提
選擇。（作者／提供）　　　　　　　　供）

圖2-4-13　中崎的大餅。（作者／提供）　圖2-4-14　中崎使用的傳統粿模。（作者／提供）

為主。這種傳統、現代兼顧的經營理念，讓中崎具有傳統性與具有現代性的雙重身分，成為臺灣糕餅界的翹楚。二〇一一年，「中崎」由江貴芳（1935〜）接手，他屬第二代，成為延續江家經營理念的家族核心。

　　「中崎」堅持傳統糕餅品質，用心研發系列產品，並且主動參加國內外各種食品展與競賽，宛若常勝軍，例如：全國食品評鑑會、中秋月餅評鑑會、十大喜餅選拔等；二〇一一年臺灣百大伴手禮、連續三年獲得桃園縣政府十大伴手禮、桃園縣唯一金讚獎等。四十多年來，「中崎」金字招牌可說是用獎牌砌成的。

　　「中崎」多元的糕餅產品相當契合民俗脈搏，充分反映桃園人的集體潛意識，也型塑了獨特的在地文化。例如「饌餶仔」是桃園地區特有的白色糕點，類似乾燥的饅頭，中元普度時家家戶戶用來祭祀「好兄弟」（禁忌：不可上神明或祖先供桌）；等鬼門一關，再也沒人買這種糕餅了。據說：「這是好兄弟的乾糧，方便儲存。好兄弟一年只有七月才出來，可以帶些上路慢慢吃。」於此可見桃園人細密、體貼的人情味。

　　「喜餅」，又稱大餅或漢餅、肉餅，是文定喜事用來分享親朋好友的餅，「中崎」遵傳統手法製作，配合現代的烘焙技術，不油膩也不會迸裂，吃在嘴裡，散發淡淡清香，令人回味無窮；而「蛋黃酥」更是小品大作，在在表現「中崎」的細心，蛋黃至少要醃上一個月，直到出油入味為止，酥脆外皮超過十六層，加上烏豆沙，手工製作後，經過烘焙，其芬芳

美味，自是迷人（見圖2-4-15）。

　　臺灣傳統糕餅店，大都在聚落與信仰圈扮演相當重要的角色，例如：府城的「舊永珍餅鋪」、鹿港的「玉珍齋」、大墩的「林金生香餅行」、艋舺的「黃合發」與澎湖的「盛興餅鋪」等，桃園市的「中崎蛋糕本鋪」亦是如此，不過，江氏一門三代同堂的家庭生產模式，是全臺僅有的一家。尤其是它內聚歲時節慶、生命禮俗、諸神佛誕與日常生活糕餅於一店，產品多元，可說是民俗糕餅櫥窗，也是桃園糕餅總匯，更是臺灣糕餅發展史上的一頁輝煌。

圖2-4-15　甜平沙（白鳳豆）。（作者／提供）

第五節　精誠是通關的密碼

　　二年前，張玉欣總編輯電話賀年，並邀請我為《料理‧台灣》雙月刊撰寫專欄。我問起要怎樣的論述方式。「翁董特別要我轉達，希望您深入淺出寫有關臺灣的民俗小吃。」她答道。我說讓我考慮考慮，沒等我說完她代作主張：「林教授可以將長期的田調經驗，做系統的撰述，我們是雙月刊，每期五千字配圖，應該不會有太大的壓力，您的文章，半年後正式刊登，一定要幫忙。」

一九七〇年代，我跨越學院門限，投入民俗藝術與民俗小吃的田調，包括澎湖、臺北、桃園、臺中、彰化、臺南等縣市，累積不少經驗，也出版若干專著。其終極指向是臺灣飲食文化史的建構。

　　長期的田調經驗，讓個人逐漸建立鑑定民俗小吃的基準，它兼攝客觀與主觀的層面，涵蓋地理環境、歷史背景、獨特味道、大眾認定以及親身的驗證。我結合主觀、客觀因素，構成一把嚴謹的檢驗尺，藉之以作為論述的依據。於是依這個基準篩選若干對象，進行系列論述，例如：欣葉、新東陽、極品軒、玉珍齋、俊美、鼎泰豐等，逐一重新踏查、訪談。在撰寫鼎泰豐時卻遇到「關卡」與一段不可思議的「因緣」。

　　我第一次接觸到鼎泰豐是在一九七〇年代，記得當時由孔老師帶領我們幾位老學生上「館子」。坐定後，大家盯著菜單，各點所需，包括小菜、小籠包、肉絲蛋炒飯、酸辣湯、陽春麵與粽子。「還可點些甜點。」老師笑著說。這個「館子」給我的印象是，門面不大，環境優雅、各式小吃淡而有味。往後四十多年，不論會學生、迎嘉賓、約老友，或家聚，我經常提議到鼎泰豐，品嚐各式餐點與多樣風味。我長期默默進行「參與觀察」，並且瀏覽解讀鼎泰豐符碼的相關散論與專著。我的前置作業已有充分的準備，只欠缺親自訪談。在信義路，我看過店裡坐著創辦人，也見過第二代接棒者，他們總是笑臉迎賓，和氣待人。可惜緣慳一面，我又不便冒昧拜訪，因此撰寫計畫延宕了一些時日。

　　去年暑假的一個週末，到鼎泰豐家聚，我發現牆壁掛著杜忠誥送給楊董的一幅篆書「天道酬勤」，突然引起我的靈感，當天跟忠誥聯絡，希望能幫我介紹楊紀華董事長。他聽完，一口答應：「沒問題。」幾天後，他來電話說，楊董很感謝教授為鼎泰豐寫文章，不過這陣子很忙，十月以後才有空，屆時再安排。「非常感謝忠誥兄的幫忙。」我回答說。

　　十一月，我帶領臺北民俗舞團訪問中美洲三國，以「舞動臺灣情」進行十七天六場的文化交流。返國後，立即與忠誥電話，煩請楊董安排訪談的行程。事隔十天，忠誥語帶歉意地說：「請祕書轉達好幾次，都沒有回覆……，我看算了。」「楊董日理萬機，太忙了，等以後有機會再安

排。」我設身處地地說，並再三表示不要掛在心上。其實，我內心已另做安排，先寫葫蘆墩老雪花齋。

十二月上旬，我與芳伶到信義路本店晚餐，座位正對著「天道酬勤」，我即刻拿出名片並寫上一行字：「我是杜忠誥的好友」，煩請服務小姐轉交給楊董。晚上九點，楊董來電話，我開門見山的說明訪談的用意。雙方首次溝通，他語調舒緩，既客氣又感謝，並欣然接受訪談。我們敲定的時間是一月八日下午五點；地點在１○１鼎泰豐。

我立即電話告知忠誥這個消息。除了感謝他的幫忙外，還特別強調，與其讓「這件事」擱在心上，不如找機會去消解。事情既因我而引起不便，應由我主動去面對，尋找解決的途徑。忠誥聽了，說道：「您的動作充分表現朗暢的情性，當下正面解決問題，化解不必要的疑慮，真是乾脆俐落。」

在三十多年的田調歲月，類似的關卡，所在多有，我都沒迴避，且積極覓尋解決的途徑。我發現，精誠是唯一的「通關」密碼。

第六節　鼎泰豐小籠包的傳奇

一、臺灣美食

臺菜，是指道地的臺灣菜系，包括閩、客、原住民、中華八大菜系，與異國料理等口味。一九四九年以來，深具各地特色的烹飪技術與菜系，紛紛登上臺灣飲食界，經過長期的經營與講究，逐漸大放異采，例如：彭長貴「彭園」的左宗棠雞（General Tso's Chicken，1952～）、鼎泰豐小籠包、春水堂珍珠奶茶（Bubble tea）等，不僅立足本土，更揚名國際，共同締造一座美食天堂。二〇一八年《米其林指南THE MICHELIN GUIDE　臺北｜TAIPEI》的認證與出版就是最好的證明。當中，又以鼎泰豐的小籠包的表現最為輝煌，既改變小吃的印象，且提升飲食場域品質，更開出本土化走向國際化的成功案例。

二、小籠包傳奇

　　一九五八年，鼎泰豐設立。創辦人楊秉彝爲山西人，一九四九年來臺，到恆泰豐油行送貨。與同事賴盆妹結婚後，租賃店面賣油（黃豆油、麻油和米醋），貨源由鼎美油行提供。因爲念舊，於是各取兩油行中的鼎、泰豐，併成鼎泰豐，作爲油行的名字，並託人請于右任先生題字。一九六三年，他們買下信義路現址，繼續賣油。一九七二年，沙拉油風行，傳統食用油受到衝擊，迫使楊家改行賣上海點心，從此在點心領域開疆闢土。鼎泰豐聚集南北口味於一家，又扎根本土，不停煉味，終於研發出八類一百二十種的譜系，神奇地把小吃轉化爲經典美食。一九九六年，第二代楊紀華在日本新宿開設分店，沒想到跨出這一步，不僅獲得國際化的契機，也讓鼎泰豐小籠包邁上世界飲食舞臺（見圖2-4-16～2-4-17）。

圖2-4-16　筆者介紹鼎泰豐的文章刊登在第二十期的《料理‧台灣》。（作者／提供）

圖2-4-17　因緣俱足之下終於訪問到了鼎泰豐的老闆。（作者／提供）

三、小籠包藝術

　　鼎泰豐累積五十多年經驗，不斷開發，形成自家的小吃譜系，包括：麵類、湯類、炒飯類、開胃菜、炒菜類、點心類、大包類、甜心類與粽子等八類。其中點心一類有小籠包、蟹粉、香菇素餃、糯肉燒賣等十二種。當中，又以小籠包為店家的金字招牌。小籠包的前身來自揚州，屬蘇杭點心，原名大湯包；傳到上海，形狀縮小；輾轉來臺，名叫小湯包，鼎泰豐則逕稱小籠包（見圖2-4-18）。其特色是皮薄、湯多、肉餡新鮮。工序有三：㈠外皮：先將五公克小麵糰擀成五點五公分的麵皮；㈡肉餡：將薑末、青蔥、鹽、糖、醬油、香油與碎豬肉攪拌，加入皮凍拌勻，每個小籠包內餡重十六公克；㈢包餡：左右手拇、食指並用，捏成十八摺，收口均勻，好讓小籠包挺立著。楊紀華透露：十八摺是公開的祕訣；皮凍由豬皮加水熬製，濃淡合宜不油膩；小籠包蒸五至十分，趁熱配合醬油、醋，加些嫩薑絲，則美上加美。

圖2-4-18　工序繁複的鼎泰豐小籠包。
（作者／提供）

四、美食無國界

　　長期以來，楊紀華一心追求卓越，為鼎泰豐建構優質的飲食文化，在食材、品質、味道、場域和服務各層面，不斷地提升。他更注重員工／產品／服務／營業的善循環理論，紀律配合人性（人情味），使事業成為現代企業的典範。難能可貴的是，他研發新台灣味，放眼國際，深獲肯定：一九九三年榮獲《紐約時報》評選為世界十大美食餐廳、二〇一〇至二〇一四年，香港鼎泰豐五度榮獲米其林一星評鑑、二〇一三年榮獲CNN評選為全球最佳連鎖企業第二名等，這些獎項毋寧為堅持臺灣味的鼎泰豐

圖2-4-19　米其林指南書影。

頒授國際認證。目前鼎泰豐分店遍布亞美澳歐四大洲十三國，共有一百三十個點，這些數據為「美食無國界」做了最佳的詮釋（見圖2-4-19）。

巧妙的是，鼎泰豐三字為《易經》鼎、泰、豐的卦名，三卦都蘊涵吉祥、通泰與茂盛等深層訊息。好名字加上業者的勤勞，共同鋪寫鼎泰豐亮麗的傳奇。

第七節　桃園客家飲食的民俗元素

民俗，指與國民生活有關之傳統習俗，包括生活習俗、社會習俗與信仰習俗等。當中，飲食文化雖然屬於生活習俗，卻也關涉到社會、信仰習俗，而且影響深遠，可說是民俗的重要環節。

桃園族群多元，原住民、河洛、客家與後住民，多音交響，形成多元文化，飲食更是多采多姿，本文特就飲食進行探索。客家族群生性簡樸，不鋪張浪費，因此客家菜都是以簡單製作、方便保存為目的。不過，菜色雖然簡單，卻能釋出獨特的味道，例如：鹹菜湯、伏菜湯、菜脯蛋等。

「鹹菜湯」就是鹹菜片（酸菜片）加上三層肉切片，用小火慢慢地燉煮，時間要久些，那種酸、鹹又帶甘的滋味，才會出來。其材料——芥菜是在第二期稻收割後，田園空閒下來，客家莊都會種植一些田作，稱之為「裡作」，「裡作」主要的作物是芥菜與蘿蔔。當這些作物成熟後，採

收、曬乾，以便於保存，由於曬乾的蔬菜比較能夠保存原來的味道，因此成了客家莊的代表食品——酸菜及蘿蔔乾（菜脯）。

「伏菜」（或稱「福菜」），是曬成半乾的芥菜，將它放在菜脯甕中，用力地擠壓，再將它翻轉過來置放，因此稱之為「伏菜」，取其翻覆之意；還有一種完全曬乾的芥菜，因為完全脫水，保存期限可達一、二年以上，儲存三年以上，就成了「老鹹菜」，顏色呈黑色，有點硬，可以當茶喝，但要用開水沖泡，風味不輸一般茶葉。醃漬過的鹹菜，將根莖切片後可以生吃，是一道佐餐的小菜。至於蘿蔔的處理方式大致一樣，不過是半乾的，用來炒蛋，就是客家人最常吃的「菜脯蛋」；將蘿蔔洗淨切成圓片曬乾，配金針熬煮成為獨特風味的蘿蔔錢湯。

鍾肇政先生提供一道私房菜叫酸菜炒肉絲，是將豬肉絲、蒜頭及酸菜切片放在一起炒，非常爽口、下飯。在客家料理中，醬料占有很重要的地位，其中一種叫桔醬，是用來沾五花肉最好的醬料，酸中帶甜，非常開胃。至於「伏菜」，料理方式是用五花肉切片煮湯，那種味外味，令人癡迷。客家有首山歌云：

封雞、封肉名聲好，不如豬肉半肥瘦。
十七、十八名聲好，不如阿妹二十多。

意思是說客家的五花肉，好吃名聞遐邇，超過封雞與封肉。

還有一種是鹹菜與五花肉切碎後放在一起蒸，與閩南人常吃的梅干扣肉類似，又有點像紅燒獅子頭，如果將湯汁澆飯，風味更佳。老鹹菜除了泡茶，也可以切片，當菜來炒。一般而言，蘿蔔葉是除去不用的，但客家人物盡其用，將它曬乾，風味雖比不上鹹菜，卻也有一種素樸的滋味。

至於因歲時節慶、生命禮俗而逐漸發展出來的飲食，更是琳瑯滿目。客家人年節常吃的粄（粿），是用米磨粉做成的（在美濃地區稱為手帕粄），有甜粄、發粄、菜包、喜粄等。喜粄主要是用來祭拜祖先，外表與發粄相類似（見圖2-4-20）。粄條米，是用米去磨，甜粄以糯米做成，發

圖2-4-20　客家飲食文化裡常常出現粄的身影。（作者／提供）

粄用在來米。先以發粉讓它發酵，再蒸，使之膨脹，稱為發粄。做粄最好的材料，就是在來米加上蓬萊米，因為在來米較不黏，而蓬萊米有點黏，兩種米攪在一起，就是很好的配合。過年時，有種紅色外皮的紅粄，一般都是包甜的餡，如紅豆、花生等，也有人包鹹菜乾。

　　正月吃的粄叫正月粄，是用紅粄、發粄做成的。清明節吃的是艾粄，外皮會加入野生的艾草，內餡是菜脯、蝦米、豬肉，炒過後包起來即是「艾粄」，也有內餡包甜的。

　　端午節客家人吃的菜，主要是「粄粽」（水晶粽），裡面包著豬肉、蘿蔔、豆腐干、蝦米等，是用較硬的米漿做成的。也有客家肉粽，餡料要先炒過再包在糯米中，放置鍋裡蒸熟。包粽子的葉子以麻竹或桂竹為主，用桂竹葉包的，稱鹹粽，要沾糖或蜂蜜來吃；而用麻竹葉包的，有粄粽，內餡包括豬肉、蘿蔔、豆腐干及蝦米。甜粽有紅豆、綠豆等口味。

　　中元節有紅粄，印模為龜形，故有紅龜之稱。在客家莊最特別的是印模中有壽桃，象徵福祿，主要用於祭拜。中秋節在客家莊是比較不重視的，吃的東西以月餅為主。不過有一種蕃薯餅（如：大溪百年老店「永珍香餅店」），內包豆沙餡（俗稱客家月餅），是甜的餅。還有甜粄籤，是以蕃薯曬乾做的。

冬至，客家人稱爲補冬，要圍爐吃湯圓。湯圓（粄圓）有紅、白兩色，用於喜事節慶，有甜、鹹兩種，甜的是包豆沙、花生、芝麻等，而鹹的則是豬肉、香菜、蒜頭、茼蒿等（客家人比較少包鹹的）。另外一種叫做「糍粑」（麻糬），紅、白兩事必備，也是最大眾化的食品，吃法很簡單，以前是糯米用石磨磨碎（現在用機器攪碎），再用大鍋蒸熟，沾上花生粉、糖即可食用。

客家飲食大概以這些爲基底，再加以整合、研發成爲食譜，例如：老頭擺與桐花，前者整合龍潭客家風味，提出二十道菜餚；後者則推陳出新，研發創意料理十四餘種。他們的表現，爲「民俗是一切藝術的土壤」這個命題，又做了一次最佳的詮釋。

第八節　百年老店歷久彌新

百年糕餅老店是臺灣珍貴的文化資產。在傳統社會的生活圈、信仰圈扮演相當重要的角色，更難得的是往往內聚歲時節慶、生命禮俗、諸神佛誕與日常生活糕餅於一店，成爲糕餅文化的展示櫥窗。特別以嘉義「新台灣餅舖」爲例，解析其洋、和、臺餅類的獨特風味。

明治三十年（1897），日人吉田秀太郎在嘉義市開設「日向屋」，專賣日式饅頭、羊羹、奶油泡芙、最中、餅果子，是嘉義地區最早的糕餅麵包店。盧福（1922～1989），嘉義人，十七歲進入由吉田氏外甥小林幸太郎接手的「日向屋」，負責配達業務。他的勤奮誠懇深獲店家的器重。

一九四五年，終戰，日人回國，盧福向政府租下「日向屋」一樓，並改名爲「新台灣餅舖」，延續餅店生意。爲了符應本地信仰圈的需要，他聘請傳統糕餅師傅製作臺式月餅、喜餅與節慶、禮俗相關的糕餅。並且特別請知名畫家李秋禾（國畫大師林玉山的門生）題字並設計福喜神與蝙蝠商標，打造人文形象。

一九六三年，盧福向政府買下「日向屋」，這是一棟兩層樓木造巴洛克式建築，一樓是餅鋪，二樓為上海菜的「中央餐廳」。一九六四年一月十八日發生白河大地震，「中央餐廳」失火，整棟建築燬於一旦。

一九六六年，盧福率領餅鋪的師傅飛往大阪，參加第三屆日本「全國菓子工藝大品評會」，現場製作臺式喜餅、羊羹與鳳梨酥等糕點，榮獲「優秀技能賞」，為本鋪取得一張珍貴的國際認證。一九六八年，他開始籌畫興建一棟六層大樓，三年後竣工，一樓為「新台灣餅鋪」，二至六樓則是高檔的「福樂大飯店」，當時到阿里山觀光的日人都會選擇在此過夜。

長子昆常追述：「父親發揮業務的本領，引進鮑魚、螺肉罐頭、烏魚子、金華火腿、臘肉、板鴨等國內外年貨，獨門生意，門庭若市。」這期間，盧福關懷地方，熱心公益，曾擔任嘉義城隍廟、地藏庵管理委員會委員，分擔祭祀圈的工作。

一九七四年，他引進日本Rheon自動包餡機生產月餅、麻糬、鳳梨酥等，不僅提升品質，也帶來更大的商機。昆常回憶說，當時「新台灣餅鋪」內含三大系列產品，加上高檔國內外貨的販賣，生意「強強滾」，日日見人潮。

第二代盧昆常（1949～），是位謙虛剛毅的知識分子（見圖2-4-21）。原想出國深造，因父母親年事已高，要他回嘉幫忙。盧福眼看第一代師傅逐漸凋零，技術傳承面臨斷層，於是，特別禮聘日本知名和菓子大師新見幸一進駐本鋪（1979～1980），進行技術指導，並且指定昆常與兩位年輕師傅參與訓練課程，以延續「日向屋」時期日式糕餅的風味。加上他努力研發，逐漸發展出多種口味的和菓子，如：阿里山羊羹、銅鑼燒、浮雪餅、阿里山饅頭等。

一九八〇年，昆常夫婦正式接棒。在既有的基礎上，力求精緻，進出歐、日取經：先引進西德Winkler石板蒸氣烤爐，並由德國師傅安德烈（Mr. Andre）傳授法國麵包、雜糧麵包及其他多種歐式麵包的製作與烘烤；再赴日本東京製菓學校接受和、洋菓子講習與技術訓練；又赴比利時

圖2-4-21　新台灣餅舖第二代盧昆常。（盧昆常）

參加原料商Puratos公司研習會，親自學習法式糕點、慕斯蛋糕、手製巧克力與歐式麵包。

　　他追隨父親的創業精神，連續接受挑戰，追求卓越：「大福燒」榮獲二〇〇七年諸羅十大伴手禮；「桃仔尾酥皮餅」榮獲二〇一三年嘉義市十大伴手禮；「神木羊羹」榮獲二〇一五年嘉義市十大伴手禮，並獲選為中華民國全國商業總會百年暨一甲子老店。

　　這些獎項不啻為百年老店加上桂冠，也證明了老店的魅力，歷久彌新。昆常說：「嘉義市十大伴手禮舉辦四屆，我們參與三屆，三次獲獎。」「百年老店已是金字招牌，像你還一再接受考驗，真是少見，證明了『新台灣餅舖』的品牌是真金不怕火煉呀！」我回應說。剎那間，他臉上綻放微笑，流露幾許自信的神色。

　　盧昆常夫婦育有二女：雅羚（1978～）與盈君（1981～），雙雙通過烘焙乙級證照，是相當專業的第三代，目前兩姊妹均以專業精神投入餅舖，抱持「歷久彌新」的信念，專心研發，期望能為老店增添活力。「新台灣餅舖」經過兩代一百多年歲月，涵藏多元的糕餅譜系，是嘉義糕餅文化的奇蹟。

第九節　大廚師的風範

　　一九四九年，國府退出中國政治舞臺，帶著二百萬軍民渡海進入寶島，大陸各省口味紛紛登上飲食界。六十多年來小小臺灣涵藏多元菜系，釋放多樣美味，而名聞遐邇。這裡特以彭長貴與彭園湘菜爲例證。

　　彭長貴（1920～），湖南長沙人，幼年讀私塾二年，十二歲出門闖天下。一九三三年，跟隨譚延闓家廚曹藎臣學廚藝。小學徒聰明伶俐，肯學又用心，技藝漸入佳境。二十歲，初露鋒芒，二十二歲，成爲名廚，深獲老輩名廚的稱讚。

　　抗戰期間，他帶著母親往西南逃，溯湘江，越城嶺，渡靈渠，順灘江到桂林，沿途找野菜、摘樹葉煮菜飯吃，歷經無數艱難。到貴陽，爲生活，他送報、挑擔子兜售烤地瓜。

　　一九四四年，他來到重慶，在瀟湘酒店工作。他遇到貴人，到兵工處長俞大維家裡以廚藝替八十多歲俞太夫人調養身體。與大師兄胡紹恆異鄉相遇，合夥經營觀音崖的「半雅亭」。

　　抗戰勝利，他歸家心切，將店面送人，帶著母親回長沙。彭長貴曾說，自己的命運，好像沒一件事不是與吃有關的。返鄉後，他開設湖南最有名的曲園酒樓。同時成家。一九四八年，他到南京虹橋的浙贛鐵路招待所，主理政府重要宴會。

　　一九四九年，他辭家告別母親妻小，隻身隨政府來臺，負責國宴。但內心深處有一種自闖自創的潛在意識，蠢蠢欲動。一九五〇年，他與鄭雲嬌結婚，生鐵誠（1953～），三年後離異。一九五二年，以湖南老招牌「玉樓東」在臺北市成都路開設餐廳，天天門庭若市。不幸餐廳失火，他變得一無所有，卻自信：只要人在，就有辦法。

　　一九五五年，他應好友再三邀約，到僑務委員會主持餐廳，負責招待僑領的宴會。一九五六年，在南昌街開設的「天長樓」，同時在延平南路一一四號，成立彭園，他親自掌廚，彭長貴，就是品質保證。一九五九

年，中央銀行總裁徐柏園爲改進員工午餐，特別邀請彭長貴主持，他料理的菜經濟實惠、講求營養、乾淨衛生，且菜式多樣。

一九六一年，他與詹麗怜結婚，育有一對子女。一九七〇年，他赴香港東雲閣酒店開設彭園，開幕前夕，又燬於一場大火，只好黯然返臺；此後三年，臺灣南北飯店餐廳競相敦聘彭長貴爲主廚。

一九七三年，他隻身前往美國紐約成立彭園，經過幾番波折，終於立足第二、三大道間的四四街，以傳統湘菜，樹立口碑。有一天，「現代主義建築的最後大師」貝聿銘（Ieoh Ming Pei, 1917～）選在彭園招待美國國務卿季辛吉（Henry Alfred Kissinger, 1923～），彭長貴端出的料理讓來賓讚嘆不已，尤其是那一道左宗棠雞，不僅征服兩位大人物的味蕾，也是彭長貴與之結爲好友的媒介。當時媒體記者聞風而至，紛紛以大篇幅報導，如《Post》、《New York Times》、《紐約ABC》等。喜來登（MiMi Sheraton）經過評鑑，罕見地給了彭園兩顆星。在名人、媒體、評鑑的推波助瀾下，彭園快速的在美國東西兩岸成立六家連鎖店。

一九七七年，彭鐵誠赴美，就讀威斯康辛密爾瓦基大學工程管理系，念了二年，奉父命輟學，投入彭園經營行列。彭長貴在美國十年，以實力成爲中華料理紅人。但大起大落彷彿是他事業的宿命。

一九八三年，彭長貴回臺灣，與妻舅詹勝華合夥開設「彭園湘菜館」（林森店），六十三歲的彭長貴，親身進廚房炒菜，以招徠老饕，再現彭園的盛況。一九八七年，鐵誠回臺加入陣容，三人聯手，業務蓬勃，到了二〇一五年，共成立四個彭園湘菜、八個彭園會館，新興的彭園集團，共推彭長貴爲董事長。

這裡列舉兩件事例以窺彭老的魅力：

一、尋找左宗棠雞

一九五二年，彭長貴研發「左宗棠雞」，一九七三年，這道菜隨他移民到美國，而流播各州，五萬家中國餐館都以「左宗棠雞」（General Tso's Chicken）爲招牌名菜。四十多年來，這道菜餚賣遍全美大小鎮，

千百種版本，年產值約數十億美元，對美國的飲食、文化、經濟的影響甚為遠大，儼然是中華料理的代名詞。這引起左宗棠雞的愛好者同時也是紀錄片導演錢尼（Ian Cheney）強烈的好奇心。

為了解密，錢尼在二〇一一年，開始進行「尋找左宗棠」（The Search For General Tso）的計畫，他踏查美國、北京、上海、左宗棠故鄉，請教無數的文史學家、餐廳老闆與美食家，

圖2-4-22　尋找左宗棠DVD封面。（作者／提供）

結果是一無所獲。追蹤了三年，最後來到臺灣，找到了高齡九十六歲的「左宗棠雞之父」彭長貴。終於找到真相，解開謎底；二〇一四年，他推出一部令人食指大動的電影──《尋找左宗棠》，並且連續在西雅圖、翠貝卡影展，與AFI 紀錄片影展，大放異采（見圖2-4-22）。

二、重現譚家菜風味

二〇一一年，中央研究院數位典藏內容與技術專題中心，發展「筆墨譚心──譚延闓日記網站」，特別找來譚氏家廚曹藎臣的嫡傳弟子，時年九十歲的彭長貴廚師，復刻日記中的美食，重現譚家菜的風華，兩天共拍了二十道菜餚，例如：杏仁豆腐、栗子白菜、罳公豆腐、雞湯文絲等，這些菜餚都十分講究，道道精緻，是典型的功夫菜，再現百年前譚府家菜的風味，也證明了彭老盡得曹藎臣的真傳。

彭長貴投入廚藝八十多年，歷經大起大落，始終以精湛技藝締造一則則精采的菜餚故事。他精通湘菜，兼擅各地菜系，靈感來了就是一道菜，他所研發的美食，有竹節雞盅、香瓜雞盅、湯泡魚生、富貴火腿、富貴雙方、生菜蝦鬆、甘樹子午仔魚、彭家豆腐、左宗棠雞等不勝枚舉。他一手打造彭園湘菜王國，開發八類一百四十五種的譜系，堪稱飲食界奇蹟，更是珍貴的無形文化資產。

值得注意的是：一、他跨領域的能力，納湘菜於臺灣，使之在地化，並透過精緻化邁向國際化，為臺灣飲食文化譜寫輝煌的史頁；二、他鍾情廚藝，一門深入，而且自強不息，大廚師的風範更教人敬佩。

第十節　飲食，是臺灣的重要軟實力

倘若轉動地球儀，沿著北緯二十三點五度，由西而東，你將會發現一件不可思議的現象：北迴歸線經過的地方，大都是沙漠，如：墨西哥沙漠、非洲撒哈拉沙漠、阿拉伯沙漠、印度半島塔爾沙漠，接著躍現的是蓊鬱的臺灣，真是得天獨厚了。

近四百年來，荷蘭、西班牙、大清、日本等外來勢力，相繼進出不設防的島嶼，並且影響這個移民社會的文化內涵，型塑出一種獨特的海洋性格。一九四九年，國民政府撤退來臺，歷經數十年全民共同的勤奮努力，在七〇、八〇年代締造了舉世矚目的經濟、政治雙奇蹟。之外，信仰自由造就多元宗教的神仙島，眾多族群講究的飲食文化，更內聚成為一股豐沛的軟實力。就以飲食文化來說，六十多年來，在政經優勢的環境，國人開始注重生命素質與生活品味，因此，對飲食方面有了深刻的反思。

「吃」之為「道」，是屬於實用以外的形上思考，也就是對飲食的自覺、經營（精緻化、藝術化）的結果。換句話說，是吃與道契合之後，匠心獨運所展現的生活美學。其中涵蓋材料的選擇、刀工的運用、五味的調和、火候的拿捏、烹飪的規劃、吃法的講究、器皿的安排、氛圍的營造，與健康的要求等等，從而經營出一套文化系統與價值，這不僅是臺灣飲食

的軟實力，更是美食天堂獨特的飲食文化。

二〇一一年，我任教大學四十年，正式從彰化師大退休，立即被《料理‧台灣》特邀為雜誌撰稿。五年來，我訪談了二十多個店家，他們都是認識多年，甚至有四十多年的，這次為了深入的報導，每個點都進行多次的拜會、訪談，配合專業攝影，捕捉臨場鏡頭，最後逐一建構他們的故事、記錄食材工序、歸納飲食譜系、解讀獨特味道、登錄重要食譜、分析經營策略。店家包括四種類型十九點，即：一、餐館六家、二、小吃七家、三、糕餅五家、四、飲料一家。

過程宛如一次次的探索，也有許多意外的發現，例如：

修訂店家歷史：新台灣餅舖走過兩個世代一百二十年的歲月。店家一直以為創立於明治三十四年（1901），經過個人比對，新台灣餅舖的前身「日向屋」，乃是吉田秀太郎於明治三十年（1897）所創，並有剪報證明無誤，為店史往前推進了四年。

阿霞飯店大都以為創立於一九四〇年，現由第三代接手。我依據吳錦霞（1925～）十四歲投入父親阿池師小吃攤幫忙，推算成立年代應該是一九三九年；由於一、二代共同經營，未加細分，若以世代論，則目前吳健豪應屬第四代。

歸納飲食譜系：彭園由彭長貴大師一手打造，共成立四個彭園湘菜、八個會館，研發的飲食譜系，有八類一百四十五種，堪稱飲食界奇葩，也是珍貴的無形文化資產。

春水堂劉漢介鍾情茶藝，又能翻轉傳統，掀起茶界革命浪潮，引領大家重新認識茶系，他研發泡沫紅茶、珍珠奶茶，締造了紅茶世界的奇蹟。其茶藝包括六大茶系，一百多種飲料，三百多個據點。

記錄飲食工序：鼎泰豐以小籠包聞名，特色是皮薄、湯多、內餡新鮮、鹹淡適中，加上「蒸功夫」。其工序嚴謹，包括：一、外皮：先將五公克小麵糰擀成直徑五點五公分的麵皮；二、內餡：每個小籠包的內餡重十六公克；三、包餡：左右手拇指食指並用，捏成十八摺，收口均勻，好讓小籠包挺立著；四、蒸熟：將小籠包裝進蒸籠蒸五至十分鐘。

經營策略：十九個店家之所以能在飲食界闖出名號，無不強調：真材實料、誠信、研發、守住味道。當中以鼎泰豐的表現最為特殊，楊紀華董事長是該企業體的靈魂人物，他注重員工／產品／服務／營業的善循環理論，紀律配合人性，加上人文營造的情境，帶出優質的文化場域，使事業成為現代企業的新典範。

印象最深的莫過於俊美了，俊美食品系列，包括鳳梨酥、杏仁片、松子酥、太陽餅、憶園餅、漢餅，其魅力讓葷素客群為之風靡，令人百思不解。經過追蹤，終於發現真相：老闆娘長期吃素，深具環保意識，發願提供身體環保的糕餅，因此食品是全素的（重要成分的奶油為植物奶油）。

三十多年來，為踏查飲食，我多次進出臺澎金馬，記錄各地民俗小吃的風味。五年來，完成《味在酸鹹之外》，解讀飲食的符碼，提供「知味」的妙方，例證飲食是臺灣的軟實力，值得國人正視（見圖2-4-23～2-4-26）。

圖2-4-23　清淡有味的鼎泰豐百頁雪菜。（作者／提供）　　圖2-4-24　筆者近年飲食踏查成果輯錄於《味在酸鹹之外》。

圖2-4-25　筆者與周理悧教授、阿霞飯店 圖2-4-26　筆者與俊美食品李俊德夫婦合
第四代的吳建豪合照。（吳建 照。（李俊德）
豪）

第十一節　謝黃鍊淨的私房菜

　　一九九九年，彰化縣文化局依據藝文資源蒐集計畫，委託我進行為期一年的彰化縣飲食文化調查研究。我帶領四位研究生踏查二十六個鄉鎮市，訪問二百三十多個飲食點，整合成為三十五萬字的專書。當中，叩訪花壇百年老店－保生堂，印象極為深刻，特別是老闆娘謝黃鍊淨女士（1937～2010），娓娓說出精采的私房菜，為「富貴三代，才懂得吃穿」的俗諺，提供一個最佳的範例，特別附錄當時的訪談紀錄，一窺謝家的飲食文化底蘊。

林明德2018年2月27日

謝黃鍊淨女士，保生堂的第二代老闆娘，為謝明昌先生的母親，以下簡
　　稱黃。
謝明昌（1961～）為藥房老闆，下簡稱謝。
林明德教授，以下簡稱林。
時間：2000年5月26日。
地點：花壇鄉保生堂蔘藥房。

謝：我們家已經六代都從事岐黃之術。

林：算是醫藥世家了。

謝：老家早年是在溪州，本籍田中，聽阿公說在日治時代才搬過來。

林：你們家算是世家，俗語說「富貴三代，才懂得吃穿」，所以應該有一些代代相傳的私房菜，可以大略與我們介紹一下嗎？

黃：我已經很久沒有下廚了。

林：只要告訴我們，你懷念的一些家常菜即可。

黃：我記得一道菜是我公公最愛吃的，是用蒸過的大魚脯，先擦乾、剖開，拿掉魚骨，加入花生、蔥、辣椒、醬油、糖等材料，一起炒即可，味道香香甜甜的。

謝：我吃過，都和爺爺奶奶一起吃，印象深刻。

黃：到市場如果看到這種材料，我還是會買回來料理，我常告訴孩子們，以前爺爺奶奶都是吃這道菜的。還有一道菜，是韭菜沾醬油，味道純樸。

林：怎麼處理？

黃：韭菜先一根根洗乾淨，再下鍋燙熟，放涼、切段，食用時沾醬油膏。

林：明昌你可要跟媽媽學一些傳統菜喔！

謝：有啊！我經常記錄，並提醒太太多跟媽媽學一些；還有我媽媽對於粿、肉粽、香腸、臘肉、烏魚子、蘿蔔糕等也都很拿手。我們非常喜歡吃媽媽私房菜的口味，逢年過節都由媽媽親自料理。

林：比較講究。

黃：每次冬至之前，我都會先向花壇市場中一家專賣王功魚獲的小販預約，他都會幫我留意一些新鮮的烏魚。我去選個十幾斤，回來自己醃製。

林：這就是傳統世家的口味，香腸自己灌，烏魚子也自己醃製。

黃：早期我阿公是在田中，後來因爲失火與分家的因素，才搬到花壇來，住在這裡已經三十多年了。以前我們在田中、溪州也算是大家庭。

林：你的肉粽是怎麼處理的？

黃：材料有蛋黃、香菇、筍角、花生、栗子、五花肉、油蔥酥等。

謝：這是近幾年才改變的，小時候，是我奶奶的時代只有花生、菜脯角。

林：還有什麼拿手菜呢？

黃：滷肉或是三層肉燙熟，切片沾蒜頭、醬油吃。

林：你們吃的比較素樸，能吃出原味。

黃：不過，過年之前我都會醃臘肉、蒸蘿蔔糕。

謝：在我的印象中，我們從沒買過市面的蘿蔔糕。

林：蘿蔔糕是怎麼處理的？

黃：先削掉蘿蔔皮，再刨成細絲，5、600C.C.的水與蘿蔔絲放進去小火燜熟，燜的過程中，將浸泡約三、四個小時的在來米磨成漿，再把燜熟的蘿蔔絲放入米漿，加上少許鹽、黑胡椒一起攪拌。蒸籠熱好，鋪上布，再把攪拌好的蘿蔔絲米漿舀進去，四邊放竹管，蒸三、四個鐘頭才告完成。我們的經驗是，一斗米約需三十斤的蘿蔔來配合，才會芳香、好吃；我每次約半斗米加十五斤的蘿蔔。市面賣的蘿蔔糕，約一斗米加七、八斤的蘿蔔，所以滋味是有差別的，因爲蘿蔔越多越能釋放芳香。

林：蘿蔔糕做好後怎麼食用？

黃：用煎的比較香，以前是豬油，現在改以沙拉油。煎好後再沾醬油或甜辣醬或是東泉辣椒醬，能呈現不同的滋味。

謝：甜辣醬是現在才有的。

黃：這是我跟婆婆學來的私房菜。

謝：從我小時候的印象，就是這樣的口味。

黃：現在的蘿蔔糕加蔥頭、豬肉、蝦米，這樣製作的方式與口味，好像是油蔥糕而不是蘿蔔糕了。真正的蘿蔔糕是只有蘿蔔與米漿，而且米要用在來米，才會比較Q一些。

林：有蘿蔔糕、烏魚子、香腸、臘肉這麼多樣，就可以辦桌了。對了，蹄膀，你們是怎麼處理的？

黃：先用胡椒、鹽將蹄膀搓一搓，加一些蒜頭、醬油醃起來，放進電冰箱，三天後拿出來，清理乾淨（千萬不可用水洗），再用一塊布包起來以繩子綁成像火腿的樣子，放入電鍋中蒸熟，成為條狀。食用時再切片，以一片蒜頭配一片肉，有點像豬腳凍，冰涼吃，滋味豐美。

林：白菜滷，是怎麼處理的？

黃：先將扁魚酥過，白菜滷過後將扁魚柔酥撒在白菜上面，一邊準備蛋酥（即將蛋打散後用漏斗濾進去熱油中，炸過即是一條條又酥又香的蛋酥），加入白菜滷中。

林：有魚有肉有菜，雞、鴨又怎麼處理？

黃：我公公婆婆的年代，雞鴨都是用白斬的方式，因為都要先拜拜做牲禮。後來就用雞來燉燒酒雞、蔘仔雞、四物雞。

林：花壇鄉的四物應該都是向保生堂蔘藥房買的吧？

謝：對，只要是燒酒雞、四物雞大部分都是向我們買的，但是不一定全照傳統的四物材料，會針對不同口味而有所增減。

林：阿來羊肉也是向你們拿藥材嗎？

謝：對啊，但是他放的不全然是四物。

林：岡山的羊肉是當歸羊肉，這裡的好像是比較多元。

謝：岡山羊肉的吃法與花壇不同，岡山是沾豆瓣醬，這裡是沾臺中東泉辣椒醬；而不同的牌子有不同的口味，東泉辣椒醬，在日治時代就有了。

林：飲食一定要講究，否則只是粗飽而已，所以需要媽媽來傳承。

黃：對啊，像母親節那天，大家都說去餐廳吃，但我想一想還是自己煮，既溫馨又豐富且省錢。

林：烏魚子是怎麼處理？

謝：先將烏魚子用高粱酒抹一抹，外膜剝掉切成片，點火燃燒，如果沒有蒜苗就用大蒜切片再夾一片蘿蔔，比較香；我們對吃是很講究的。

黃：我們過年時一定會準備一道魚翅湯。用正魚翅，因為我的三媳婦娘家在臺北迪化街賣南北貨，所以過年過節都會請親家寄鮑魚、魚翅等乾貨。用冬筍切成細絲，放入老母雞、大白菜、香菇，一起下去熬煮，這樣雞湯料較豐富。魚翅都是自己發的，工序相當複雜：先將魚翅浸泡三天，每天換水，再放入鍋，加入蔥薑蒜，煮三十分鐘，放涼，將水倒掉，將魚翅剝成小塊，與前面備好的雞湯料，一起燉煮約二個小時。魚翅經過如此處理，差不多糊掉，成為充滿膠質的湯底。這道菜非常的耗功夫，所以在過年前的一個星期就要進入工序，每次過年我一定會準備這一道菜。

謝：對啊！因為太耗時間了，所以只有過年才吃得到。

林：母親節準備了哪些菜色？

黃：大概以簡單又好吃為原則，例如一隻雞燉高麗蔘。因為高麗蔘是自己的，所以不惜成本，口味比較甘甜；再買半隻鵝肉，煮過之後剁一剁；烏魚子一道；再炒幾盤青菜。就是一桌好吃的家常菜，在餐廳要七、八千塊的價格，自己料理，經濟又實惠。

林：對啊，這就是家常菜的魅力。謝謝你們接受訪談。

第十二節　道地鹿港辦桌食譜

　　施學堯（1923～2012），家居鹿港永安里，已有五十年總鋪師的經歷，曾擔任臺灣民俗村餐飲部顧問。他從未跟過師父，全憑目識巧及自己研究，算是無師自通的。

　　施學堯從三十八歲當總鋪師，三十七歲前以小吃店爲主，之後才改成兩種兼顧。他已經做過數百種菜色，辦桌的足跡遍布臺灣。

　　他有兩道手路菜，一是鹿港聞名的老師傅鴨肉羹，是道地的鹿港鴨肉羹。其做法是：首先鴨子一定要自己買，宰殺後去除脖子、腳，只取身體部分用小火焢一小時，再用電風扇吹冷後，以純熟的手工剁骨，去骨的鴨肉再切成一片一片的薄片待用；同時準備竹筍、薑、冬菜三種配料，調味料則以糖、味素、米酒、鹽爲主。

　　接著將竹筍煮熟後切絲備用，薑也先切絲，冬菜則買整罐醃好的冬菜，再將湯頭以煮鴨肉的湯，加入鴨骨熬成。煮的時候，先下筍絲、冬菜、薑，待水滾三到五分鐘，再將鴨肉片倒進去，放入之前調配好的調味料，再以太白粉勾芡，終告完成，就可以上桌了。這道鴨肉羹的風味即在鴨肉的原汁原味。

　　另一道則是鹿港的古老麵食──錦魯麵，由於手工繁複，目前鹿港的小吃店已罕見賣這樣的傳統麵類了。錦魯麵，顧名思義，是多種材料煮成的麵食。煮麵的要點是，一次要用三個鍋：一裝水，一燙麵，一放骨仔湯。每一碗錦魯麵都要現做，口感才會好（絕對不能先做好放著）。

　　錦魯麵的主要材料是肉羹、花枝、魷魚、筍、香菇、蝦仁、干貝、荸薺。其工序是，麵先燙好後放入碗裡，再舀起一匙的骨仔湯放入另一鍋中，將配料放入湯裡煮，加入一顆蛋花，再以地瓜粉勾芡，將勾芡好的湯舀入麵裡，因爲有六、七種顏色，既漂亮又美味。

　　施學堯是辦桌的高手，他說，辦桌傳統都是一桌十道菜，而且依序出菜，菜色一定是一乾一湯。他最常辦桌的十樣菜，如下：

第一道是四色冷盤。以龍蝦、烏魚子、鴨肉、蟳仔肉，這四樣材料先切成薄片，鋪排在盤子上，放入冰箱待涼即可，重點在於食材一定要新鮮而且是上等。

第二道，蹄膀魚翅。蹄膀先以熱油炸過，放入砂鍋中燉至熟爛，再放入盤子中準備。接著魚翅、蝦仁、香菇、金針、筍仔角、芋仔角、豆仁、肉絨、荸薺等十幾種材料，先將乾魚翅滾過變軟後剝成絲，其他材料也剝成一絲絲，炒過後放入碗中蒸，之後蓋入置放蹄膀的盤子中，形成一個完美的半圓形。他說，當時所使用的魚翅，是一斤好幾千的高品質魚翅。

第三道，紅燒蝦卷。將新鮮蝦子剝殼粗剁，加入豬油、白蔥頭切細、香油、味素、荸薺，加點太白粉攪拌之後，再用豬肚膜捲起來下油鍋炸，即是一道香香酥酥的紅燒蝦卷。

第四道，粉蛤湯。以燉的方式逼出食材的鮮味，且不油膩。以豬腳筋、香菇、筍仔、薑片、粉蛤下鍋燉煮，加入米酒、味素等調味料，即是一道清甜爽口的粉蛤湯。

第五道，春餅（春捲）。主要材料是結頭菜、冬筍、蒜仔、豆莢、瘦肉、白糖、豌豆、花生粉。先將結頭菜燙滾水使之變軟，再剁成細絲，瘦肉則切絲後浸在醬油中，冬筍要炒出香味，蒜仔與豌豆先切細絲，再以潤餅皮沾麵粉漿將所有的材料捲起來，下油鍋炸至金黃色即可。

第六道，豬肚鮑魚湯。材料以罐頭鮑魚切片，選最大完整的香菇一整片鋪在碗底裝飾，豬肚、蝦仁、鮑魚在碗裡放平，上面放上筍片，一起放入蒸籠蒸三十分鐘，蓋下去再澆上筍仔湯，放入胡椒、麻油，即是厚實的豬肚鮑魚湯。

第七道，炒鱔魚。先精選指頭大小約四、五兩種的鱔魚（這種鱔魚的重量最可口），再將鱔魚切成一塊一塊，蒜頭切碎，蔥仔、白韭菜切成段，之後將蒜頭爆油，加入鱔魚、白韭菜、蔥仔，加上沙茶、香油、米酒、味素、醋、糖等調味料，起鍋前以太白粉勾芡，味道酸甘甜，是下飯的最佳菜色。

第八道，紅蟳米糕。先將紅蟳蒸熟後切開，一邊將米加入冬蝦、香

第二篇　民俗藝術

菇、瘦肉等配料蒸熟之後，把碗倒蓋在盤子上，上面鋪排紅蟳即是。

第九道，蝦丸湯。先以海蝦、沙蝦兩種材料，剝殼剁碎，加上少許豬油一起剁，剁碎後的蝦漿加入味素、糖、香油、胡椒，用手捏成蝦漿，再加一點太白粉以增加黏性，接著就如同做肉丸的工序，放入滾水滾至浮起，再放入湯中煮，加上芹菜與調味料即可。施學堯先生說，以前辦桌所使用的丸子都是師傅現場做的，吃起來特別的甜美新鮮，現在大多採用現成的丸子，味道自是不同。

第十道是甜點。他最常做的是芋泥。先將芋仔炊熟，去皮後攪成泥，拌糖、豬油，倒蓋在盤子中，再點綴上葡萄乾、冬瓜，就是一道香甜可口的芋泥了。夏天則改上甜湯，以鳳梨湯、或梅子湯為主。

鹿港道地辦桌料理之所以有名，其祕訣在於辦桌的食材實在、菜色好。他希望辦桌師父可以繼續維持這種精神。

施燕南（1930～），辦桌經驗五十多年，鹿港人尊稱為阿南師。他曾在臺中大名鼎鼎的「金斗食堂」學廚藝，三年後出師。先後在鹿港光華亭餐廳、臺中崙忠食堂、美華樓、和平樓待過，最後決定自己出來賣麵。

四十多年前，他在鹿港夜市賣麵、筒仔米糕、屯露、芋丸，每晚從七點開始，常常是大排長龍。過了四年，因為賣麵太辛苦才專心當總鋪師。

一九四七年，他開始辦桌，是以包桌的方式辦理，所以比賣麵輕鬆。

他一次可以辦桌二百多桌，辦桌的地區包括臺北、中壢、楊梅、臺中等地。他很自豪辦桌功夫可是鹿港鎮第一把交椅。他的拿手菜極多，以下介紹他的幾樣手路菜。

一、鳳眼明蝦。以沙蝦、香菇、蝦漿、豬肉（採用有三層油的豬肉）、醋、油、米酒、蔥酥、豬油（冷凍的凝結的豬油）為主要材料，將整尾的沙蝦剖半鋪成圓形，中間夾入香菇、蝦漿、蔥酥、凝結的豬油、米酒等調味料，放入蒸籠蒸，蒸熟後把沙蝦翻過身鋪盤，因為形狀很像鳳眼而得名。這道菜的特色是沙蝦中間，還會有鮮美的湯汁，風味獨特。

二、扁食燕。以手工擀揉成外皮，將溫體豬腿肉仁用槌子槌到肉有彈性，

加入麵粉擀成薄片狀。扁食燕的特色是入水可以久滾不爛，內餡是將豬肉槌成有彈性，加入鴨蛋黃揉成漿，再以扁食燕皮包起來，下水煮湯便是美味可口的扁食燕，灑上芹菜與胡椒即是清爽可口的扁食湯。

三、什錦蹄膀。先將豬腳炸過，再下鍋以香料燉爛；另一邊則以白菜為底，加入蝦仁、香菇、海蔘、刻花的紅蘿蔔、荸薺一起滷。待爛後勾芡，澆在已經燉爛的蹄膀上，灑上香菜與香油，即是香濃豐盛的什錦蹄膀。

四、蹄膀魚翅。將豬的後腿肉炸過後，加入八角、蔥仔炸過，配合調味料下鍋滷；魚翅在另一鍋先煮爛，撕成絲狀，加入筍絲、香菇、荸薺、紅蘿蔔下鍋燙一下，之後再加鹽。煮過的魚翅與配料放入碗中，再將已經滷過的蹄膀放入盤中，蓋上置入碗中的配料。切記蹄膀與魚翅不可以放在一起滷，否則會影響到氣味。

五、扁魚白菜。以扁魚、白菜、香菇、瘦肉、蝦米為主材料。扁魚、香菇先下鍋炸香，再放入白菜一起炒至出油，加入炸過的瘦肉、蝦米，炒過後放入鍋中滷至白菜爛，再加以勾芡即可。特別要注意的是，扁魚必須先用小火炸香，白菜的香味才會被引出來。

阿南師感慨地說，現在辦桌師父太多，往往還沒有出師就辦桌，品質差多了；辦桌師父一定要會做手路菜，「堅持傳統的味道」，是他的本分。

第十三節　正視大溪豆腐文化這個潛力點

近年來，文化資產深受各國重視，影響所及，世界遺產的登錄蔚為趨勢。

二○○二年，文化部為使國人對文化資產保存觀念能與國際同步，揭櫫「臺灣世界遺產潛力點」的構想，並成立「世界遺產推動委員會」（2009），陸續徵詢國內專家及函請縣市政府與地方文史工作室提報。

經過多次會議與修訂，終於在二〇一二年決議臺灣世界遺產潛力點（包括文化遺產與自然遺產），共有淡水紅毛城及其周遭歷史建築群、蘭嶼聚落與自然景觀、卑南遺址與都蘭山等十八處。令人遺憾的是一府二鹿三艋舺這些古城都缺席了。

二〇一三年，彰化一些仕紳共同推薦鹿港為世界遺產潛力點，並邀請我撰寫說帖。我曾指出三百年來鹿港人文底蘊豐厚，宛如文化的活化石，其內涵多樣，包括族群、語言、宗教、傳統建築、傳統表演藝術、傳統工藝美術與飲食文化，堪稱臺灣文化的瑰寶，大家共識符合世界遺產登錄標準的若干項。在個人的認知裡，府城的底蘊也非常豐饒，是臺灣文化的縮影，值得重視。

這裡要提醒大家關注的是具有稀有性、地方性的「大溪豆腐文化」。一九九八年六月，桃園縣立文化中心委託基金會進行大溪豆腐系列文化調查研究，為期一年，由我擔任主持人。計畫的目的是對大溪豆干業的生態深入了解，建構豆腐文化，而終極指向是為「大溪豆腐博物館」提供軟、硬體的相關資訊。

大溪舊名「大姑陷」，是來自泰雅族語的音譯，意為「大水」。清同治五年（1865），當地舉人李騰芳奏請改為「大科崁」，並置撫墾局。光緒年間，劉銘傳至當地撫番，改為「大嵙崁」。日治時代，在大嵙崁設置大溪郡役，刪除「大嵙崁」中「嵙崁」兩字，成為「大溪」一名。

乾隆二十年（1754），粵籍人士謝秀川、賴基郎來臺，在山胞酋長家擔任管事，開始招佃開墾，是漢人進入大溪開墾的濫觴。接著有漳、粵兩籍的邱、廖、古、張、戴、倪等姓氏，向謝、賴兩人分段領地開墾，形成聚落，為大溪開發寫下史頁。大溪一地，產業豐富，茶、蘭花、豆干、醬油，飲譽遐邇。其中，以豆干最為出名，其關鍵乃在清澈的山泉水，加上漳州移民林絨先生帶來豆干的製作方法，終於打造「大溪豆干」的金字招牌。為了豆腐文化的建構我特別擴大、周延調查內涵。經過一年半的深入田調，實際了解豆腐系列的製作過程，業者的經營史、理念、產銷網絡，加上耆老訪談，逐漸浮現大溪豆腐生態的全貌。豆腐文化主要材料是

黃豆，長期以來，大溪已經營出多元的系列產品，與相當完備的豆腐家族譜系（詳見《大溪豆腐系列文化研究》1999）（見圖2-4-27），大概可以分爲兩系，即豆漿與醬油。前者延伸產品如豆花、豆腐、豆皮，豆干、豆腐乳、臭豆腐、油豆腐、素雞、素腱與豆包；後者包括醬油與豆豉。重要業者有二十餘家，其中赫赫有名的如：黃日香、萬里香、大房豆干與金蘭醬油。

大溪豆腐一百多年，產品多樣，文化底蘊多元，可說是獨步全臺，甚至是世界難得的人文活化石。二〇〇三年，我曾在成都中國飲食文化學術研討會發表桃園大溪豆腐文化並透過影片介紹，多位國際學者認爲不可思議的飲食奇蹟。延宕多年的博物館也未見啓動，二〇〇七年我向邱坤良主委建議設置大溪豆腐博物館家族的構想，長官深表同意，他辭職後，就不見下文了，眞是可惜。

世界遺產是普世價值，指向人文與自然的關懷。我們雖不是會員國，無緣申請，但一定要努力爭取潛力點，精實文化資產的內涵，爲世界遺產盡心盡力。因此，我鄭重呼籲，正視桃園大溪的豆腐文化。

圖2-4-27　筆者1998年研究大溪豆腐文化，隔年將研究成果出版成書。

第十四節　文化工程給桃園市長的一些意見

二〇一六（丙申）年，國家燈會列車開進桃園市，一時成爲媒體的焦點。在市府團隊全心全力的承辦下，締造多項成績，也帶來二千零二十六

萬人次參觀的紀錄，具體的展現其辦事效率，與對傳統節慶的重視，令人敬佩。

熱鬧過後，一切回歸平常，也正是反思「文化」，嚴肅面對熱鬧／門道的時候。

一九九一年，交通部觀光局爲配合建國八十年，特別委託各縣市政府策畫千項之多的民俗活動，其中較具規模的有中正紀念堂的臺北燈會、桃園龍潭的客家民俗文化大展、彰化鹿港的民藝華會及古蹟之旅、臺南鹽水蜂炮、土城聖母廟的摸春牛等。

臺北燈會連續舉辦幾屆後，改爲臺灣燈會，由各縣市爭取承辦，由於活動規模壯觀，內涵多元，傳統現代兼顧，場域寬闊，吃喝玩樂應有盡有，臺灣燈會成爲聚集人潮，帶來商機的保證。因此，像雲林縣曾九次爭取主辦臺灣燈會都宣告失敗，但他們不氣餒，繼續努力打拚，終於「搶到」二〇一七（丁酉）年的主辦權。

桃園位於臺灣的西北部，面積一千二百多平方公里，包括十三個鄉鎮市（2015年升爲院轄市），人口約二百多萬人，包括原住民、河洛、客家與後住民，族群和諧，多音交響桃園鄉土樂章。我與桃園結緣於一九九〇年代，或擔任文化中心審查委員，或主持田野調查，或承辦學術活動，例如：六座古蹟的區聯調查研究，兩階段（2001、2002）的桃園飲食文化調查研究，我們繳交的亮麗成績，讓人驚視桃園文化底蘊的豐饒多元。這些都是桃園珍貴的文化資產，有待進一步去深耕、整合，轉化成爲現代城市的資源與內涵。

這裡謹提出幾件文化工程供鄭市長參考：

一、設立大溪豆腐博物館，爭取世界遺產潛力點

一九九八年六月，呂秀蓮縣長提出「大溪豆腐博物館」的文化政策，委託基金會進行調查研究，由我主持，爲期一年。縣長希望研究成果能喚起社會大眾正視產業與地方發展的關係，其終極指向是，提供博物館軟、硬體的相關資訊。

二〇〇三年，我曾在成都「中國飲食文化學術研討會」發表〈桃園大溪豆腐文化〉，首次透過影片與論述，讓許多國際學者驚嘆這種珍貴的文化資產。延宕多年的博物館未見啓動，二〇〇七年，我曾向文建會邱主委坤良提出設置「大溪豆腐博物館家族」的建議，深得長官的認同，可是沒多久，主委離職，建議又落空了（見圖2-4-28～2-4-29）。

　　世界遺產是普世價值，臺灣雖不是會員國，無緣申請，但我們可以爭取潛力點的方式，精實文化資產的內涵，爲世界遺產盡心盡力。大溪爲文化古城，百年前漳州移民林絨先生帶來豆干製作方法，歷經幾代，開枝散葉，成爲多元多樣的豆腐譜系，計有兩系十二種，重要業者二十餘家，是相當罕見的飲食文化，值得積極爭取世界遺產潛力點。

圖2-4-28　2002年出版的《桃園縣藝文源飲食文化類研究調查計畫》可作為建購桃園飲食地圖的參考。

圖2-4-29　匾聯文化也是桃園的珍貴資產。（圖為1999年出版的《匾聯文化》）

二、建構桃園飲食地圖

　　飲食為無煙囪工業（觀光休閒）的重要環節，也是族群的文化內涵的表徵。個人長期投入桃園飲食文化研究，從農特產加工食品、茶餚點心、節慶飲食與傳統風味四個層面，歸納出八大類，加上廚師耆老專家學者的訪談，嘗試建構桃園飲食地圖，並且透過〈桃園客家飲食的民俗元素〉、〈中崎是桃園糕餅文化的櫥窗〉等，以闡述桃園豐饒繁複的飲食底蘊，為產業、休閒文化提供新視野。倘能依據「文化國土整治」的概念，繼續田調、研究，並建構飲食地圖，當可為觀光休閒帶來新契機。

　　元宵節為一年一度的節慶，以熱鬧為取向，「文化」── 人文化成 ──卻是長期的經營，必須諳熟門道，這種潛移默化的工程，非有系統地累積，是無法達到具體的效果。文化是先民智慧的結晶，族群生活的信靠，更是讓一座城市成為偉大的重要元素，值得正視。

第三篇

文學思路

壹、文化寒冬，大安熄燈

大安眾君子卌年堅持夢想
學海諸俊英數代積累人文

—— 〈大安〉

這是二○一三年七月七日，我與「大安」諸君子相聚，心有所感，現場書寫的一首小詩。一九七四年，一群年輕副教授、講師與博士生集資成立長安（後來改爲大安）出版社，以薪傳文化期許，出版文學學術論著。四十年來，歷經出版大變遷，仍然綿綿若存，繼續出版，爲學術黑夜釋放小光點，我稱之爲出版界小奇蹟。

今年七月七日，大安諸君子翩翩蒞臨「書巢」的股東會議，總幹事劉教授一臉嚴肅地宣布，二○一五年十二月，「大安」正式關門。現場二十多位股東乍聽之下，莫不爲之震撼，個個靜默無語，面面相覷。臉色泛著無奈又諒解的複雜表情。

我爲了打破氛圍，朗讀〈大安〉一詩，並且慷慨地表述一些感言。「大安」的誕生，旨在出版文學學術著作。四十一年來，主其事者戮力擘劃，推出系列專書約一百六十餘種，作者涵蓋先行、中生與新生三代，著名學者如：鄭騫、葉嘉瑩、王叔岷、葉慶炳、樂蘅軍、柯慶明、蔡英俊、吳明益等；而引領學術風氣，並成爲劃時代的著作，則有《中國詞學的現代觀》、《唐宋名家詞賞析》、《中國新詩賞析》、《中國現代散文選析》、《中國現代短篇小說選析》等，這些即是永不落架的書，不僅歷久彌新，而且影響深遠。

「大安」日常業務，由聘雇員工代理，常務、社務委員、總幹事則以志工身分參與，彷彿道家的處事方式，因此收支僅能維持平衡，經營頗爲艱苦。

近年來，臺灣社會驟變，電子資訊發達，讀者的閱讀習慣產生極大的變化，影響所及，紙本書籍銷售量急速下降，市場萎縮，導致許多書店歇

業或改行。「大安」在此一趨勢下，業績不振，收入大幅下滑，造成連續四年入不敷出，虧損日漸擴大。資金缺口雖有熱心股東代墊，只能救急於一時，終非長久之計。

固然，有人熱心提出解困方案，或轉型或文創等，議論紛紛，但未能觸及核心問題。對於業務如何振興、營運如何調整、如何延續「大安」命脈等問題，更是眾聲喧譁，欠缺聚焦共識。這時座中突然有人說：

「況且，我們都老了。」

這一句話像大雨驟降，將一絲生存火苗給澆熄了，卻給大家當頭棒喝，頓然清醒了。對呀，當年那群年輕人，雄心壯志，馳騁學術疆場，大有不可一世之概。然而，歲月無聲，四十年如電抹，如今個個都已屆六、七十之年；回顧前塵，怎能不令人唏噓？

總幹事總結：經多次開會討論，咸認改善乏術，已無延續經營的可能，只有忍痛結束營業；決議在半年內妥善處理三萬冊庫存書，籌措資遣員工費用，完成稅務報繳，註銷營業登記等善後事宜。

大家心知肚明，美好的仗已打完了，鬢髮如霜，能奈老何？「我們結緣大安，以大安為榮；七七大安熄燈日，希望也是年年大安日的開始。」我提議說，諸君子以掌聲回應。一場好聚好散又純真的會議，在笑談中結束。大家互道一聲：珍重再見。

「請大家移駕到醉紅小館，晚餐由詹教授作東。」總幹事連忙補充說道。席開兩桌，酒酣耳熱之際，呂伯突然發聲：「大安太保守了，現代文學選析系列是我們的學術利器，可惜沒能展現它的影響力，太可惜了！」

前年七七，我與大安諸君子相聚，寫下〈大安〉小詩以肯定其存在價值。今年，我們再度聚會，卻面對「大安」熄燈，真是情何以堪呀。

在臺灣學術界，「大安」歷經坎坷的四十一年，不得不在文化寒冬熄燈，的確令人扼腕。但值得安慰的是，夥伴們大都學有所專，名重一方。大家發願在不同場域，扮演角色，積極以文化智慧回饋社會。當年的雄心壯志，宛在目前。我想，這是一群我心目中的「大安」君子。

貳、爲《詩路》說幾句話

我出身南部小漁村，屬於窮鄉僻壤的地帶，世代以養麻薩末爲業。吾鄉漁塭阡陌，防風林、沙灘、大海，一望無際；白天有海鳥、白鷺鷥起落，夜晚則濤聲到枕邊，伴人入眠。純樸是斯土斯民的共同印記，而力爭上游則是吾鄉子弟的基因。

林家大都學歷不高，長輩雖鼓勵晚輩讀書上進，卻採取放任適性的態度。在這樣環境裡，我會走上讀書一途，顯然是爹娘的鼓勵與自我的抉擇雙重因素的影響。

從小對經典就心存一份仰慕，小二聽張老師談《論語》，我就主動寫筆記。大街小巷，家家戶戶的門聯，是我另類的書本，我經常逐戶細讀，默默背記。老師從山東流亡到臺灣，輾轉來永安，他教我們吟唱李白〈靜夜思〉，我印象深刻，他雙眼噙著淚水彈風琴教唱，那曲調如泣如訴，牽引出遙遠的鄉愁，也成爲我生命中的第一首唐詩。

高中青春浪漫，少年情懷總是詩，國文老師引領我們吟〈春望〉、讀〈琵琶行〉、誦〈長恨歌〉；我曾趁早自習偷偷翻閱幾回《紅樓夢》。一九六〇年代，我考上大學，隻身北上。那時流行存在主義，張秀亞老師啓迪我們讀詩、寫詩，讓我們在詩歌尋找一些生命的回音。

> 你站在橋上看風景，看風景人在樓上看你。
> 明月裝飾了你的窗子，你裝飾了別人的夢。
>
> —— 卞之琳（1910～2000）〈斷章〉

> 在池塘裡
> 青蛙忽然跳進
> 水濺有聲
>
> —— 松尾芭蕉（1644～1694）·俳句

有次上課，老師在黑板以行草寫出這些詩句，全班同學靜默無聲，一時陷入沉思，各自玩味詩心。當下，我若有所得，內心泛起一片愉悅。從此，愛詩、讀詩、解詩、寫詩成為大學生涯的重要課外活動。那時，朱光潛先生幫我打開一扇美學的門扉，王夢鷗老師引導我認識語言的藝術，而艾略特的歷史的意識有如暗途一盞燈，從而培養出純正的文學趣味。輔園時代，我嚮往先行代詩人，吟哦周夢蝶、羅門、洛夫、鄭愁予與余光中等，在古典文學的基礎上，轉益多師，規模大家，並且提筆邁上詩路。後來與好友籌組大地詩社，與羅青推動草原文學，開設新文藝講座，名家連袂解讀一首詩的誕生，這些經驗構築我的詩觀與美學：知感交迸，用心於字句之外。

身處白色恐怖年代，我曾多次探測聞一多〈死水〉的深度，在詩史尋找知識分子的憂患意識。而美麗島事件宛如一場洗禮，獨立思考判斷忽然覺醒，我在胡適〈威權〉找回那幾乎失蹤的心聲，努力探索〈老鴉〉，嘗試連結范仲淹〈岳陽樓記〉，重新詮釋文本的深層結構。

一九八〇年代，偶然的機緣讓我接觸到民俗藝術，並且跨出學院，走入民間，親自領略另一種學問，斟酌雅俗三十多年，歸納出「民俗是一切藝術的土壤」這個嚴肅的命題，並持續為它尋找答案，提供例證。

一九九六年，我揮別輔大，應聘彰師，跡近賴和，聆聽〈覺悟下的犧牲〉，一句「勇士當為義鬥爭」撞進我的心靈深處，彷彿是無聲的震撼，縈迴久久。

「宛如追逐天地線的雁子，以飛行證明活著。」我在半線積極築夢：為國文系覓尋新路向；以人文投入行政團隊，共同追求大遠景；啟動文化工程，十年經營彰化學；整理王夢鷗老師文集，重現其文化智慧；尋訪民藝耆老，建構常民生命史；投入文化詮釋與批判，為文化政策提供一些觀點。二〇一一年，我從四十年的教授生涯退休，卻又揭開人生的新起點。猶不能忘情田野踏查，持續挖掘人文資源，以例證俗之美，並且進行幾項學術工程，在人間世忙碌、奔馳。

五十年來，我以詩記錄生命的軌跡，歷程幾個階段，共有二百多首，

既展現生命風景，也成爲一面鏡子，照見時光隧道中許許多多的自我。我的詩路始終貼緊生命歷程，與時俱變，從抒情敘事，到社會關懷，以至於文化詮釋與批判，風格可謂多樣。形式是分行詩，當中又以自由詩占多數，部分爲格律詩與分段詩。詩篇一行、二行、三行……至於組詩〈自述〉一百四十四行，相當多樣，任憑詩意行其所當行，止其所當止。例如：

我是追逐天地線的孤雁。（〈一行詩〉）

平地造林純園訴說土地倫理，
人文傳世書屋牽繫臺灣子民。（〈給詩人吳晟〉）

走進時光隧道
那句昂揚的「還我河山」，彷彿
低緩的回音：山‧河‧我‧還。（〈金門印象十二首之十〉）

等花事都過了
你，孤絕的英姿
千指崢嶸，高舉燦然
盞盞，寂寞的輝煌（〈木棉樹〉）

其他，如〈一九七三〉、〈深入海流捕捉六棘鼻魚〉、〈空位子等你〉、〈守護臺灣最後的濕地〉、〈臺灣是我們的依靠〉、〈關於飲酒的論述〉等詩，則發揮自由詩體的特色，運筆揮灑，無拘無束，唯一不變的原則是，意象鮮明，語言簡練，以求言近旨遠。

特別要說明的是，卷一附錄五首，是二〇一一年，我屆齡退休，王灝、林武憲等五人贈送給我的詩篇，詩短情厚，且留作紀念。

二〇一三年，我與隱地聯絡，沒想到促成一段文學因緣。他走踏文

壇數十年，集小說、散文與出版於一身，五十五歲（1992）開始寫詩，「用十八年的時間縱橫呼嘯過詩海」（白靈語），出版五種詩集。聽說我寫詩五十年，想出詩集，大受感動。「林教授，這是文壇大消息，爾雅樂意為你出版。」他說著又主動邀約，我看得出那是出自以文字譜寫生命樂章的一份同情與尊重。於是，我答應了。

半年前，蕭蕭、白靈兩位老友聽說我要出詩集，異口同聲道：「寫詩五十年，詩集證明您的堅持，一定為您寫篇序，聊表祝賀之意。」我感動的說聲「多謝」。蕭蕭是我的學弟，大家在詩藝上切磋數十年；白靈為草根詩社同仁，算是知己。但我還是強調，文本的詮釋權屬於評論者，我絕對尊重，而且會虛心接納。名書法家杜忠誥教授特別為詩集題字，體勢流暢，柔中帶勁，平添不少光采，真是感激不盡。

古人十年磨一劍，我卻五十年完成《詩路》（見圖3-1），可見其艱辛，感謝天地、父母、家人與師友，願這本詩集能與您們分享。

圖3-1　《詩路》集結了筆者五十多年來的詩作。（作者／提供）

參、漫長詩路有知音

一九七〇年代，臺灣有一群年輕副教授、講師與博士生集資成立長安（後來改為大安）出版社，以薪傳文化期許，出版文史哲相關論著。四十多年來，歷經社會、出版大變遷，大安仍然縷縷若存，陸續出版書系，為

學術黑夜釋放小光點，堪稱爲出版界的小奇蹟。二〇一三年夏夜，我與大安諸君子相聚，感觸良深，特別書寫對聯以誌之：

> 大安諸君子卅年堅持夢想
> 學海諸俊英數代積累人文

依稀記得當時大家有感於大專新文藝課程欠缺適宜之教材，其中尤以新詩最爲嚴重，於是成立編輯委員會，共推我爲召集人，連續編著《中國新詩選》與《中國新詩賞析》。前者一冊，包括先行、中生、新生三代九十七人，一百九十三首；後者共有三冊，包括一百二十人、三百首。體例分小傳、代表作、註解與選析。

推出後，佳評不斷，學界稱便。印象最深刻的是先行代詩人瘂弦，他沉潛新詩研究多年，且有相關的著作，被敦聘到靜宜大學講授新詩，以《中國新詩賞析》爲教材，逐一驗證後，特別給予肯定。多年後，我們聚會，他面帶笑容，語調和緩地說：「明德，眞恭喜大安了。你們編選得好，又分析得入裡，爲教學或自修大開方便之門，有助於詩運的推動，眞是功德無量。」「多謝瘂公的肯定，這是學界跨校合作的一點成績，我會轉告您對大家的鼓勵。」我如是回答，也深深體會到「內行人看門道」的眞諦。他是位資深副刊主編，集寫新詩、選詩作、編詩選、詮釋詩於一身，詩學涵養深厚，新詩鑑賞自有一份過人的洞見力。與瘂公成爲忘年之交，除了酒黨知己外，更重要的應該是對新詩的默契。

我喜歡詩，常流連於古今中外的名作，興之所至，則揮筆寫詩，五十多年來往往以詩記錄生命的軌跡。在詩路上，與時俱變，從抒情敘事、知識分子的反思，到社會關懷，以至於文化詮釋與批判，展現不同的生命景觀，形成多樣的創作風格。二〇一四年十月，隱地把《詩路》納入爾雅叢書出版。我以詩集代替書信，寄贈三百多位好友，沒多久，傳來一些迴響，例如：

黨魁曾永義院士說：「造語平淡、意境深遠，你寫的新詩，深得我

心，能同情共感。兄弟，陸續寫下去，證明詩無古今，端在靈妙詩心。」

吳晟笑談：「人家時有詩集出版，你卻花了五十年才孵出一本。不過，難能可貴的是彷彿一冊生命大事紀，真是太巧妙了。」

宋澤萊則說：「你的詩集，我一口氣讀完，語境流暢，意象鮮明，特別欣賞前期的作品。」

……

沒想到，突然接到瘂弦的一封信。他近年進出國內外，這封信發自臺北會館，顯然是客居之地，當下讓我感動莫名。內文三百字，卻宛如一篇短小的詩評：

《詩路》細讀，真好。這本詩集，新舊形式並陳，各有特色，傳統與現代交輝互映，當今「白話」詩壇，很少人能做得到。

封面上詠酒詩，寫得特別精采，建議請作曲家譜製，成為我酒黨的另一首新歌，與「酒是我們唯一的飲料……」輪唱傳播，以彰顯飲者之精神。

返國後事多，找時間我們聚聚。永義榮獲中央研究院院士，兄出新書，都是值得慶賀的。

我今年八十二歲矣，能飯能飲，不覺老之已至。只是寫不出什麼東西了，老友知我諒我。祝福。

首先對《詩路》的評論，充實顯示一份同情與諒解，個人由衷感謝。其次，涉及酒黨與黨歌的首句，我想做些補述：一九八〇年代，曾教授在文友雅集時，發起組酒黨，以追求人間愉快為宗旨，大家一致同意，並共推他為黨魁，瘂公靈感的道出：「酒是我們唯一的飲料。」作為黨歌的發聲，一時傳為美談。《詩路》封面的詠酒詩其實是〈金門印象〉十二首之十二，他建議請作曲家譜製，成為另一首新歌，以彰顯飲者之精神，真是多謝他的賞識。

最後叮嚀找老友聚聚的期待，與八十二歲的灑脫心境，讓人欣羨。

我在詩路的一些迴響中，深深感受到好友們的鼓勵，而瘂弦回信裡，似乎多一份溫暖。

肆、以文字譜寫生命交響樂曲的隱地

在臺灣文壇，隱地（柯青華，1937～）這個人不可不謂是異數了。他編編寫寫六十年：編輯《書評書目》，成立「爾雅」，創辦幾種文類的「年度選集」，影響深遠；其創作，與時俱進，隨生命開展，始於寫小說（1950～1960年代），繼而寫散文（1970～1980年代），最後寫新詩（1990年代迄今），文學儼然是他的第二生命，四十多種的創作就是最好的見證。

二〇一一年「隱地與華文文學」學術研討會，於明道大學舉行，結合兩岸三地的學者十五人進行多面向的研究，為這位「文壇異數」解密，毋寧是對他文學堅持，與文學造詣的歷史定位的雙重肯定。

這次大會邀請我擔任第一場主持人，並特約討論三篇論文，我趁機閱讀會議論文《都市心靈工程師》，多面聚集，更深刻了解隱地。

劉勰《文心雕龍‧知音》曾說：「凡操千曲而後曉聲，觀千劍而後識器；故圓照之象，務先博觀。」他揭示閱歷，經驗的重要，所謂熟能生巧，也就是技巧出於熟練，這是不變的律則，於作者固然有待閱歷、經驗，在讀者也不能例外。隱地人生閱歷豐富，藉文字揮灑的文學景觀，多采多姿。他五十六歲開始寫詩，十八年創作兩百多首，出版了五本詩集，成為詩壇佳話。白先勇為隱地《漲潮日》作序曾指出，隱地開始寫詩時早已飽經人生風霜，已無強說愁的少年浪漫情懷，其詩處處透露出老眼閱世，充滿著臧否人生的睿智、幽默與曠達。這段話既遙契劉勰的觀點，也有助於我們跡近隱地的參考。

白靈〈承載與流動——隱地詩中的船舶美學〉，別出心裁，以隱地解隱地，運用理論，配合圖表，循序漸進，為文壇異數索隱，他發現隱地

「船舶美學」表面上雖由自家身體領悟而來，其實隱含更多的是，唯「有限的承載」才能「無限的流動」，藉由不斷向內和向外逃逸、摺疊與一再跨越「文學界線」，才能隱約尋覓出回返自我的神祕路徑，並以十二首詩為例證。

黎活仁〈上升與下降──隱地詩的「未完成性」〉，結合巴赫金狂歡化理論中的「未完成性」，以研究隱地詩歌上升和下降，是作者對臺灣新詩的系列論述，可見其用心與抱負。他援引四十多首詩例來印證理論，唯孤證過多，且往往點到為止，未能進一步申述，加上論述中的詩例，也有不少誤讀的地方，例如〈人體搬運法〉、〈吃魚女子〉、〈快樂詩人〉、〈二弟弟〉等，作者強調詮釋就是誤讀、詮釋是誤讀的補充，但貼近文本，同情諒解載體的脈絡，恐怕是必須正視的課題。至於「未完成性」倘能配合馬斯洛心理學的自我實現，當可構成周延的論述，以窺見更深邃的底蘊。

方環海‧沈玲〈隱喻的終極──論隱地詩歌的「彼岸」情懷〉，運用芭芭拉‧漢娜的精神分析理論，探討隱地的死亡意象與彼岸情懷，全文列舉二十五首詩例，頗見作者另闢蹊徑之用心。不過，論述援引許多專家理論，未能進一步統整，而流於套用。

文學批評或鑑賞，見仁見智，想像空間無限大，因此，古今中外，相關的論述至為紛紜。然而，詮釋文本，以意逆志，加之以知人論世，還是有助於文學的解讀。隱地是位浪漫文人，也是位理想主義者，這可從他無怨無悔堅持文學六十年得到印證。他深受一九六〇年代以來文藝思潮的影響，其詩歌既是現代又是後現代，而以都市詩獨樹一幟。難能可貴的是，他運用中西文學知識、美學，展現生活詩與黃昏期的智慧、歡愉。基本上，他的詩歌處處流露人類大慾望──飲食、男女，此一嚴肅母題。在〈沒有我──論寂寞〉、〈瓶〉、〈風雲舞山〉等詩，則反映存在主義思潮下，對生命的質詢與存在的思考。

〈快樂詩人〉一詩的解讀，最能看出其詩歌的歧義性，論者以為它展現了「投身到時間不在場的誘惑」，也流露「食／性」的「未完成性」要

素。其實，它是一首典型的魔幻寫實的作品，呈現披薩店／畫展／詩人之間的意識流動，既寫實又超現實，其弔詭的詩境，真是耐人尋味。

　　隱地是臺灣文壇的異數，集出版家、小說家、散文家與詩人於一身，以文字譜寫生命交響樂曲。他居住臺北，堅持文學六十年，世事洞明，人情練達，形諸文字，往往成為佳篇，尤其是知天命之年揮灑的詩歌，宛如一幅幅潑墨畫，引發讀者抽象的思維與神似的體會。

伍、歲暮，巴黎行

　　二〇一一年歲暮，我獨自一趟七日的巴黎行。遠行的目的有二，一參與臺灣文學法譯籌備會，二拜會駐法單位洽談一項文化工程。

　　十二月二十二日下午五點半，近黃昏時刻，與陳慶浩（法國科研中心研究員）、安必諾（波爾多第三大學教授）、何碧玉（遠東語言文化大學教授）聚集駐法大使館，拜訪呂慶龍大使與巴文中心陳志誠主任（見圖3-2～3-4）。會談了一個小時，分享若干事務的推動與績效，非常敬佩他們在國際逆勢中的操作策略，以及繳交那麼亮麗的成績。由於大家都是舊識，暢談得十分愉快，笑聲不停縈繞昏黃的辦公室中。

圖3-2　何碧玉與安必諾夫婦積極投入中書法譯工作。（何碧玉、安必諾）

圖3-3 何碧玉與安必諾在國立彰化師大　圖3-4 筆者與何碧玉夫婦。（何碧玉、
　　　臺文所專題演講，講題為〈臺灣　　　　　安必諾）
　　　文學在法國的翻譯與傳播〉。
　　　（何碧玉、安必諾）

　　大使問我此趟來法有何任務。他掌控時間點，直接切入問題。我說多謝大使撥冗接見，並且開門見山地陳述：

　　這次親自前來洽談文化工程計畫。十年來，我們透過國際合作進行臺灣文學法譯計畫，已累積相當可觀的成績（例如：黃春明、陳映眞、李昂、張大春、朱天文、舞鶴、楊牧、黃國俊等），深獲文建會與國際社會的肯定。

　　難能可貴的是這些法譯臺灣文學均由法國知名出版社出版發行，（如：Actes Sud、You Fong）大大提高臺灣文學的能見度，在外交困境中，讓文學跨越國界，進行交流。計畫內容包括：

一、臺灣文學叢書；

二、臺灣現代短篇小說精選；

三、臺灣現代小說指南。

　　這項文化工程，分近程、中程與遠程三階段進行，需要十年的時間。我們期望有系統地累積成果，將臺灣文學呈現在法語世界的讀者面前。更希望此一嚴肅計畫能獲得呂大使的支持，俾便後續工作的推動與完成。

　　「這是件非常有意義的計畫，眞是別出心裁。」大使聽完，立即回應。他肯定計畫深具意義，表示謝謝大家長期的投入，爲臺灣的國際能見作出貢獻。「這計畫對外交工作而言，未嘗不是一項新視野，絕對有加

分作用。林教授返國後可以按照原先計畫，繼續向文建會國立臺灣文學館申請，同時向外交部提案（這是歐洲司的業務）；副本可以抄送駐法辦事處。」大使面帶微笑地說。

當面溝通，快速獲得回應，讓我們四位夥伴既振奮又感激。我說：「謝謝大使的裁示，二十八日返臺後，我將立即進行計畫的研擬與申請。」

陳主任建議說：「可以同步將法譯的臺灣作品介紹給國內讀者。」「新書發表會可以在代表處舉辦，以壯大聲勢。」大使切入話題，並提出新點子。

我說：「以往法譯臺灣文學作品都有書評，具有一定的品質保證。十年來，在波爾多第三大學、巴黎遠東語言文化大學、陳慶浩教授等人積極的推動下，表現得相當特殊亦深俱影響力，書評工作仍會繼續以維持一定的公信力。至於陳主任的建議，我們會與《文訊》、中華民國筆會合作，讓文學國際化的成果分享國內讀者。大使的新點子很有創意，我會把它納入計畫中。甚至邀請臺灣作家現身巴黎，您說呢？」大使點頭表示贊同。

一聲「多謝」為我們的拜訪行程劃上句點。呂大使、陳主任送我們到門口。「林教授能不能安排時間大家聚一聚。」大使臨別提議。我回答：「這次來巴黎，太匆匆。多謝邀約。今天能談出具體可行的方案，以利文化工程的落實，比餐敘更來的重要。」

大家互道再見。

走出巷弄，夜巴黎有些冷。眼前是燈城閃爍，艾菲爾鐵塔宛如一柱擎天。

陸、七月，巴黎行

暑假七月，我們一家三代五人來了一趟巴黎行，目的大概有三：一、探親會老友；二、洽談法譯《臺灣現代短篇小說精選》；三、參觀博物館。

二〇〇八年，迦瑩在巴黎舉行婚禮，兩年後外孫女愛瑪誕生。人分兩地，我們只能透過每週的電話傳遞親情。芳伶每次「愛瑪，好乖，我是阿嬤呢，……」我是聲聲入耳，感觸在心裡。沒想到初次見面，她開門快跑直奔芳伶的懷抱，一聲阿嬤，令人驚訝，眞是不可思議。我直覺老伴是被那份自天的親情給撞倒了。新世代們早就安排好他們的行程，上巴黎鐵塔、訪香波堡、參觀聖母院、羅浮宮、逛迪士尼、法餐尋味等。我與芳伶則住在羅浮宮附近的慶浩「歷史建築」，談計畫，論國內相關文化建設與追憶一九九四年「世界性文學名著」在臺被查禁的往事……

　　七月二十五日，我們拜訪安必諾與何碧玉教授，洽談法譯臺灣文學的計畫，以及再辦「臺灣文學在歐洲的接受」國際學術研討會的可能性。大家心懷希望，也願意爲臺灣文學的國際發聲作出貢獻。

　　我與芳伶選擇住進慶浩、惠珍的「歷史建築」，理由不外是：想與老友聚聚、聊聊，更重要的是他們家位於巴黎一區，鄰近羅浮宮，方便做定點旅遊。二十多年來，我進出法國十餘次，還曾到波爾多第三大學客座，但大都以巴黎爲中心，並且住在慶浩家。有天，他拿著一瓶波爾多紅酒說：「明德，這是你客座那年帶來的酒啊，我們晚上餐敍喝它。」當下，忽然有「十年一覺巴黎夢」的感慨——波爾多紅酒牽引出我的法國經驗。

　　這裡一時成爲國際聯絡站，我們撥電話給臺北的劉俐，日本的王孝廉。電話傳來似近而遠的笑聲與話語，最後總是一句：「保重」。我們以這裡爲據點，一日一景點，量力展開美術館、博物館之旅：叩訪楓丹白露城堡的世界，跡近巴比松藝術村米勒的故居，思索《拾穗》、《晚禱》的意象。三訪橘園，靜靜瀏覽莫內八幅大型WATEWR LiLies，領略蓮意象與天光雲影的幻化。

　　進入奧塞美術館，宛如翻閱一部西方美術史，從古典、浪漫、自然、印象和後印象主義，或雕刻或繪畫或家具，我駐足米勒、莫內、雷諾瓦與梵谷前，聆聽他們筆墨外的一些聲音。

　　參觀羅浮宮的經驗最爲特殊。我曾經花了八個小時走進她的奧妙世界，精疲力竭地走出金字塔出口。之後每次造訪，只做重點觀賞。這次

以雕塑與繪畫為訴求，我流連於典藏展示十三世紀中葉到十九世紀中葉的藝廊，彷彿走進歐洲的繪畫史；並且徘徊於中世紀早期至十九世紀中葉的雕塑展示區。我當然不會錯過機會，凝神觀照勝利女神、蒙娜麗莎與維納斯，而那一尊雌雄同體的臥姿雕刻，尤其特別，既為神話造像，也帶出許多性別的聯想。

　　後現代建築的典範—龐畢度中心，是現代藝術的聖城，常設展區的經典畫作，馬諦斯、畢卡索等，一路觀賞，令人目不暇給，好像靈魂在傑作中冒險，驚喜連連；至於年度展區，創意的藝術媒材，發人藝想。但最為震撼的恐怕非民俗博物館莫屬了，她座落於巴黎鐵塔附近，塞納河左岸的凱布朗利，館以地名。是席哈克總統任內的重要文化工程，硬體屬後現代造型，配合軟體需求的構築，是一座提供非西方文化最多元、最豐富的文化城，涵蓋非洲、亞洲、美洲與大洋洲四區的民俗文物，參觀動線流暢，深俱人性化的思考，尤其是因軟體施作展示空間的設計，更見其別出心裁了（見圖3-5～3-7）。芳伶在一旁嘖嘖稱奇，慶浩感嘆對文化遺產的關注與場域所釋放的境教效果。對我而言，震撼之餘，冷靜思索：法國能，臺灣何嘗不能？然而，法國借力使力發揮效益，而我們擁有十四族原住民，其文物之繁富多元卻散亂未見整合，真是可惜呀！

圖3-5　筆者同夫人、安必諾夫婦、紅學專家陳慶浩。（作者／提供）

圖3-6　羅浮宮前與家人合影。（作者／　圖3-7　法國民俗博物館。（作者／提供）
　　　　提供）

　　法國有重現文化的傳統，向來以政府力量推動文化建設，例如：路易十四的凡爾賽宮；戴高樂總統設立文化部，命馬爾羅爲部長，影響深遠，一九七七年完成龐畢度中心（即國立現代藝術美術館）；季斯卡總統歷史建築再利用的典範——奧塞美術館（1986）；密特朗總統的大羅浮宮計畫（1997）、音樂城、國家圖書館、巴黎歌劇院；席哈克總統的國立民俗文化博物館（即凱布朗利博物館，2006）。有系統地累積了文化資源，增添人文厚度，使法國擁有堅實的軟實力，更成爲魅力無窮的觀光資源。

　　這一趟巴黎行，圓滿親情、會老友、洽談法譯計畫、瀏覽博物館，我的內心是充實、愉悅的。不過，卻也有一絲沉重浮現。巴黎恰似一面迴音壁，回音響起：那是一種文化的反思。

柒、人生答案：今生無悔

　　我與彰化結緣於一九七〇年代。當時基金會創辦人許常惠教授爲彰化進行多項田調、活動計畫，我也隨著多次進出，漸漸跡近當地民俗藝術。一九九六年，我到彰師大服務，在教學研究之餘，踏查二十六個鄉鎮市，深入其底蘊，亦繳交若干成果。我越來越相信，彰化涵藏的人文，既多元且豐富。

二〇〇七年，在因緣俱足下，我們正式啓動彰化學，提出一個文化工程大夢想，同時向民間企業家勸募，以作爲彰化學叢書出版的基金。編委會擬定系列子題，包括：宗教、歷史、地理、社會、民俗、傳統建築、傳統表演藝術、工藝美術、民間文學、古典文學與現代文學等。預計十年出版六十冊。在套書陸續推出過程，我親自逐冊校刊，深入新書世界，往往爲作者的論述與發現，驚嘆不已，例如：翁鬧《有港口的街市》、《鹿港意樓——慶昌行家族史研究》、《臺灣童謠園丁——施福珍囝仔歌研究》、《臺灣畫家梁奕焚》等，彷彿是一次次靈魂在傑作中冒險。

二〇〇八年，施文炳詩文集出版，黨魁曾永義院士特別爲他心目中「老哥」寫了推薦序〈俠士通儒文炳先〉，稱讚文炳先的通儒學養，欣賞他爲人行事與爲文化打拚的俠士氣概。文炳先創作生涯半世紀，這是他的第一本書，內容包括：漢詩員嶠輕塵集五百二十九首、無瑕小築文存四十八篇，及其他，涵蓋歷史、社會、政治、古蹟、民俗、環保、自然詩與民間文學等，約二十五萬字。我思索文炳先多才多藝，寄閒情於繪畫書法、寓批判時事於詩文，他熱愛鄉土、守護鹿港、關心民俗、維護文化資產等的表現，具體的展現傳統文人本色，卻又超乎傳統文人的格局，多了一份知識分子的擔當。的確不愧是臺灣末代傳統文人。那年十月底，我帶著新書專程到鹿港拜會文炳先，他謙虛地說：「承蒙副校長看得起，出版拙著，眞是愧不敢當呀！」我們聊鹿港傳奇、談當前社會現象等，他突然話鋒一轉，指著桌上老式電腦說：「我七十歲開始學打電腦，軟體儲存不少作品……」我趁機向他邀約第二本書。

幾天後，我在彰師大收到文炳先的一封限時信，他感念詩文集的出版，「秀才人情紙一張」，將前書中堂一組裱褙裝框，聊表謝意，要我毋嫌粗陋、笑納以做紀念。對聯爲甲骨文集句：

雪後春山白，
天高秋月明。

中堂爲行書，乃文炳先的七絕〈秋興〉：

> 無邊秋趣勝陶家，絕好東籬一片霞。
> 欲爲人間存正色，焚香淨几寫黃花。

其體貼入微之情，盡在對聯、七絕字裡行間，教我當下感動莫名。二〇一四年三月七日，我驚聞文炳先往生（1931～2014），二十四日親自弔唁，當場徵求他家人的同意，積極整理先生遺作。我的編輯理念是以圖、文展現文炳先的書寫全貌，與精采的生命風景，包括：增補詩作一百六十五首、增補文存三十九篇，以及書畫一百二十二幅，全書約三十二萬字。其詩文內容包括民俗、歷史、政治、時事、山水詩與民間文學，當中，〈七月普度〉、〈鹿港八景〉，別出心裁，最能看出他熟諳民間文學與愛護鄉土的情懷。至於吟詠鹿港詩作三十二首，更充分流露強烈的鹿港意識與性情懷抱。

經過一年多的蒐集、整理，我多次細讀文炳先的生命史，由衷敬佩他多面向的藝文造詣，堪稱古城的典範。所以，特別爲他的第二本詩文集命名爲《鹿港才子施文炳》。

文炳先是位自學成功的傳統文人，卻深具現代知識分子的新觀念。他守護鹿港關心臺灣，傳承文化弘揚詩教重視民俗詮釋人文資源，而且身體力行，繳交亮麗的成績。晚年依然心繫家事國事天下事，慷慨表述，書寫不輟，以詩文爲時代作見證。他有幅墨寶：「今生無悔」，端莊隸書，表現朗暢的態度，正如他所說的：「處事唯誠無怨悔，窮通成敗總由天。」（〈秋日書懷〉二之二）這是他對人生的答案，豁達無執，如清風穆然，又如慧日朗然，與「人生過後唯存悔」的格局，自是大異其趣。

爲了重現文炳先作品全貌，我特別將《臺灣末代傳統文人》與《鹿港才子施文炳》合爲一套，書名《今生無悔──施文炳全集》，以肯定他不朽的成就（見圖3-8～3-11）。

圖3-8　鹿港才子施文炳。（洪惠燕、作　圖3-9　一九七一年施文炳赴菲回國洗塵會。
　　　　者）　　　　　　　　　　　　　　　　（洪惠燕）

圖3-10　施文炳先生的作品。（作者／提　圖3-11　《今生無悔──施文炳全集》含
　　　　供）　　　　　　　　　　　　　　　　兩書冊。

捌、區域文學新典範

　　彰化舊稱半線，清雍正元年（1723）正式立縣，四年，創建孔廟，
先賢以「建學立師，以彰雅化」期許。境內有濁水溪流過，帶來肥沃的黑
色土壤，農業發達，夙有「臺灣第一穀倉」之稱。

　　三百多年來，彰化族群多元，人文薈萃，有形、無形文化資產內聚為
豐厚的底蘊，包括宗教、建築、藝能、工藝美術與文學，從而建構獨特的
「人文彰化」形象。當中的文學深具區域特質，不論民間、古典與現代文
學，成績斐然，代有才人薪傳磺溪精神的命脈。施懿琳、楊翠合撰的《彰

化縣文學發展史》（上、下，1997），洋洋灑灑七十餘萬字，討論作家一百多人，足以證明彰化優美的文學傳統。難得的是，努力延續此一文學傳統，已成爲彰化人世世代代的使命。

一九九九年，縣府決定設立磺溪文學獎，並揭櫫其宗旨爲：鼓勵本縣文學工作者創作、研究，獎勵優良文學作品，提升本縣文學水準，改善藝文環境，進而推廣文學閱覽風氣。文學創作徵選類別，分新詩、散文、短篇小說與報導文學；同時頒發特別貢獻獎。

從一至十七屆得獎作品專輯，可以看出這群作家都是磺溪文學的寫手，也是臺灣文學的新力軍，他們通過試煉，在文學的夜空，閃爍星光。二〇一六年，進入第十八屆，彷彿轉骨成大人一般，我們親見一棵文學大樹，蓊鬱茂盛，而且碩果纍纍。這屆投稿十分踴躍，新詩一百三十七件、散文七十九件、短篇小說五十三件、報導文學十四件，共二百八十三件。各類評審委員分別是：新詩類：岩上、洪淑苓、白靈；散文類：許悔之、廖鴻基；短篇小說：劉梓潔、吳鈞堯；報導文學：劉克襄、林明德。大家共推我爲總召集人。

評審流程依序是，每類經過複審，選出若干篇入圍，再經決審，評選出首獎一名及優選若干名。

新詩類件數最多，評審頻頻交換意見，白靈說：「彰化文學基礎扎實，新詩品質相當高，是可喜的現象。」創作包括親情、歷史事件、宗教、環境、土地等面向。寫實主義與現代主義兼有，而且頗得心應手。首獎〈愛的7次方〉，寫剖腹生產的歷程，在新生／母難的糾葛中，流露一份無盡的愛。尤其是語言簡淨，意象鮮活，能動人心弦。優選六篇，即：〈我以爲一切仍如往昔〉、〈甘蔗的風骨——記二林蔗農事件〉、〈濕地風景〉、〈她把童年丟進磺溪〉、〈彰鹿路上兩個家〉、〈朝天香路——鹿港天后宮軟身媽祖〉。

散文類，書寫空間，由高山到大海，廖鴻基以爲：「稿件多，高手如雲。足以說明磺溪文學獎受到重視，彰化文學風氣鼎盛。」作品大部分以人生世相爲題材，當中也出現對臺灣環境的觀察，極爲難得。首獎〈陸上

行舟〉，深刻「妳」對海的情懷和行動的勇氣，字裡行間隱約透露不安與生死無奈的叩問。優選六篇，即：〈落雨也要去散步〉、〈熬一鍋天長地久〉、〈風自故鄉來〉、〈開花的醬油〉、〈行道遙遠〉、〈石榴〉。

短篇小說類，頗具氣勢，吳鈞堯指出，這次短篇小說，技術既純熟又複雜，題材涵蓋生命、愛情與土地，具有相當的震撼力。首獎〈茹苦〉，敘述一個被丈夫拋棄的婦女，含辛茹苦帶大孩子，沒想到孩子結識紅塵女子，背棄家庭。小說以喜劇結束：母親原諒兒子、媳婦，闔家團圓。評審共識：因為它建構在災難上，在苦難中開出花朵，能感動讀者。優選五篇，即：〈轉骨湯〉、〈風扇〉、〈幸福〉、〈灰髮〉、〈利涉大川〉。

報導文學類，是一種「複雜」的文類。一篇動人的報導文學作品必須具備：

一、社會改革功能的意圖（一種對現狀的批判、糾正）；

二、田野調查（包括：參與觀察、交叉訪談）；

三、文學感染力的描述，加上圖像語彙的映襯；

四、敘事結構的安排；

五、重視臺灣田野的共同記憶。

劉克襄語氣急促地指出，很多縣市文學獎都逐漸放棄報導文學類的徵選。礦溪文學獎一直堅持主辦，形成一個不凡的文學傳統，彰化的書寫遂有了一個報導文學的美好承傳。

這次應徵作品書寫面向多元，或深度報導歷史建築再利用，或環境公害的控訴，或以文創思考敘述一個不為人知的在地手工業。首獎〈彰化鐵路醫院（原高賓閣）古蹟保留故事〉，作者透過文獻與訪談，重構高賓閣的歷史，敘述過程，抒情、敘事、批判，靈活運用，並透過圖像映襯，帶領讀者進入歷史祕境，最後還提出活化的建議，是篇相當穩重扎實的作品。優選有三篇，即：〈水經・刺仔埤圳注〉、〈番麥尪仔〉、〈阿束社咖啡〉。

從四類二百八十三件應徵作品中，我們看到作家濃郁的鄉土情懷，他們立足彰化，堅持書寫彰化的人事物，秉持環保意識，反思土地倫理，共

同擎起區域文學大旗，展現礦溪精神，薪傳文學傳統，爲臺灣文學史上平添亮麗的一頁。

玖、吳晟新詩的倫理意識

一、前言

　　吳晟（1944～），十六歲開始寫詩，迄今四十年，先後出版九種詩集，作品共有二百六十六首，可見他是位慢工出細活的詩人。透過詩作繫年可以歸納出他創作的四個時期：

㈠前社會經驗：一九六三至一九七〇，十九歲到二十六歲，從大專歲月到軍旅生涯。

㈡社會經驗：一九七二至一九九〇，二十八歲到四十六歲，從人子人師人父，到教師農民的身體力行，於詩藝、人生、社會、教育、政治、農業、環保、土地、文化的深刻思考與批判。

㈢行動參與：一九九四至一九九九，五十歲到五十五歲，從觀念到實踐，將理想付諸行動，由幕後走向臺前，展現知識分子的擔當。

㈣生命的反思：二〇〇〇～，五十六歲迄今，以詩文記錄臺灣社會，在退休的歲月，他反思人生、社會路向，爲土地倫理善盡「大地公民」的責任。

　　就個人長期的觀察，吳晟新詩所呈現的主題意識，大概包括五個面向，即：㈠倫理意識、㈡政治議題、㈢環保觀念、㈣農業與稻作、㈤生命的觀照。其中，倫理意識最爲突出，它既貫穿其他面向，抑且成爲詩歌的深層結構，從而流露藝術性質與品位，展現其終極價值。

二、倫理意識

　　基本上，倫理即人類道德的原理，人因爲具有異於禽獸的那點「理性」，與「天地之性最貴者」（許愼《說文解字》）的資稟，才成爲「天

地之心」、「五行之端」（《禮記‧禮運篇》），而與天地合德。因此，人類原始性格與生命力才獲得調整與指引，逐漸遠離動物性的層次，挺進人倫的、道德的生命情境。倫理是人類和諧與秩序的依據，其範疇概括家庭倫理、社會倫理與土地（自然）倫理三個層面，構成同心圓的關係。吳晟信奉家庭倫理、關懷社會倫理、堅持土地倫理，其核心價值指向即愛與悲憫情懷。他是位道地的農家子弟，親情、鄉情、作物、土地，交織成為人際網絡，也是他詩歌的主要內涵。因為長年居住鄉間，腳踩田地，手握農具，挑屎擔糞搬堆肥，揮灑汗水。他的每一份詩情都似乎連接島嶼每一寸土地，因此詩篇能扣人心弦，引起迴響。

(一)家庭倫理

在他的創作裡，我們很容易覺察到關於家庭倫理的詩篇，例如：寫祖先的〈序說〉、〈清明〉；寫父親的〈堤上〉、〈十年〉；寫母親的〈泥土〉、〈臉〉、〈手〉、〈野餐〉、〈阿媽不是詩人〉；寫妻子的〈階〉、〈從未料想過〉、〈異國的林子裡〉、〈遊船上〉、〈洗衣的心情〉、〈雪景〉、〈南方驛站──高雄火車站〉；寫孩子的〈負荷〉、〈成長〉、〈不要駭怕〉、〈不要看不起〉、〈蕃藷地圖〉。

吳晟散文集《不如相忘‧不如相忘》有八篇追憶父親，並藉以造像，他自白：「或許父親不願擾亂我的心情，不願我們因思念他而徒增悲傷，不如彼此相忘，因此才強忍住想念，不來我夢中相會吧？」其實，這正映襯他心靈深處的懷念：「父親啊，鄉人都說／我越來越像您／像您髮越稀，額越禿／像您容易為鄉人／牽掛和奔走／這就是您殷殷的寄望嗎」（〈十年〉）。〈堤上〉一詩複製四代（阿公、父親、我、兒子）「牽著兒子的小手／在堤上散步」那份「忙裡偷閒」的情趣，卻在兒子無心地追問「阿公在哪裡呢」，讓他內心泛起一股莫名的悲悽，望著沉淪夕陽，無言以對。

關於母親，吳晟詩文聚焦，書寫最多，早在《農婦》（1982）就以四十篇散文型塑這位臺灣典型的農婦形象。他返鄉陪伴母親，教學之餘，投入農事，逐漸發現母親在家園「用一生的汗水／灌溉她的夢」（〈泥

土〉）、「母親的雙手，一攤開／便展現一頁一頁最美麗的文字／那是讀不完的情思／那是解不盡的哲理」（〈手〉）、「時常沾著泥土和汗滴的臉／未經面霜、脂粉汙染過的臉／是怎樣的一種容顏」（〈臉〉）。在他的心目中，母親就是一本厚厚的大書。

一九九九年，農婦往生享年八十六歲，吳晟寫了兩篇散文追憶母親，一是〈隱藏悲傷〉，一為〈對年〉。前者寫父親去世三十多年，母親平常談到父親，總是語氣平淡，看不出任何傷心，但每逢節日祭祀，則近乎撕心裂膽喊叫父親的名字，非常悽愴，原來是平常把悲傷忍抑下來，深深隱藏。後者寫對母親的悼念，以及依民俗去世一週年「做對年」，一邊追思祭拜，一邊將母親靈位和祖先「合爐」，列入公媽牌，善盡人倫的責任。吳晟說：「我和母親的臉相最相像。每天早晚漱洗之時，看見鏡中的自己，彷如看見母親，怔忡過後，清楚提醒我已成為孤兒。」母子情深如此，悼念之思不言可喻。

至於妻子莊芳華，她是吳晟屏東農專的學妹、終生最得力的「特別助理」。他們互相扶持四十年，之間的深情，很難言表，只能訴之於詩句，例如〈異國的林子裡〉（1981）：

……
那些年輕的話語
多少年了，我們不再提起
不是淡了，更不是忘了
而是，居然有些靦腆
在並不詩意的柴米油鹽中
在拖過一年又一年的債務中
在每一次爭吵和賭氣中
隱藏得更深更厚
……

她出身南部都會，爲了愛情，毅然決然投入圳寮農村，與農婦一起生活，在教學之餘，扮演農婦的幫手，當一個稱職的媳婦；她是一女二子的媽媽，盡心照顧、呵護子女的生長；她也是詩人的妻子、知己與推手。吳晟在〈洗衣的心情〉如此自白：

> ……
> 多年來，我未曾向你說過
> 生活上的種種煩瑣
> 是你那雙手
> 一一承受下來
> 琢磨成孩子們和我
> 喜愛的甜蜜
> 而你的雙手，已越來越粗糙
> ……

深藏在吳晟內心的感激和愧疚，從未提隻言片語，只有透過癡癡端詳的眼神，這種無聲之聲來傳遞。這是他習慣的表達方式，她毫無怨言，而且默默接受。

然而，在〈南方驛站──高雄火車站〉（2006）一詩，吳晟對「相偕逐漸老去」的妻子，卻有相當明朗的表述：「我的青春／曾在這裡下車佇足／在挑高的候車室大廳／熙擾人潮中，有一位／我深深愛慕的南方女孩／迎接我一起走向／鐵軌般延伸的夢想／她的笑容／彷如南臺灣的陽光」，字裡行間傳釋溫馨初戀與共同夢想，因爲她是他心中的唯一。

對於孩子，吳晟付出相當的愛心，他毫不諱言孩子是他生命中「最沉重／也是最甜蜜的負荷」。一九七二年，初爲人父，生活重心轉移到家庭與子女身上。多少夜晚，他揹著子女拍啊拍、搖啊搖的，終於湧現「向孩子說」組詩。在孩子眼中他亦師亦父，對子女的疼愛反映一份平凡父親的情感流注，深得讀者的共鳴。由子女擴及學生身上，他訴說的對象，也包

含了臺灣下一代的子弟。他希望孩子認識歷史、分辨真相、愛戀土地、活出自己。藉著〈蕃薯地圖〉（1978）揭開父祖輩的臺灣歷史：「雖然，有些人不願提起／甚至急於切斷／和這張地圖的血緣關係／孩子呀！你們莫忘記／阿爸從阿公笨重的腳印／就如阿公從阿祖／一步一步踏過來的艱苦」。這是一首典型的鄉土詩，全詩分四段，每段都出現「一張蕃薯地圖」的地理意象，既指涉農民性格也標示臺灣精神；民間相傳臺灣地形如一條蕃薯，俗稱臺灣為蕃薯。作為經濟作物，蕃薯卑微又韌命，俗諺云：「蕃薯不驚落土爛，只求生根代代湠。」這種強韌的生命力早已轉化為斯土斯民的精神象徵。

〈負荷〉（1977），語言淺白明朗，內容為平凡生活，意象則新鮮活潑，能引起讀者強烈的反應，可謂雅俗共賞、老少咸宜之作：

　　阿爸每日每日的上下班
　　有如自你們手中使勁拋出的陀螺
　　繞著你們轉呀轉
　　將阿爸激越的豪情
　　逐一轉為綿長而細密的柔情

「陀螺」為童玩，屬動力意象，與孩子的「使勁拋出」，產生互動，對應阿爸釋放的能量，他「歡喜做，甘願受」，為孩子們化豪情為綿密的柔情。在〈愛戀〉一詩他叮嚀「鄉下長大的孩子／喜歡厚實的泥土」，要記住：

　　陽光啊，堆肥啊，清風啊，泥土啊
　　雖然有些人不喜歡
　　鄉下長大的孩子
　　仍深深愛戀著你們

(二)社會倫理

　　有關社會倫理的詩篇，大概見於「吾鄉印象」組詩與「向孩子說」組詩。毫無疑問地，這是家庭倫理的擴大，所謂設身處地、推己及人的結果。吳晟返鄉教、耕、讀、寫四十年，以寬厚的情懷關心鄉間子弟，希望他們「在沒有粉飾的環境中／野樹般成長的孩子／長大後，才懂得尊重／一絲的勞苦／才懂得感恩」（〈成長〉）；直到同一間教室出現另一批相似的容貌，「『老師好』換成『師公好』」，他才驚覺到，年歲已老。他以素樸的筆描繪吾鄉祖先的容顏，例如〈序說〉：

　　……
　　古早古早的古早以前
　　世世代代的祖先，就在這片
　　長不出榮華富貴
　　長不出奇蹟的土地上
　　揮灑鹹鹹的汗水
　　繁衍認命的子孫

他深入吾鄉老人的心靈世界，敘述共生的命運：「千萬張口，疊成一張口／——一張木訥的口／自始至終，反反覆覆的唱著／唱著那一支宿命的歌／唱著千萬年來陰慘的輝煌」（〈歌曰：如是〉）；他藉著〈含羞草〉暗喻吾鄉人們的個性，「我們很彆扭／不敢迎向／任何一種撫觸／一聽到誰的聲響迫近／便緊緊摺起自己／以密密的、小小的刺／衛護自己」；固然，吾鄉老人彷彿「一束稻草」，也曾綠過葉開過花結過果，但「一束稻草的過程和終局／是吾鄉人人的年譜」（〈稻草〉）；他更指出吾鄉人們所傳承的美德，年年清明節日，「吾鄉的人們，祭拜著祖先／總是清清楚楚地望見／每一座碑面上，清清楚楚地／刻著自己的名姓」（〈清明〉），這種「追遠」傳統，代代相傳，儼然是社會秩序的根據。

㈢土地倫理

　　吳晟對土地的深情與愛戀，很可能來自農婦的遺傳，他指出：「母親常說：土地最根本、最可信靠，人總要依靠土地才能生活。」（《不如相忘‧田地》）在「吾鄉印象」組詩，他以〈泥土〉、〈臉〉、〈手〉、〈腳〉、〈野餐〉等詩鋪寫農婦，其終極指向是大地之母。母親用一生汗水在吳家田地上，灌溉泥土中的夢，容顏時常沾著泥土與汗滴，雙手長年屬於泥土，至於粗大的腳掌「攪拌過大量的堆肥、雞糞、肥料／和母親的汗水／我家這片田地的每一塊泥土／母親的雙腳，曾留下多少／踏踏實實的腳印」（〈腳〉）。

　　農婦深信千方百計，不如種地，「做田人比較有底」。吳晟承傳了母親的土地意識，投入耕作，赤膊赤足，握鋤荷犁，他「一行一行笨拙的足印／沿著寬厚的田畝，也沿著祖先／滴不盡的汗漬／寫上誠誠懇懇的土地／不爭、不吵，沉默的等待」（〈土〉），甚至許下廝守田地的諾言：

> 有一天，被迫停下來
> 也願躺成一大片
> 寬厚的土地

　　在〈黑色土壤〉，他如此地頌讚著：「在濁水溪畔廣大溪埔地／每一步踩踏田土的足跡／每一個貼近田土的身影／每一滴滴落田土的汗水／紛紛萌生根鬚、茂盛枝葉／凝結信靠大地的愛戀」，對照〈你不必再操煩〉：「你實在無從想像／田地的價值，並非為了耕作／而是用來炒作／辛勤一世人的老農，竟然是／臺灣經濟發展的拖累」，真是反諷到極點了。至於二〇一〇年，苗栗大埔開發案，怪手開進稻田，他憤怒、無奈、淒絕地控訴：「天公伯啊，你已沉默太久／可否請你來指示／如何喚醒荒蕪的天地良心／尋回土地的生機」（〈怪手開進稻田〉）。

　　對於任意汙染、不當開發，導致美麗島，「轉眼將成廢墟」，「而臺灣島嶼已找不到農民／甚至，找不到可供耕作的田地」，他憂心忡忡；目

睹大地的創傷、人世的劫難：曾經辛苦開墾的農地，無力抵擋砂石車、水泥車、廢棄物搬運車的蹂躪；遼闊田野成為一小塊一小塊農地，少許稻作擠在鋼筋鐵架間奄奄一息。他內心的無言之痛，「只有求取詩句的安慰」。

面對國光石化工廠正在逼近西海岸僅存的最後一塊泥灘濕地，他大聲呼籲守護臺灣島嶼，不能讓貪得無厭的投機者得逞，在〈只能為你寫一首詩〉（2010），他悲憤至極地控訴：「我的詩句不是子彈或刀劍／不能威嚇誰／也不懂得向誰下跪／只有聲聲句句飽含淚水／一遍又一遍朗誦／一遍又一遍，向天地呼喚」。

(四)大地公民

他醒覺「原來我們唯一的鄉愁／就在腳踏的土地上／因為真切而不夠浪漫／卻是永遠的愛戀與承擔」（〈我們也有自己的鄉愁〉），透過〈黑色土壤〉表述無怨無悔的擁抱母親大地，一方面呼籲政府留下綠地：「如今最迫切需要的『建設』，莫過於將廣大林木『還給』山林和海岸線，牢固土質，涵養水源，並在平原闢建萬頃森林，讓綠意盎然的枝椏、葉片搖曳中，釋放出幽靜清涼，洗滌千萬臺灣人的心靈。」（〈不如相忘·平原森林〉）

一方面於二○○一年，積極「平地造林」，在二甲多的土地上種植臺灣原生種的一級木——烏心石、毛柿、雞油、黃連木，加上臺灣土肉桂，約三千株，為紀念母親，命名為「純園」。

吳晟認為種樹是「苦著一代，蔭三代」的事業，也是打造夢想家園的第一步，更是搶救臺灣環境品質、恢復美麗島容顏的新契機。他在鄉間扮演「大地公民」，守護土地；根深柢固的倫理觀念，由核心的家庭倫理，往外擴散推衍，形成社會倫理與土地（自然）倫理的同心圓，這是他新詩的深層結構——終極價值之所在，也是他詩作耐人尋味的地方。這裡藉著李奧帕德（Aldo Leopold, 1887～1948）《沙郡年記》（A Sand County Almanac）的觀點，解讀吳晟詩作的深層訊息。

李奧帕德，生於美國愛荷華州，耶魯大學畢業後，進入美國林務署，擔任新墨西哥州和亞利桑納州的助理林務官，從此投身自然保育工作，與

亨利・梭羅（1817～1862）、約翰・繆爾（1838～1914），被視爲自然學者的代表。一九四三年《沙郡年記》手稿完成，他被尊稱爲「近代環境保育之父」，論者以爲該書是一本生態平等主義的聖經。其中「土地倫理」（Land Ethic）的概念已成爲普世價值，而且是自然寫作的重要原則。他認爲我們以倫理來處理人與人，社會之間的關係，也可以擴大到人與土地上動、植物的道德規範上。

「土地倫理」是一種環境哲學，其核心價值是「土地社群」（Land-community）的概念，即土地（或自然）是由人類與其他動、植物、土壤、水共同組成的，人類只是社群中的一個成員，必須與其他成員互賴共生。「土地倫理」不僅肯定這些社群成員「繼續存在的權利」，並尊重其他成員的內在價值。內在價值不再只是荒野保存論者「保護」的對象，而且具有本然的、不可侵犯的生存權利。

他批判人口的增加與對土地祇重經濟手段的利用，認爲應從倫理的立場出發，對土地的被破壞有「羞恥感」，且持續和土地親密接觸，最後才能產生愛和尊重。他肯定荒野的內在價值，並且具有「美感價值」。保存荒野便是保存了土地美學的依據——「被感知對象」的存在。野地的美感不是專爲人類而設的，它本然自存，等待人用感知能力去欣賞。因此，人與自然接觸時，不只是一種知性的深入而已，還必須以感性的心靈去直接自然。

我們需要一個完整的自然，就必須理解其他生物的需要，才可能成爲一個冷靜又感性的「大地公民」。

李奧帕德認爲現代人與自然之間問題的關鍵，是在於人視土地爲財產，因此提出發展社群的關係取代人對土地的掠奪與征服。人應是社群中的一員，對土地有權利也有義務，此即「生態良知」。在「生態良知」的運作下，沒有任何生物是「沒有用的」，人不應因爲牠們不能賣得好價錢而危害牠們生存的權利。他反對只建立在經濟上利己主義的自然資源保護系統，而認爲應以「土地倫理」來維繫這種權利、義務。他並以生態學上「生物金字塔」爲例，說明人如果能不破壞金字塔的底層——土地，對金

字塔的改變越輕微，金字塔內重新調整的可能性就越高。

　　這些觀點都是李奧帕德的自然沉思後，所建構的智慧與理論。其中「土地倫理」可以用來檢視吳晟的「土地愛戀」，而「生態良知」似乎是吳晟信奉的觀念，至於「大地公民」可以說是吳晟的身分證。三者聚集一身，從而為臺灣發出「愛深責切」的聲音。

　　吳晟是農專出身，又讀過許多自然觀察的作品，像梭羅的《河岸週記》、約瑟芬‧強森的《島嶼時光》，但他可能沒想到，四十年來，立足鄉土，身體力行的，是一件先知者的事業。

三、結論

　　吳晟新詩創作四十年，九種詩集所呈現的主題，概括五個面向，其極致價值即在倫理意識上，這是他詩歌的深層結構，而核心價值指向乃是愛與悲憫情懷；透過探索，並援引李奧帕德的「土地倫理」概念，加以詮釋，有助於吳晟詩歌深一層的理解。

　　吳晟夫妻居住老宅三合院，養育三位子女。老宅修護後，三代同堂，夫婦幫忙照顧三位孫子，重溫「甜蜜的負荷」，共享天倫之樂，正好例證了家庭倫理的敦厚。他平地造林，十年樹木，一片茂密，目前正進行疏理，已移贈六十五株肉桂樹幫助中州技術學院校園綠化，藉境教培養年青人愛護臺灣好土地的情懷。接著，打算贈送溪洲鄉公所推動圳寮公墓公園化，那是一座吾鄉人們共同的歸宿，以原生種一級木回饋可說是莊重的「追遠」之舉，也是社會倫理的實踐。

　　近年，他在老宅三合院前樟樹林蓋了一座給書住的房子，兩樓半（樓中樓）百坪大，不可思議的是，入門客廳，有棵大樹，成為人、樹同住一屋的景觀，落實了他的「樹權」觀念（見圖3-12）。新房素樸幽雅，沒有特別的名號，逕稱鄉間書屋，具有讀書、寫作、聊天、聚會、坐臥等多樣功能；藏書涵蓋人文、社會、藝術、自然與科學，堪稱小而精的人文空間。在我看來，他企圖替吳家三代營造書香門第，為子孫提供境教場域，毋寧也說明了實踐倫理意識核心價值的努力與用心。吳晟所展現的大胸襟

正是：

平地造林純園訴說土地倫理，
人文傳世書屋牽繫臺灣子民。

圖3-12　吳晟為紀念母親，將平地造林的區域取名「純園」。（作者／提供）

拾、〈負荷〉意境的延伸

吳晟生於一九四四年，從事新詩創作五十多年，著有五種詩集，作品二百八十七首。今年榮獲第二十一屆臺灣文學家牛津獎；同時舉辦「吳晟文學學術研討會」。我因為長期觀察詩人並提出多篇論述，曾指出吳晟詩文雙重奏的看法，大會特別邀請我參加研討會，並建議我對吳晟新詩與散文的雙重奏，做進一步的闡述（見圖3-13）。

吳晟強調詩藝美學，重視詩歌的隱喻性，讀者往往難以察覺文本中的寓意，深以為憾。為了能引起讀者共鳴，擴大影響力，他在一九八○年代，改以散文形式來創作，並從一九九二年開始將他的新詩透過散文互文詮釋，形成雙重奏的文學景觀，經過個人比對，大概有十五個案例，這裡

圖3-13　筆者與吳晟的合照。（吳晟、作者）

特以〈負荷〉為例，以窺其一斑。

〈負荷〉（1977，《泥土·卷三·向孩子說》）/〈不可暴露身分〉、〈試題〉（1992，《一首詩一個故事》）、〈負荷綿綿〉（2012年4月11日《聯合報·聯合副刊》）。

〈負荷〉一詩創作於一九七七年，全詩四段，布局順暢，語言簡淨，充分表達父親對兒女一份濃郁的親情，堪稱吳晟風格的代表作。該詩於一九八一至一九九七年，被選入國立編譯館國民中學國文科課本，有口皆碑。一九九〇年夏天，吳晟陪伴大兒子賢寧參加臺中地區高中聯考，國文科短文寫作的題目是寫出讀〈負荷〉這首詩的感想。兒子雖然知道作者是父親，詩中的主角又是自己，但礙於規定，考生不可暴露身分，僅陳述：「這首詩是在表達父愛，我們讀了都很感動。」

對吳晟而言，這件事情確實是千載難逢的巧合，因此，特別寫了〈不可暴露身分〉（1992）一文，敘述原委。

〈試題〉（1997）一文，對〈負荷〉語境則宕開不少的空間。有一年，豐原區高職入學考試，國文科有一道選擇題：「偶爾也望一望燦爛的星空，卻不再沉迷。」句中「燦爛的星空」用以比喻(A)忙碌的夜晚、(B)歷

史的責任、(C)下班的歡欣、(D)繁華的享受。

　　有人打電話求教作者。他回答：(A)、(B)顯然不合適，應該是指(D)吧！在一旁的莊芳華則表示，這四個答案都不貼切，正確的原意應該是指「年輕的夢想」。這位既是太太，又是第一位讀者得意地說：「你的詩我最了解。」當下讓吳晟悟識到：當了父親之後，心甘情願不再逗留「絢麗的晚霞」，不再沉迷「燦爛的星空」，這兩句正是比喻「年輕的夢想」。他點點頭表示同意。

　　二〇一二年發表的〈負荷綿綿〉一文，則對原詩創作背景進一步追溯，並延伸了文本的意境，傳釋那份突破時空的親情，綿延無限的溫馨。

　　一九七二年，長女音寧出生，吳晟、莊芳華初為人父人母，家庭、農事、教學三重忙碌。每天下班後，不敢在外逗留，急忙趕回家接班帶小孩。夜深人靜，妻累孩子還不睡，就由他來帶。

　　一九七五年，賢寧出生，這孩子的體質異常，作息時間很特殊，經常磨到半夜，精神還很好，哄、搖、半強迫都沒用。寒夜，他只好以揹巾背起來，搖啊搖，不自覺和孩子說些話，終於醞釀了「向孩子說」組詩。

　　當年〈負荷〉中的主角，已成為醫師，為人夫為人父，育有四位子女，有自己的負荷；吳晟夫婦則升格為阿公、阿嬤，「繼續分享我的負荷的負荷」。他強調「〈負荷〉表達的不只是父愛，而是普天下的父母長輩，世代傳承，無止無盡、綿長細密的親情。」

　　吳晟從父母的負荷，得到「呵護」；他沒有怨言，承擔並呵護子女；兒子也接下生命中最沉重的負荷，呵護新生代。如此代代詮釋「緜緜瓜瓞」（《詩經・大雅・文王之什・緜》）的真諦，因此也展現了人性共通的負荷—甜蜜的負荷。

拾壹、那照亮人間的盞盞心燈

　　在我的記憶裡，擔任國內藝文活動的評審大概有四十年的歲月，每一次的經歷簡直令人有「靈魂在傑作中冒險」的感覺。然而，當中最叫人感

動的大概是「二〇一二關愛親長我有話／畫說」了。

這個活動是由《人間福報》與臺北市華安扶輪社共同主辦。活動的發起人是前華安扶輪社吳慶平社長，他刻苦經營事業，卓然有成，但在傳統社會氛圍裡，與威嚴的父親，很少對話，直到老人家中風，臥病在床，他才說出內心隱藏多年的愛，不過對方已無法清楚回應，這件事讓他引以為憾。於是他提出活動的構想，立即獲得社友的認同，並與《人間福報》共襄盛舉，一同化愛心為行動。二〇一一年正式推出，針對全國高中職、國中學生徵稿，一時響應熱烈，計有二百二十九所學校參與，作品三千三百二十三件，件件深刻表達青少年的心情，也透露出社會驟變下家庭結構變異的現象。活動更帶出積極的訊息：愛需要溝通，更需要表達，就是把埋藏在心中已久的話大聲說出來。

二〇一二年的活動進入第二屆，共有四百所學校參加，作品六千三百七十件，倍增數字，毋寧說明了此一活動正向、嚴肅的意義。評審分三階段，即：初審、複審與決審。進入決審的作品共有二百零九件（國中組一百二十五件、高中職組八十四件），由決審委員五人，（我被推派為總評審），就主題意識、文字或繪畫技巧，進行評量，並採共識決以作為判準，兩組分別選出首獎一人、二獎二人、三獎五人、特別獎一人，共十八人，另錄取佳作五十二人。五位評審皆有專業背景，包括：總編輯、美編、文學、法學與文創等面向。每人事先繳交決審作品評分表，到會場進行討論。面對令人感動的作品，大家異口同聲，出現交集，例如：國中組首獎由南投瑞峰國中蕭宇芳獲得，她的創作理念是：「以媽媽幫小孩掏耳朵這小動作來表達親情，看似小動作，但其中有掏耳朵的歡笑聲，以及媽媽時時叮嚀，是一個近距離的互動。」評審委員的意見，或意象獨特或動作溫馨細膩或小小耳掏是連結母女心靈的魔法棒。我們沒有忘掉，畫面背景的兩段詩，素樸清新，耐人尋味：「臥躺於雙腿上／輕輕的／趕走了那愛擾亂的魔鬼／悄悄的／小耳膜的家又平靜了／漸漸的／那熟悉的聲音——更清楚了」，帶出美妙關係，可謂圖文並茂之作（見圖3-14～3-15）。

高中職組首獎，由臺北市復興高中呂珞瑜獲得，其創作理念是：「永遠青春無敵的文盲阿嬤，四十歲守寡，靠著清潔工、泥水工的雙手養大四個孩子，教養出讀博士的下一代，她是最美麗的女性。」評審委員或指出阿嬤的背影畫面與詩互為映襯，能營造美麗女性的形象。詩中既敘事又昔今對比，筆筆見真情，最後「但在我心裡／阿嬤的背影就該停格在青春無敵／是兒孫們對她的禮讚與敬愛」，幾句話尤其溫馨感人。

　　情到多時情轉薄，這是人世間既弔詭又實存的，經常被人所忽略，卻

圖3-14　2012第二屆關愛親長我有話／畫要說作品集。（作者／提供）

圖3-15　作者擔任比賽評審。（作者／提供）

相當發人反思的現象；愛，也是如此。對親長的愛，需要表達、溝通，而且要及時，那些內心的話不要再埋藏，要大聲說出來，表現愛的本相。兩屆的活動，共有六百二十九所學校參加，作品近萬件展現盞盞的人間燈火。深入解讀後，我發現，那彷彿是照亮人間的盞盞心燈。

拾貳、疏浚心靈之河的障礙──為二〇一三第三屆關愛親長「我有話／畫要說」而寫

溝通（Communication），是拉丁語的Communis（共通、分享）與Communicatus（與他人交換）兩字的結合。意指個人或組織一方經由語言或非語言的管道，運用語言、文字、訊號、肢體動作等媒介，將意見、態度、觀念、感情等訊息，傳遞給對方交換訊息的過程。

基本上，溝通是一種行為藝術，在每個人的生活或人類社會活動中不可或缺。既可疏浚心靈之河的障礙，又可促進了解形成共識，更可臻於通情達理會意的境界，以創造人與人之間美好、和諧的互動關係。

二〇一一年，華安扶輪社吳慶平社長目睹社會瀰漫一種疏離與冷漠，親情之間尤其嚴重，許多社會問題大都由此發生。他追溯個人的成長過程：在傳統社會氛圍裡，長年忙碌事業，與嚴肅的父親很少對話、溝通，直到老人家中風臥病在床，他才開口說出內心隱藏許久的愛，可惜對方已無法清楚地回應，這件事讓他引以為憾，卻也點燃「愛」的火苗。於是提出「關愛親長，我有話／畫要說」的構想，立即獲得社友的認同，並與《人間福報》合作，共襄盛舉，一同化愛心為行動。前兩屆共有全國高中職、國中學生作品一萬件，迴響十分熱烈，活動積極帶出如此的訊息：愛需要溝通，更需要表達，就是把埋藏心中的話大聲說出來。彷彿一萬盞燈火照亮人間，處處傳遞溫馨。

二〇一三年，活動進入第三屆，涵蓋二十個縣市，四百六十三所學校，共收六千五百四十三件作品（國中組三千六百四十六件，高中職組二千八百九十七件）。評審分三階段，即初審、複審與決審。進入決審作

品，國中組一百八十一人，高中職組一百二十三人。決審委員會由五人組成（我被推為總評審），大家就主題意識、文字或繪畫技巧兩面向，進行評審，兩組分別選出首獎一人、貳獎二人、參獎五人、佳作六十六人、特別獎三人，共計一百五十四人。五位評審皆有相關專業的背景，包括：編輯、文學、文創、美術等領域。每人事先繳交決審作品評分表與評語，評審會現場進行討論，依積分排列名次、獎別，再面對原件作品加以斟酌，才得出最後的名單。這些作品往往直覺感動人心，大家莫不異口同聲，嘖嘖稱奇，例如：國中組首獎由臺中市居仁國中曾怡甄獲得，她的創作理念是：「每當夜深時，爸媽總會趁我半睡半醒，乃至熟睡時，為我蓋牢棉被以防著涼，即使現在國三了，仍每天如此關懷備至。想藉此張圖文創作以表深切的感念之情。」評審認為畫面語彙十分細膩，靜中有動，以入睡的主角為焦點，媽媽小心關門的動作帶出親情呵護的情境，配合一首四段的小詩以營造張力，特別是最後一段：「夢魘趕不走一夜香甜／只因／您是我最溫暖的依靠」，釋放飽漲的親情，極為難得。貳獎之一的蘇詠婷，她想對飽受失憶症折磨的阿嬤表達心意並給予溫暖，畫面聚焦於擁抱阿嬤的不捨與體貼的表情，而阿嬤臉龐沒入孫女懷抱呈現一份濃郁的溫馨，文字既敘述又抒情，圖文融會成永恆的祖孫情。

　　高中職首獎，由臺北市南湖高級中學許敦喻獲得，她的創作理念是：「秋，代表阿嬤用她那厚實雙手做的香甜柿餅；代表能緊緊跟隨阿嬤身後的雀躍心情；代表阿嬤用半個人生歲月獨自扛起一個家的偉大與滄桑。想藉圖文表達對阿嬤真摯的愛和由衷的敬佩。」評審委員乍見原件，眼睛為之一亮，立刻被畫面所感動。共同認為：畫面運用近而遠的手法，強化空間的縱深度，以展現排列竹盤甜柿與阿嬤佝僂背影，相當別出心裁；透過文字敘述傳釋濃郁的鄉土情，在秋收的喜悅中又帶有勤儉持家的辛苦。貳獎之一的李世承，描寫他兒時與爺爺的生活片段。黑白畫面聚焦祖孫，兩人臉部表情有如特寫，溫馨感人；文字平淺卻耐人尋味，尤其從爺爺睡著／沉醉，這一轉折與發現，釋放一份意外卻入人意內的親情。

　　評審過程委員對名次意見紛紛，我表示開放討論，任何人都可以據理

力爭，以理說服人，終於獲得圓滿的解決。至於參獎名額溢出底限，出現爭辯（國中組增加三位、高中職增加二位），華安扶輪社代表立即溝通，表示尊重評審委員決定，在得獎總人數不變的情況下，一切照辦。這才敲定參獎的名額。我說多謝，這也是一種完美的溝通。

情到多時情轉薄，特別是親情，這的確是人間相當弔詭的事。因此，人人的心靈之河有了障礙，疏離冷漠逐漸加深，導致社會家庭問題叢生不已。有心人士提出溝通，以疏浚障礙，化解親情的困境，讓對親長的愛充分表達出來，而且不要猶豫，立即將內心埋藏已久的話大聲說出來，表現愛的本相，重現美好和諧的互動關係。連續三年的活動讓我們看到許多幽黯生命，點燃一盞盞燈火，照亮人間；我們也看到生命生長過程的翻轉與美好。情之一字，所以維繫世界，我想這是活動所帶來的積極意義（見圖3-16～3-18）。

圖3-16　2013第三屆關愛親長我有話／畫要說作品集。（作者／提供）

圖3-17　與高中職組獲獎同學合影。（作者／提供）

圖3-18　與國中組獲獎同學合影。（作者／提供）

拾參、為現代休閒提供思考的空間

　　「休閒」一詞，是近年來相當流行的語彙，在中國傳統文化，包括儒、釋、道、道教與禪宗的經典，並未曾出現。不過，就我們的了解，卻存有實質且深刻的內涵。例如，《禮記・雜記下》曾記載：子貢隨孔子觀於蠟祭，對「一國之人皆若狂」的景象，感到無法理解，孔子藉機發表一段引人深省的道理：

　　　張而不弛，文武不能也；弛而不張，文武不為也。一張一弛，

文武之道也。

以弓箭為喻，透過緊張與鬆弛的調適，聯想到工作與休閒（張弛）的生活哲學，實在精闢絕倫。

就字源上看，Leisure或Recreation，日本稱為「餘暇」，我們則譯為「休閒」。基本上，休閒是工商社會緊張步調中，忙碌生命、焦慮心靈的另一種生活方式或調適，也即透過身心放鬆，養精蓄銳，藉以重新出發，做些創造性的事情。

依據許慎《說文解字》的看法：休，是止息；閒，是隙。（段玉裁注云：「閒者稍暇也，故曰閒暇」）。在傳統經典考察、辯證古聖先賢的休閒經驗，除了了解其真諦、薪傳其智慧外，也可作為現代人的休閒參證，從而建構文化的主體性。例如：文學、舞蹈、藝術、靜坐、氣功、廟會、登山、書法、酒道、茶藝等面向，只要正視其休閒成分，並給予理論化，對於生活空間的拓展，識域的提升，自有其嚴肅的意義在。

這裡以道家的休閒經驗為例，詮釋它所開展的智慧。

道家核心在老、莊，主要經典是《老子》與《莊子》。前者是一本改變中國文化心靈的書，後者大致推衍老子旨意，成為系統的論述。然而，翻檢《老子》，休字未見，閒字僅一見，似乎與休閒無關；《莊子》一書，休、閒兩字百見，但近似休閒意思的不過數則。顯然地，道家無休閒之名，卻有休閒之實。

老子的休閒觀念，大概見於「專氣致柔」、「滌除玄覽」（十章）與「致虛極，守靜篤」（十六章），其實踐過程，透過虛靜、致柔以契合道心，藉著滌除心體，以體現「見素抱樸」（十九章）的「無為」情境。莊子繼承老子的思想，並加以演繹，對休閒的實踐，理出進程，包括：養神、虛靜、入靜狀態與導引吐納。換句話說，從身到心，由動入靜的「神凝」、「神全」修養，精神之宅——靈府才能和諧、自得，從而顯現逍遙遊的心靈境界。

至於虛靜的功夫，他在〈人間世〉有相當精采的看法：

回曰：「敢問心齋？」

仲尼曰：「若一志，無聽之以耳而聽之以心，無聽之以心而聽之以氣。聽止於耳，心止於符。氣也者，虛而待物者也。唯道集虛，心齋也。」

雖然涉及神祕經驗，但莊子是有他實證的體會：進入虛靜世界的「氣」是虛柔任物；唯有虛靜的心境，才能遙契道體。虛靜修養的步驟，首先是心境定靜以制控擾亂的映象，以窺見本來的「面貌」，所謂：「人莫鑑於流水，而鑑於止水，唯止能止眾止。」（〈德充符〉）其次，用心虛靈如鏡，物感斯應，鑑映物象而不受物牽累，馴至損傷，所謂：「至人之用心若鏡，不將不迎，應而不藏，故能勝物而不傷。」（〈應帝王〉）

關於虛靜的心靈世界，莊子在〈大宗師〉藉由孔子與顏回的對話，透露其識照：

仲尼蹵然曰：「何謂坐忘？」

顏回曰：「墮肢體，黜聰明，離形去智，同於大通，此謂坐忘。」

坐忘，是坐而自忘其身，也就是「吾喪我」（〈齊物論〉），他曾提供入門的方法：「古之真人……，其息深深；真人之息以踵，眾人之息以喉。」（〈大宗師〉）由於踵息，全身得以放鬆。此種坐忘、導氣的經驗，就是現代人所說的「靜坐」。

在道家的休閒境界，任何經驗者都可領略「天地與我並生，而萬物與我為一」（〈齊物論〉）的妙境，感應「虛室生白」（〈人間世〉）的情景，實驗「其寢不夢」（〈大宗師〉）的奧祕，臻於「用志不紛，乃凝於神」（〈達生〉）的境界。

道家從養神、虛靜、致柔、導引，一貫下來，內聚成一套理論架構；透過引體、導氣，動功、靜功的實證功夫，進入「忘己」的最高境界，相

當引人入勝。在休閒文化繽紛，休閒意識迷失的時代，傳統文化所潛藏的休閒觀念，有待我們去探索，特別是老、莊所開出的休閒意識與實踐步驟，值得我們去參證（見圖3-19）。

圖3-19　1996年舉辦的休閒文化學術研討會。（中華民俗藝術基金會）

拾肆、聽聽，那弦外之音

　　一九八〇年代，臺灣的兒童讀物，一片蓬勃，百花齊放。不過，平心而論大都屬於局部的展示，在知識傳遞上經常是片段的，不容易形成有機的系統。為了充實兒童心靈，創塑少年臺灣的形象，薪傳民族文化的命脈，我曾跨出學院，為適用出版社總策畫一套兒童寶庫。這套書包括：神話、傳說、寓言、笑話、傳統小說、童話、詩歌、戲劇、民俗、科技、建築、農業、美術等面向。我們結合國內外學界菁英，對每部分做根源性的探討，以兒童的觀點來編寫，配合童趣的插畫，精巧的美編，期能成為圖文優美的讀物，我身體力行，與芳伶負責《古典寓言笑話的滋味》。我們整理寓言菁華，提供言外之意，探索深層的原創訊息，過程宛如尋幽訪

勝，往往有驚奇的發現，例如：〈啊，渾沌死了〉、〈養鬥雞〉、〈想擺脫形影的人〉等。

當時，遠流在公館締造出版界奇蹟，幾道書系發光發熱，像《柏楊版資治通鑑》、《胡適作品集》與李敖《中國名著精華全集》，負責人王榮文堪稱開文創風氣之先，處處表現新點子，企圖打造出版王國。他經驗豐富，是我請益的對象，路過金石堂常上七樓，或聊天或腦力激盪，啟迪良多。有次，我開門見山地說：「榮文，你不愧是呆若木雞呀！」他立即回應：「教授怎可以罵人！」我又重複說了一次。「林教授怎麼一再罵人！」他有點迷惘也有些不高興。「在當前臺灣出版界，你的表現可圈可點，可謂呆若木雞了。」當我第三次強調時，他帶著抗議的語氣說：「莫名其妙，連續被你罵了三次。」

我宕開語境，心平氣和地說，「呆若木雞」有多重訊息，你聽到的是負面意義，要不要聽聽我的新發現。他點點頭，一副願聞其詳的神色。

「呆若木雞」寓言出自《莊子·達生》（或《列子·黃帝》），全文八十多字，可視為一則短小精緻、寓意深遠的故事。〈達生〉主旨在說養神，暢達生命，並透過十一則寓言故事來聚焦詮釋，〈呆若木雞〉是其中之一，藉由養鬥雞傳達「用志不分，乃凝於神」的境界。這裡特別語譯如下：

戰國時代周宣王很喜歡鬥雞。有位訓雞師叫紀渻子，被徵召到宮廷來訓練鬥雞。過了十天，宣王就問他：「雞可以鬥了嗎？」

「不行，牠還是氣勢太盛，精神外露。」紀渻子回答。又過十天，宣王再問：「雞訓練好了沒？」

「還不行，牠只要聽到聲音、見到影像，就會分心左顧右盼，意志不能集中。」紀渻子答道。再過十天，宣王忍不住問：「你訓練的雞到底怎樣啦？」

「別急，火候稍嫌不足，牠一看到敵雞走近，就怒目相視，氣昂昂的樣子，談不上沉著應戰。」紀渻子答道。

終於過了四十天，宣王提起鬥雞的事，紀渻子笑著說：「差不多了！現在雖然有別的雞在旁邊鼓噪，我訓練的雞，卻絲毫不受影響，遠遠望去，好像木雞一般。牠氣勢篤定，精神專注，足以應戰了。」

果然，別的雞一看到紀渻子訓練的鬥雞，還沒有真正交鋒，就紛紛走避。

「林教授，誤會你了，這呆若木雞我可以接受！」榮文兄聽完我敘述，面帶笑容立即回應，當下我們相悅以解。其實，這不能錯怪他，因為這句成語早已積非成是，傳遞出來的是，比喻人蠢笨不能任事，或形容深受驚駭不知所措而呆立的樣子等負面訊息。

這與《莊子》的原意顯然大相逕庭。「人生如戰場」，一個人如果沒有充實的學識，開闊的生命觀，在無數的競爭裡氣定神閒，從容面對的話，是很容易挫敗、灰心喪志，馴至被社會淘汰的。

這則寓言故事精采絕倫，其弦外之音與「大巧若拙」、「大智若愚」相契合，既耐人尋味又發人深思。

拾伍、雪隱，三十年的生活禪

一九八四年五月，我受邀訪問日本福岡九州大學與西南大學院，為期七天。這是首次之旅，也是一連串驚奇之旅，賞櫻花，訪學府，深入民間，登臨古蹟，參觀博物館等，夜晚則由好友安排品燒鳥、逛博多、上小酒館。「讓你好好體會日本的生活……」孝廉笑著說。

這趟旅遊，處處新鮮，我用心看、認真體會，從而組構實際的「日本經驗」。三富問我日本印象，我說：「社會秩序，國民氣質，環境簡淨，生活情調，……先進國家的素質。」彷彿印證了八十多年前梁啟超的日本觀感。

然而，在眾多驚豔歷程裡，印象最深刻的恐怕非雪隱莫屬了。有一夜

晚在小酒館續攤，大家在酒酣耳熱、高談潤論之際，我離席想上廁所，按照孝廉手指方向走去，撥門簾打開門進入小小的空間，卻宛如來一場震撼教育。方便後按大、小把手沖水，但見馬桶水箱上水龍頭流出水，供洗手；拭擦後的衛生紙投入有蓋子的小垃圾桶，內有一層塑膠袋，以便隨時清理；轉身之際，赫然發現牆角落擺著花瓶，瓶中插著一朵玫瑰，醉眼看來似乾燥花，伸手觸摸，被刺得發痛，定睛一看，原來是鮮花。「好有情調啦！」我喃喃自語；出門再回頭一看，門簾上印著「雪隱」兩個漢字。小廁所大奧祕，一次方便四種激盪，讓我對廁所空間進行深深的反思。

返臺半年後，有天在輔大文學院圖書館查資料，無意間發現「雪隱」的出處：「福州雪峰義存禪師，常住掃除，於是大悟，故名矣。」（《烏瑟沙摩經注》）「雪隱，世謂廁為雪隱，蓋起於浮屠。」（《東崖譚叢下》）當下恍然大悟。

之後，經過多次地探索追蹤，我以一百六十二字寫下〈雪隱〉一文，作為居家箴言，同時供有緣朋友分享。

「雪隱」，是禪宗的語彙，也是廁所的代名詞。禪宗和尚一向視廁所為修行的場域。

據說宋代雪竇明覺禪師在臨安府靈隱寺曾掌便所之役，三年悟道；又傳福州雪峰義存禪師也因掃除廁所而大悟。從此，佛教界以「雪隱」稱代廁所。日本茶道受到禪宗的影響，重視「雪隱」的清淨，茶會儀式中有「雪隱拜見（參觀）」的程序，與《莊子·知北遊》所說：「道在屎溺」，相映成趣。

上廁所，觀想雪隱：在片刻身心放鬆之際，你當下感悟了什麼？

廁所之於人，是何等的重要，它與任何人的一生關係密切，是生活中的重要環節。

我在彰師大服務期間，曾多次蒞臨黑公雞與櫻三，前者是土產店，後

者爲日本料理，我與老闆相當熟悉，經由我的詮釋，他們都表示贊同，立即把廁所改名「雪隱」，並貼上〈雪隱〉供賓客參證，尤其是黑公雞葉明杰老闆，全店裝置漂流木，有如展場，更以檜木打造五星級的「雪隱」，成爲生活禪的空間，以吸引賓客光臨，連日本友人也爲之風靡。

今年十月，慶浩從巴黎來臺參加紅學會議。有天，大夥在上海極品軒餐敘，坤良臨時提議到華山1914訪王榮文，大家欣然同意，想一探華山的究竟。

榮文是出版界名人，經營出版事業四十年，一手打造遠流出版王國。近年來，他跨領域投入華山，耕耘文創事業。他當導覽帶領我們進入華山世界，走訪東、中、西三區，尋幽訪勝。「營運得如何？」我關心地問。「苦撐三年，情況逐漸好轉，遠景應該大有可爲。」他語氣緩和地回答。最後，我們到他的董事長辦公室聊天，進行一場慣例的腦力激盪。「華山1914園區有待積極改善的是廁所，目前跟多家衛浴廠商接洽，希望成爲合作夥伴，重新打造廁所成爲亮點。」榮文說。我隨機把「雪隱」公案敘述一遍，他急切地說：「就這麼決定好了，園區的廁所改爲雪隱，同時在木匾刻上一百六十二字短文，供大家方便時做片刻思考。」

我出身南部漁村，從小對廁所就相當關切，常常用心維護潔淨，居家之外，所到之處，莫不加以留意，甚至動手洗刷，還馬桶一身潔淨。聽了榮文的話語，我回應說：「第一，立即尋找協力廠商，共同打造華山雪隱新氣象；第二，我會提供〈雪隱〉一文供您酌斟；第三，我願當華山1914雪隱志工，帶領清潔人員一同打掃，使之成爲境教空間、園區的新景點。」

大夥個個面帶微笑，異口同聲地說：「好主意！要趕快落實。」

雪隱，是我三十年來的生活禪，願透過這次華山的實踐，進行一次嚴肅的宣示，並分享個人珍貴的經驗。

拾陸、斟酌於舊學與新知之間 ── 以〈王質爛柯〉為例

朱熹曾說：「舊學商量加邃密，新知培養轉深沉。」（見〈鵝湖寺和陸子壽〉詩）揭示學者於舊學與新知相互為用的重要性，這是他的學術經驗，也是珍貴的文化智慧，這種識照對於後代知識分子的啟迪與影響，至為深遠。

最近重讀魏晉筆記小說，運用朱子的觀點，頗有些發見，特別提出來與大家分享。筆記小說主題類型多元，其中仙境傳說涵蓋服食仙藥、仙境觀棋、人神戀愛、隱遁思想與夢境幻遊等類型，此一他界的思維，充分反映當時人的集體下意識（民族共同的夢境），也開發瑰奇的母題，平添古典文學的光采。例如屬於夢境幻遊一類的〈焦湖廟祝〉，文本一百一十八字，開風氣之先，生動地詮釋「人生如夢」的奧祕，啟發唐沈既濟〈枕中記〉、李公佐〈南柯太守傳〉，明湯顯祖《邯鄲記》、《南柯記》，以及清曹雪芹《紅樓夢》的主題意識，成為接受美學的範例。而屬於仙境觀棋的〈王質爛柯〉，文本六十四字，文外曲致宕開無限的想像空間，令人嘆為觀止。這篇出自《述異記》，舊題梁朝任昉撰。任昉（460～508），字彥昇，樂安博昌（今山東壽光市）人。雅善屬文，才思無窮，被一代詞宗沈約所推挹，時有「任筆沈詩」之譽。歷仕齊、梁，梁武帝天監六年（507），出為寧朔將軍、新安太守。《述異記》雖題任昉撰，但兩者的關係，史無明文，到了晚唐蘇鶚演義才開始稱引。論者懷疑此書大概是隋、唐好事者，掇拾舊籍，依託任昉之名刊行的。

〈王質爛柯〉原文是：

信安郡有石室山。晉時，王質伐木；至，見童子數人棋而歌。質因聽之。童子以一物與質，如棗核。質含之，不覺饑。俄頃，童子謂曰：「何不去？」質起，視斧柯爛盡。既歸，無復時人。

試譯如下：

　　浙江省衢縣有座石室山。晉朝時，有位叫王質的樵夫上山砍柴。走到石室山，看見幾個童子在下棋又唱歌。王質放下斧頭，蹲在一旁聽歌觀棋。

　　有位童子遞給他一個像是棗核的東西，王質把它含在嘴裡，過了一段時間，都不覺得飢餓，所以，就一直觀看棋局。

　　不久，有個童子問他：「你怎麼還沒走啊！」

　　王質聽了，倏地站起來，眼看斧頭柄都爛掉了。

　　他趕忙回家，發現與他同輩的人，竟然連一個都不在人間了。

　　觀棋傳說源自古代博戰的傳統，棋局雖小，但變化莫測，隱喻「世事如觀棋」。漢朝以後，棋戰已逐漸成為神仙悠閒、洞測世事的象徵。仙境觀棋類型中最重要的是「時間」觀念，「不覺餓」、「俄頃」指出時間雖短暫，卻已造成「斧柯爛盡」的驚悸現象，這種鮮明的情境對比，剎那釋放荒謬怪誕的訊息。「山中一日，世上百年。」當樵夫重返人間，「無復時人」的人事全非，一種強烈的滄桑感，直逼而來，當下促使擾攘於世間的人警悟人生無常，這恐怕才是它的主題意識之所在。孟郊（751～814）〈爛柯石〉詩云：「仙界一日內，人間千載窮。雙棋未徧局，萬物皆為空。樵客返歸路，斧柯爛從風。唯餘石橋在，猶自凌丹虹。」以覽跡懷古敘寫這則美麗的傳說，也見證志怪的魅力。

　　仙境傳說旨在表現「他界」的觀念，六朝的仙鄉譚大概內含八個元素，即：山中或海上、洞穴、仙藥與食物、美女與婚姻、道術與贈物、懷鄉與動歸、時間，以及再歸與不能回歸，依序開展。這是經過樂園神話，一再衍變而成的，其深層結構的基型是：出發→歷程→回歸（或再出發）。

　　〈王質爛柯〉文本簡短，卻蘊涵如此的深層結構，更突顯了它的藝術造詣。美國小說家華盛頓・歐文（Washington・Irving）的《李伯大夢》

（Rip Van Winkle）是一八二〇年代典型的寓言小說，樵夫李伯的夢境幻遊，與王質相類似，值得大家去細讀、玩味，進一步去比較兩者的特色。

拾柒、用心於筆墨之外

我曾在《詩路·自述》組詩中提到「大街小巷的門聯是書本，我逐戶細讀／銘記：不須著意求佳景自有奇逢應早春」，這是漁村另類的國小課外閱讀經驗，也是個人與門聯邂逅、結緣的開始。更造成後來對古典詩詞的濃厚興趣之契機。

隨著生命的與時俱進，我積極關心一項被忽略的匾額文化，並展開一系列的踏查，例如：《臺澎金馬匾聯調查研究》（1994）、《澳門的匾聯文化》（1997）、〈南鯤鯓代天府匾聯文化 —— 王爺廟群脈絡之考察〉（2009）、〈普安堂的匾聯文化〉（2013）……

匾聯，乃指匾額與對聯，是傳統建築美學的有機構件。在寺廟中門上懸掛一方匾額，直接表露神祇性格，儼然是寺廟的身分證。對聯又稱對子、聯語、楹帖、楹聯，脫胎於律詩的頷聯（三、四兩句）與頸聯（五、六兩句），又稱警句。它保留對偶律的特質，講究每句平仄聲律相間，每聯聲調詞意互對，以達到韻律情意和諧、聲調抑揚頓挫的境界。其句式以三字至十字爲基本形式，依實際需要可以增加延伸、錯縱組合成爲十字以上乃至百餘字的對聯（見圖3-20～3-21）。

在漫長的調查歲月，讓我深深感受到，一方古樸的匾額，一副斑駁的楹聯裡，似乎默默地傳釋著另一種無言的訊息，那就是歷史的脈搏與先民的心聲。因此我曾撰文呼籲：匾聯是珍貴的文化資產，也是文字古蹟。

對聯雖脫胎於律詩的警句，卻因後代文人踵事增華，強調語言、意義的雙重組構，逐漸形成一種文類，是文人匠心獨運的天地，因此名家輩出，例如：

為善最樂，讀書便佳。（朱熹）

觀盡空相現身南海曰觀音，大發慈悲救苦西瀛稱大士。（澎湖馬公觀音亭）

讀書隨處淨土，閉門即是深山。（臺靜農教授）

書不讀魏晉以下，意常在山水之間。（孔德成教授）

圖3-20　1999年出版的《匾聯文化》內　圖3-21　1997年出版的《澳門的匾聯文
含桃園大溪兩座寺廟的調查研　　　　　　化》。
究成果。

這種語言藝術，在簡淨的文字中，蘊含那麼豐美的內涵，在在說明作者在筆墨之外的一份用心。

個人在調查、研究之餘，也嘗試撰寫一些對聯，以驗證其魅力，這裡列舉幾例與大家分享：

一、淡水悠悠天地外，觀音默默有無中。

一九六四年，我從高雄北上就讀輔仁大學，週末經中興大橋進出臺北城。橋下是沙洲翠綠的蘆筍，清澈的河水，還有白鷺翔集，遠望是淡水與觀音山，山河如畫。幾年後，橋下沙洲景況已不再，大漢溪廢水聚集，既黑又臭，緩緩流向淡水。偶讀王維〈漢江臨汎〉：「江流天地外，山色有無中。」心有所感，遂於一九七六年撰寫此聯，以表示對環境汙染的一點憤慨。

二、古剎莊嚴盞盞禪燈顯佛力，萬華淨土聲聲梵唱空人心。

二○○二年，李乾朗教授為萬華清水祖師廟設計牌樓，邀請曾永義院士與我撰寫楹聯。這是個人的二副之一，聯句內聚族群、古剎、禪燈、梵唱，形成一種肅穆的宗教氛圍，展現平和的情境。

三、平地造林純園訴說土地倫理，人文傳世書屋牽繫臺灣子民。

這是為田園詩人吳晟夫婦撰寫的對聯，由多樣元素組成的文字小宇宙。吳晟的母親吳陳純女士（1914～1999），是典型的農婦，堅持在吳家土地上「用一生的汗水，辛辛勤勤／灌溉泥土中的夢」。吳晟夫婦秉持土地倫理，在鄉間二甲多平地造林，名為純園，以紀念母親。他們還修繕老厝三合院，兒孫三代同堂，並在老厝前樟樹林蓋了一座書屋，是讀書、寫作，與好友關心社會、國家大事的場域，更寓有「詩書傳家」的夢想。二○一○年，我親自拜訪吳晟夫婦，看到他們理念逐步實踐，十分感動，情不自禁地吟出兩行詩，以作為祝賀之意。

拾捌、書緣情深任去留

　　我家永安，是高雄的小漁村。父祖輩以養殖「麻薩末」為業。林家後代大都學歷不高，有的僅讀幾年私塾，略識之無。從小家境清寒，而我之所以走上讀書一途，不外是爹娘的鼓勵加上自我的抉擇。

　　依稀記得逢年過節張貼門聯，都由我負責，每當貼上大廳門神「加冠、晉爵」，後門「詩書傳家」時，常常引起我凝神片晌，內心不免泛起一股肅穆又憧憬的情境。

　　初中時，鄰居黃家多位子弟到府城就學，也帶回許多讀物，如四大小說，讓我有機會接觸到古典文學，漸漸培養出讀書的趣味來。高中有一天早自習，我偷偷閱讀《紅樓夢》，被巡堂的訓導主任發現了。他走到我旁邊，問道：「看什麼書？」我忐忑不安地從課桌抽屜拿出一本厚厚的《紅樓夢》，雙目仰視，十分無助。剎那間，他臉上泛著一抹微笑，輕聲地說：「你看得懂麼？」我點點頭不敢作聲。就這樣，他轉身走開了，留給我一臉錯愕與迷惑。

　　一九六○年代，我隻身北上就讀輔仁大學中文系。週末同窗進出臺北重慶南路書店，往往拎回一綑綑新書，購書、讀書蔚為風氣，也促成我生命中的一份書緣。從此逛書店、進書城、翻書買書，成為週末的休閒活動。記得書城門口貼著一副紅紙黑字的楹聯：「貧者因書而富，富者因書而貴。」往往引人遐思。從大學、研究所到教授生涯，購書宛如開疆闢土，面向包括經史子集與當代文學思潮，坐擁書城是人生的一大夢想，而書籍也成為生命不可分隔的一部分。

　　我的書緣十分深廣，角色多重，既是讀書人、愛書人，同時透過書寫、演講、策畫，積極扮演書香社會推動者。一九八二年，我在一場公開演講：〈邁向「富且貴」的社會秩序〉，指出在國民所得二千七百五十美元，號稱經濟奇蹟的時刻，國人讀書風氣非常低落，但求低級趣味的刺激，平均每人購書費用只花新臺幣四十多元，並呼籲「為政者與人民各自

醒覺自身需要而抱著虛心學習的態度」，充實精神生活，扭轉社會契機，邁向富且貴的社會秩序，以取得開發國家的認證。當時各種傳媒競相報導，深得大眾的迴響。

　　一九八三年，金石堂文化廣場籌備期間，負責經理曾專程到輔大找我討論空間動線、圖書分類與書櫃設計。我依據家庭圖書館的理念提出藍圖，並強調作家專櫃與暢銷書排行榜的新構想，前者提供便利，後者引領風氣。兩者都造成很大的影響。……迄今，仍然忙碌於總策畫彰化學叢書與王夢鷗先生文集。

　　婚後我曾多次搬家，而這些藏書儼然是無價之寶，始終不離不棄。當時有位好友愛書成癡，每月萬元購書，數十年如一日，累積漸多，只好買幾棟房子來安置藏書，有時自嘲是典型的書奴。這種現象引起我對藏書的一些反思。

　　一九九六年，我從輔大退休轉任彰師大，離校前捐了一批書給人文圖書館；同年，南華創校，龔校長來電話敦邀捐書興學，我義不容辭，捐了一批；二〇〇六年，彰師大臺文所成立，我四處去函募書，加上自己的捐出，共得萬餘冊，配合中式禪風的場域，打造別出心裁的小型圖書館，充分發揮境教的功能。

　　有次聚會，黨魁曾永義院士在酒酣耳熱時吟出：「好書分些別人讀，美酒留點自己喝。」令座中好友為之拍案叫絕，欣羨他的人生哲學，當下卻帶出我的另類思考。

　　二〇一一年，我在彰師大退休之際，與芳伶共識，將我倆幾萬冊藏書捐給彰師大臺文所圖書室，為幾十年的「愛書」找到一個永遠的歸宿。

　　我在〈自述〉組詩曾說：「退休，彷彿揭開人生的新起點／尋訪民藝耆老，建構純樸生命史／投入文化詮釋與批判，為義抗爭／或詩寫一些生命中當下知感的印象」（三十六首）。在書房燈前，我玩味小詩，心裡浮現一句「情到深處無怨尤」，的確，情深天地闊，書緣情深任去留，這似乎為我們的抉擇做了最貼切的詮釋。

國家圖書館出版品預行編目資料

多音交響美麗島：臺灣民俗文化的入門書／
林明德著. ──初版. ──臺北市：五南，
2018.12
　　面；　公分
　　ISBN 978-957-763-214-2（平裝）

1..臺灣文化　2.民俗

733.4　　　　　　　　　　107021941

1XFU　五南當代學術叢刊　36

多音交響美麗島
臺灣民俗文化的入門書

作　　　者─ 林明德

企　　　畫─ 財團法人中華民俗藝術基金會

發 行 人─ 楊榮川

總 經 理─ 楊士清

副總編輯─ 黃惠娟

責任編輯─ 蔡佳伶

封面設計─ 王麗娟

出 版 者─ 五南圖書出版股份有限公司

地　　　址：106台北市大安區和平東路二段339號4樓

電　　　話：(02)2705-5066　　傳　　真：(02)2706-6100

網　　　址：http://www.wunan.com.tw

電子郵件：wunan@wunan.com.tw

劃撥帳號：01068953

戶　　　名：五南圖書出版股份有限公司

法律顧問　林勝安律師事務所　林勝安律師

出版日期　2018年12月初版一刷

定　　　價　新臺幣550元

贊助單位：臺北市政府文化局